以海制陆

——英国皇家海军200年陆战纪实

［英］彼得·霍尔（Peter Hore）主编

吴 昊 译

海洋出版社

2018年·北京

图书在版编目（CIP）数据

以海制陆：英国皇家海军 200 年陆战纪实 /（英）彼得·霍尔（Peter Hore）主编；吴昊译. —北京：海洋出版社，2018.6

书名原文：Sea power Ashore—200 years of Royal navy Operations on Land
ISBN 978-7-5210-0141-9

Ⅰ. ①以… Ⅱ. ①彼… ②吴… Ⅲ. ①海军-军事史-史料-英国 Ⅳ. ①E561.53

中国版本图书馆 CIP 数据核字（2018）第 156657 号
图字：01-2017-9333

ⓒ 2001（Chatham Publishing，% Greenhill Books）by Chatham Publishing
First published in english by Chatham Publishing
All rights reserved.

责任编辑：肖　炜　高朝君
责任印制：赵麟苏

海洋出版社　出版发行

http://www.oceanpress.com.cn
北京市海淀区大慧寺路 8 号　邮编：100081
北京朝阳印刷厂有限责任公司印刷　新华书店北京发行所经销
2018 年 7 月第 1 版　2018 年 7 月第 1 次印刷
开本：787mm×1092mm　1/16　印张：15.5
字数：233 千字　定价：58.00 元
发行部：62132549　邮购部：68038093
总编室：62114335　编辑室：62100038
海洋版图书印、装错误可随时退换

作者简介

彼得·霍尔　曾在国防研究学院任职，致力于英国皇家海军问题研究。

汤姆·波科克　英国关于纳尔逊研究的权威专家。

迈克尔·达菲　埃克塞特大学海洋研究中心主任，历史学家。

科林·怀特　朴次茅斯皇家海军博物馆副主任。

安德鲁·兰伯特　伦敦国王学院海军史教授。

理查德·布鲁克斯　军事史专家，近期出版了关于海军旅的专著。

亚瑟·布雷比　退役海军军官，专门从事维多利亚时代的海军研究。

克里斯托夫·佩奇　海军史研究领域专家。

艾佛·克罗夫特　埃克塞特大学的博士研究生，主要研究方向为第二次世界大战中的两栖行动。

威利·李　在英国皇家联合军种防卫中心工作。

1882年，炮击亚历山大港。在英国皇家海军的"亚力山德拉"号上，近代和传统事物并存：图画中可以看到"诺登菲尔德"多管机枪，腰佩短剑的海员以及用吊铺搭成的护墙。（国家海事博物馆，伦敦，编号：58/5966）

中译本序

英国是一个靠海洋起家的老牌殖民帝国，海权是英国的立国之基，海军是英国的强国之本。如果不了解英国海洋的历史，也就难以得知英国历史全貌。在对外征战中，英国人善于将本国强大的海上力量与小规模陆上力量相结合，依靠其海上优势控制重要战略地区，剥夺对方制海权，并通过封锁、威慑、交通阻断、两栖登陆、对岸打击、攫取岛屿等手段对敌施压，充分发挥海上力量的控制、投送及压制作用，以此确保战略优势。英国海军种种做法正是科贝特海军战略思想中"运用行使"（exercising command）制海权的具体体现。

本书汇集了诸多英国海军史学家关于1799年以来英国海军滨海地区作战的研究成果。内容涉及海陆配合、海上支援、海上防卫等诸多方面。彼得·霍尔等各篇章作者把研究视角从海洋转向了滨海和陆地区域，通过回顾海军经典战例，向人们展示了英国海军以海制陆的作战理念，为人们研究海洋、海军问题提供了一个全新的思路。书中引用了大量历史信件、档案资料等第一手文献，具有一定的现实意义和学术研究价值。

虽然英国是人类历史上数一数二的海洋强国，曾经称霸世界海洋的英国海军也是国际历史、战略学者的关注焦点，但中国国内对英国海军方面的研究却十分有限。本译著尽可能忠实原著风格，将全盛时期英国海军对陆作战的战斗历程，战略选择，得失利弊及英国学者的分析评判完整呈现，以期为中国学者的相关研究提供参考，同时也希望能为中国海军建设供有益的借鉴。此外，由于外国学者自身立场的局限，书中一些历史论述难免带有些许殖民主义色彩，如近代对亚洲地区的武力占领、镇压等部分，但并不代表译者本人及出版方观点。如有不妥之处，敬请读者谅解！

海洋出版社对本书的出版给予了大力支持，在此表示由衷感谢！

译者　吴昊
2018年6月18日

前　言

在我们跨入新世纪之时，国际局势已经发生了巨大的变化。在对国家外交和防卫政策进行重新评估的基础上，英国政府确立了明确的军事发展目标。评估中再次强调了海军陆战部队固有的灵活性，同时也对他们在国内外军事行动中的突出贡献进行了高度评价。

在评估过程中，一些人提到了英国皇家海军发展方向等相关问题，他们推断将会出现全新变革，海军建设的重点将由海洋转向海岸。当然，事实并非如此。这的确是一次视角的转变，但滨海行动毫无疑问是英国海军史上的重要组成部分。

英国皇家海军承袭了两个独立的军事传统：一个是依靠海上决战来争夺海权，这确有许多功绩昭彰、彪炳史册的战例；另一个则是强调海军与陆地（行动）的密不可分的联系。朱利安·科贝特在一个世纪前所著的《海上战略的若干原则》中，就强调了舰队对沿岸地区的关键性影响。科贝特时代至今，尤其是空中力量及空间装备、战略战术出现之后，战争形态已经发生了很多变化，但其基本原则仍是毋庸置疑的。

我们同样可以认为，英国皇家海军的精神建立在两个传统之上：一个是在纳尔逊时代的海战中所表现出的高贵与不屈的品质；另一个就是海基力量在军事行动中的灵活运用。前者是皇家海军引以为豪的光荣之路，而后者为海军未来发展奠定了基础。

关于海上作战方面，历史学家已进行了大量的研究。但海军的陆上作战却常常被人们忽视或淡化。本书编写者们通过诸多经典战例，极好地阐明了海上力量对陆地作战的影响和杰出贡献。彼得·霍尔及许多军事领域的杰出专家收集了两个世纪以来的众多海军经典战例，将其编订成册，我对他们的努力和奉献表示敬意和感谢！

乔克·斯莱特*

---

* 曾任英国第一海务大臣（1995—1998年），海军上将。

目　录

绪　论	典型的英国作战方式	（1）
第一章	史密斯与阿卡城攻防战：海上力量的陆地角逐（1799 年）	（16）
第二章	"科学与劳作"：法国大革命战争期间英国海军的海岸作战贡献（1793—1815 年）	（26）
第三章	纳尔逊的海岸战斗（1780—1797 年）	（39）
第四章	"深水区的炮击"：叙利亚之战（1840 年）	（61）
第五章	在不列颠的铁蹄下：炮击斯维堡（1855 年 8 月 9 日至 11 日）	（76）
第六章	向印度挺进：勒克瑙救援（1857—1859 年）	（108）
第七章	海军的"长臂"：英日战争（1863—1864 年）	（122）
第八章	贝蒂上将和"褐水海军"：苏丹与中国（1896—1900 年）	（137）
第九章	"非洲的新气息"：第二次布尔战争（1899—1901 年）	（151）
第十章	英国皇家海军师（1914—1919 年）	（171）
第十一章	一个偶然的邂逅：挪威（1940 年）	（197）
第十二章	瓦尔赫伦岛攻势（1944 年）	（214）
第十三章	从"蒂格雷"到"战斧"：重回亚得里亚海（1999 年）	（227）

绪论：典型的英国作战方式

彼得·霍尔

每年在伦敦皇家联赛上举行的英国皇家海军野战炮比赛，或许是全球最具难度的赛事。人们通常认为，这项竞赛是为纪念100年前英国皇家海军在布尔战争中的精彩表现而设立的。比赛时，海员们抬着枪炮争相快速通过摆置得极其逼真的隘口和壁垒。的确，在1899年，珀西·斯科特船长用那些从皇家海军舰艇"可怖"号、"威力"号上卸下的二级火炮临时装备地面部队，水手们拖着这些火炮、野战炮在陆上跋涉上百英里①，协助英国部队同布尔人作战。[1] 然而，当1882年一名英国中尉率领一支海军旅到达埃及时，斯科特船长就已作出了类似决策，将舰上额外放置的枪炮装备交付地面部队使用，并因此颇受好评。[2] 在伦敦当地，野战炮表演赛兴起于1907年，而早在1881年时，伦敦公众就见识过这些海军炮手的训练表演。[3] 这种公开表演的历史可追溯到19世纪中期，例如，在1856年庆祝克里米亚战争结束的皇家海军阅兵式上，海员们就将火炮搬上了检阅场，以彰显他们在南部公海行动中的累累战果。后来到19世纪末，他们也以此方式向公众展示在南太平洋及惠尔岛的两栖登陆贡献。

在19世纪，此类作战行动对英国皇家海军来说司空见惯，本书也只是管中窥豹，摘要叙述。1799年，在与纳尔逊进行了激烈交锋之后，拿破仑的舰队在阿布基尔全军覆没，他同法国的联系也因此断绝——这次海战被归为"纳尔逊三大著名海战"之一。此战之后，拿破仑决定率领部队沿着巴勒斯坦和叙利亚海岸回国。不过，英国的西德尼·史密斯船长捷足先登，缴获了法军的攻城武器，将这些攻城炮和一些海军舰炮架设在了阿卡的城墙上，并亲自指挥防御作战。失去了海上援助，拿破仑军队根本难以穿越叙利亚海岸，因此失败已成定局。这是拿破仑为数不多的败仗之一，

---

① 1英里≈1.6千米。——编者注

他输给了英国的一名海军军官。

"科学与劳作"的一个极端事例：1804年的马提尼克岛战事中，英军将一两门18磅炮从"半人马座"号运往600英尺高的钻石岩巅峰，以封锁法军要塞出口。（国家海事博物馆，伦敦，编号：2062）

  19世纪英国皇家海军的另一个显著优势，是官兵们的独特创造力以及对科技、力量的良好运用。马提尼克岛的罗亚尔港出口处，矗立着海拔600英尺[①]的钻石岩。在法国人眼里，这座悬崖高不可攀，但是在英国海军中尉杰姆斯·莫里斯的指挥下，海员们克服万难，扛着沉重的18磅炮[②]和24磅炮攀上了高峰。在1804年之后的一年半时间中，莫里斯同他的120名海员和陆战队员便以此为据点，侦察法国船只动向并竭尽所能不断干扰对方。拿破仑气急败坏，将英国的占领行为称为"狂妄之举"。他还写道，

---

① 1英尺＝0.304 8米。——编者注
② 英国火炮的分类命名一般根据其发射炮弹的磅数（1磅≈0.45千克）划分，18磅炮即发射重18磅炮弹的火炮，以此类推。——编者注

绪论：典型的英国作战方式

自己因无法夺回钻石岩而羞愤不已，宁愿输掉一艘战舰也不想在马提尼克岛遭受半点羞辱。拿破仑近乎一意孤行地采取措施，在整个特拉法尔加战事中，法国将领维尔纳夫曾率2艘法国战舰及3 000名士兵缴获了英国皇家海军战舰"钻石岩"号，便是法军为数不多的胜利之一。[4]

英国皇家海军其他一些常规的作战行动，包括：协助英国军队撤离，如帮助约翰·穆尔爵士的军队撤离科伦纳；偷袭敌军海岸及港口，如科克伦在地中海发动的袭击；或是利用海上通道为陆上军队提供补给，因此当法国军队忍饥挨饿的时候，威灵顿却在前往法国的道路上义无反顾，无所顾忌地推进。在法国大革命战争快结束时，英国皇家海军的作战技术可谓炉火纯青，威廉·霍斯特军队在亚得里亚海的表现极好地证明了这一点。用现在的话来讲，在人力、物力都极受限制的情况下，霍斯特极尽所能掌控战局，用一小部分登陆人员牵制了敌军大量的兵力，以灵活的战术发挥出巨大潜能。霍斯特在作战中的名言就是"铭记纳尔逊"，当然，霍雷肖·纳尔逊本人对霍斯特的作战方式也并不陌生。

有些人误以为，纳尔逊曾说过"用船攻克要塞"等极不明智的言语，实际上并非如此。在解救卡尔维城之围时，一些人让他把船停靠在要塞旁，遭到纳尔逊拒绝，因为这可能招致敌军炮火的猛烈袭击，而他正是在这种背景下才说出上述话语的。同时，他还向指挥官斯图尔特建议说，英军所缺乏的枪支炮弹最好直接从岸上的炮台运来。实际上一旦时机成熟，纳尔逊经常会投身于海岸作战，众所周知，他正是在科西嘉岛等登陆作战中失去了一只手臂和一只眼睛。万事俱备时，海军就能攻打要塞。而在1799年的阿卡，这次海军的角色是守卫者而非进攻者。"舰炮的首轮攻击威力十足……那时木质战舰上的火炮精良实用，军官和海员们都在最新的军事体制下经过严格的训练；与火炮相关的一切行动都严格按章进行，一切井然有序。"[5] 用今天的话说，阿卡之战是高压状态下的拼力一搏，并产生了深远影响。对此，帕麦斯顿的评价一语中的：

"英国的利益不仅同土耳其问题紧密相连，与其他诸多问题同样密不可分，我们需要同各个强国共商大事。英国舰炮所及的任何国家和地区，无论对我国持有何种异议，都须铭记1840年9月至11月时，英国舰队在叙利亚海岸的作战表现……"[6]

1855年，波罗的海的登陆作战对俄国首都圣彼得堡产生了极大威慑，

人们通常认为,1854—1856年的克里米亚战争是陆上作战,因此勋章无疑是陆军部队的专利。然而,英国皇家海军也的确介入了战局且贡献良多。《伦敦新闻画报》上的这幅图画,向我们展示许多维多利亚奖章获得者都是海员。(国家海事博物馆,伦敦,编号:58/1059)

迫使俄国立即停止了战争。19世纪后半期，英国皇家海军的登岸作战更是屡见不鲜。在史密斯和纳尔逊时期，从军舰上卸下舰炮还相对容易，但是随着船只装备型号的增大，海军旅开始使用野战炮、火箭以及其他用于陆上作战的各种武器。海军陆上行动的足迹远至克里米亚、波罗的海、印度、日本、北非、南非以及中国，不断地彰显英国海军对全球海洋的控制力。本书只叙述了几场重要战役，实际上这样的战事有近50场，小规模冲突更是不计其数。登陆作战就是19世纪英国皇家海军的典型作战范式：

"在1900年前，英国国家战略着眼于保护其海外殖民帝国并避免使主力部队介入战事。英国乐于利用其海洋优势阻挡敌军进犯，同时偷袭敌军领土及海外属地。"[7]

从一些英国皇家海军文件中可以看到，克里米亚战争就是一个突出的例子。在第一次登陆行动中，近一半的火炮，包括5种类型的74门火炮以及680枚火箭都是由海员负责操作的："海员们花了整整6天，将这些重武器用起重架卸到岸边，再拖着它们爬上陡坡。50名海员拉着绳索，1名小提琴手站在炮身上……"[8] 在塞瓦斯托波尔围攻战中，123门火炮中的47门由海员负责操作。在其他地方，海员们帮助部队修建铁路，还与海军陆战队承担了叶夫帕托里亚的全部守卫职责。后者组建的一支骑兵巡逻队还于1855年10月12日击败了一支哥萨克骑兵。[9] 水手们的"乐观的精神和不屈不挠的勇气"得到了广泛赞誉。在战争结束之际，两名海军军官因其在防御战中的突出贡献获得了维多利亚奖章。[10]

拉格兰勋爵曾撰文总结海军作战，可能看上去有些勉强：

"我极其看重海员及陆战队所做的贡献，我明白他们的最大特点在于能够与其他部队进行极佳的配合。"[11]

19世纪英国皇家海军对海岸作战的杰出贡献得益于以下三个方面，当然在本书中也有所论述。其一，极强的随机应变能力以及科学技术和人力的极佳结合。其二，拥有先进的火炮武器——通常是海军的顶级装备。其三就是坚定的信念与认同感。而这些又通常以古怪的形式表现出来，例如在克里米亚，部队丢失的战马多半能在海员队伍中找到；在埃及，海军旅用松焦油为骆驼治疗溃疡，效果显著；在南非，海员们从动物园雇来了一批牲畜，帮助运输枪炮。许多小规模陆上作战同样为20世纪的海军指挥官们提供了宝贵的作战及指挥经验，如费舍尔、杰利科、贝蒂和坎宁安等，

对俄战争中颇具代表性的近海战斗场景：近处是19世纪初由康格里夫上校研发的小型火箭船，一艘机动灵活的筏船充作炮船。不久，大型炮船被包裹上了铁甲，并最终演化成为铁甲舰。（国家海事博物馆，伦敦，编号：58/421）

这里不加赘述。

在19世纪末，"威力"号战舰的海员只是参与第二次布尔战争的小部分人马，战役结束后他们返回故乡。他们扛着枪阅兵游行，到朴次茅斯、温莎和伦敦参加晚宴，成为了公众仰慕的对象。著名的《海权论》一书的作者——阿尔弗雷德·塞耶·马汉一直强调海军作战时应集中优势兵力[17]。他说："想获胜靠的并非是漫无目的的乱战或决斗，而是聪明才智、英勇无畏和娴熟技法，是舰船和人力的结合，是兵力集中，是强强联合。"[13]

马汉的著作对英国影响深远，《泰晤士报》在评论此书时特意回避了英国百年来的海上作战实践经验，大肆宣称马汉的这本书称得上"开山之作"，因为从古至今还未有对海战基本原理的科学论述。很快，马汉学说被译成多种语言传播开来。德国皇帝还曾强制在德军中推广马汉学说。不过，马汉的这些理论也受到了一些非议，被说成是好战的思想，鼓动争夺海洋控制权的双方开战。这是人们对马汉学说的最初理解。[14]然而，正是对马汉学说的错误解读，导致世界主要军事强国期望并计划进行决战，而忽

绪论：典型的英国作战方式

1881年，海军志愿兵手持步枪，列队行进，接受维多利亚女王检阅。以此形式展示军威，在19世纪十分普遍，并且成为宣传海军的一个窗口。检阅仪式最终成了历年在伦敦伯爵宫举行的皇家联赛野战炮比赛中的一项重要内容。(《伦敦新闻画报》，图片资料馆)

略了海战其他方面的一些问题。英国皇家海军史学家威廉姆·莱尔德克劳斯对此感触颇深，他在自己最后一卷书的"前言"里抱怨道：

"无论是官员、海军人员，或是现役军队，都常被强迫做一些本是水手的工作，让他们跨越南北半球作战。而如果正规军或非正规军能按计划组建并武装起来，那么在海岸上对于海军支援的需求就会少些。"[15]

1884年2月4日，苏丹。大批海军人员携带"加特林"机枪和"加德纳"机枪，在苏格兰高地部队的协助下，投入战斗。米尔顿·普赖刊登在《伦敦新闻画报》上的一系列素描生动地展现了这一场景。（国家海事博物馆，伦敦，编号：58/6167）

然而，当英国皇家海军再次为特拉法尔加之战做准备时，仍然秉持进攻思想。这是在法国大革命及拿破仑战争时期（1793—1815年）形成的一种海军战术思想，并影响了整个19世纪。第一次世界大战（简称"一战"）与之前战争的唯一区别，就是战事的规模和技术装备有所不同。比如，1914年圣诞节那天，英国皇家海军组建了世界上第一支航空母舰战队，当时仅凭借7架水上飞机，便在库克斯港击毁了不少飞艇库和船只。尽管此次袭击的成果十分有限，但在战术方面显然是明智之举，具有典型意义。特别是海军在为这次大胆的空袭进行准备时，还使用了新奇的水上飞机和潜艇。可以说，这只是英国皇家海军一家的行动，但其中一名飞行员却来自陆战队。[16]

早期的大规模军事行动屡见不鲜，如安特卫普、加利波利和西线战场的军事行动。"海军旅"这一术语也常被人们提起。实际上，"海军旅"一词可用来指代任何规模的军事力量，虽然被称为"旅"，其规模却通常比陆军同名编制小得多。但是在"一战"中，海军旅吸收了太多的士兵，以至于达到了"师"的规模。它的历史在本书的第一章中有所概述。这里必须重申一个重要事实,即"一战"中的皇家海军战死者,有40%死于海岸作战而不是海战本身。

海军登陆部队和陆军官兵被船舶运至岸边,然后划桨上岸。数百年来,这种方式未曾改变。在蒸汽动力的舰载小艇出现之后,登陆方式有所变革。而直到20世纪中期时,才出现现代意义上的登陆艇。海军的作用还体现在提供情报方面。例如,1884年在苏丹的特林基塔特海岸,船舶与海岸通过电报保持着联络。(国家海事博物馆,伦敦,编号:58/6164)

"一战"结束到第二次世界大战(简称"二战")开始前,马汉的海上决战观点越发具有说服力,而麦金德的地缘政治学也逐渐站稳脚跟,即工业化尤其是铁路的出现已经改变了海洋帝国一贯的优势地位,陆权优势逐渐稳固。海军与陆军、空军之间的角色差异也在慢慢变大,在后来的几次战役中,军种分化现象十分明显。1934年,海军教授赫伯特·里士满甚至认为,两栖战术是不可能实现的。[17]如果他的观点是从1940年挪威战役的惨败中得出的,那么确有可鉴之处。挪威战事具有早期海军旅战事的特点,在反应速度、新颖度、临场发挥、士气等方面十分类似。而和德军战术相比,英国皇家海军的战术毫无优势,因为德国海军使用内线运输,并充分发挥了空军的力量。但是,在"二战"中,英军尤其是他们的盟友美军很快掌握了先进战法,诺曼底登陆及太平洋战争都证明了里士满的观点具有片面性。最终,英国人回到了曾经的失败之地瓦尔赫伦。1944年的战术堪称经典,绝非1940年春天的那种笨拙、业余的战法。

在一次行军中,骑着毛驴的查尔斯·贝雷斯福德勋爵在队伍前列摆出一幅英雄的姿态。相比之下,坐在"沙漠之舟"上、举着白色海军旗的水手们反而显得更加惬意。海军旅官兵通常会很好地照料动物,甚至会用昂贵的斯德哥尔摩松焦油为它们治疗鞍伤。(国家海事博物馆,伦敦,编号:B410)

但是,在接下来的"冷战"时期(1945—1989年),战术模式似乎又开始僵化。即使在1980年年末,超级大国之间的对抗依然显得无休无止,要打破这种僵局,似乎只有靠一场决战才能分出胜负,而决战的规模及导致的后果将难以想象。"冷战"期间,美国海军发明了一种新的海战战术。从最初的角度来看,这种战术与马汉思想一脉相承。[18]虽然决战思想颇为盛行,但20世纪90年代,英国军事理论家朱利安·科贝特于格林尼治皇家海军学院担任教职时,就明确提出了"非决战"的思想。在科贝特所著的《海上战略的若干原则》一书中,他承认政治在指导战争以及战略决策方面起着主导作用[19],同时对海上战略及海战基本原则做了详细区分。他认为:

"海军战术是海上战略的一部分,决定了舰队的行动方向。而海上战略则用来筹划舰队在陆地作战中的任务及所扮演的角色。"

更值得一提的是,科贝特指出:

"既然人是靠陆地而生而非依海而生,国家间战事所涉及的重大问题,除了极少数的特殊情况,都是由一方军队如何进攻对方领土和有生力量,或者如何利用舰队实现己方战略目的而决定的。"

近代以前,战术性的登陆作战绝非易事:在这幅照片中,2门12磅野战炮被分解开来,以便装上小型舰艇。然后,小艇会被蒸汽船拖往海岸。(国家海事博物馆,伦敦,编号:C7225/15)

科贝特的观点是否是海军旅采取直接行动——派遣海员和陆战队远赴内陆去解决国家大事的直接动因,这些都无从得知。但十分清楚的是,当今英国皇家海军战略来源于科贝特而非马汉的思想。众所周知,美国海军是世界最强大的海上力量,其战略思想的演变最为迅速且引人瞩目。其影响及战略出台过程在大卫·罗森伯格写作的关于制定现代海军战术的文章中有所描述。[20]最新的观点是20世纪90年代针对美国海军及陆战队这两大军事力量而提出的,包括1992年的《海上蓝图——21世纪的海军军事服务》以及1994年的续篇《从海洋展望未来》。前者描述了在不断变化的时代环境中,如何推动美国海军及陆战队向濒海作战的战略转型。后者则评估了海军及陆战队对于美国武装力量的贡献。两篇文章观点鲜明,高屋建瓴，对"冷战"结束之后海军战略的演变做了恰当的阐述，其对英国的海军策略产生较大影响。1996年，英国舰队总司令阿伯特认为，对于英国和欧洲国家而言，本土防御战略已不再必要。北约组织的成员及非成员国要将发挥有效军事力量在威慑、拒止及维护共同利益方面的作用作为新的战略目标。若有必要，可以承担战略牵制职责。[21]

在《海上力量的维度——现代世界的战略抉择》一文中，我曾经阐述了如下观点：高水平的海军战略要适用于不可预测的，可能危及英国利益的复杂情况；另一方面，还要拥有政治高度并提供多维度的战略选择。[22]此外，英国皇家海军陆战队准将弗吕还关注海军战略的持久性。他表示，英国的外交政策若要一以贯之，取信于世，就必须积极主动并偶尔借用军事手段。他写道，军事及防卫专家已趋达成共识：未来，远距离作战扮演着更加重要的角色，而"国家海洋战略"则是对不断变化的地缘政治环境做出合适的回应。[23]这一观念是英国政府1997年8月发表的国防文件《战略防御评估》所提出的。

在《战略防御评估》的结尾，第一海务大臣、海军上将乔克·斯莱特评估了"冷战"以来战略环境的变化，对海军的重大战略机遇及"海上联合作战"理念进行了描述。而《以海制陆——英国皇家海军200年陆战纪实》一书的诸多作者，则用更为通俗的语言将约200年的英国皇家海军（陆战）历史呈现在读者眼前。[24]通过对比，我们很容易发现，这些军事行动在原则方面都有惊人的相似之处。"蒂格雷"号战舰的24磅炮与水下发射的"战斧"巡航导弹，两者仅在技术上有所区别。

这些观点并不新鲜，朱利安·科贝特在1900年的作品《德雷克的接班人》的简短前言中已经有所概述。[25]他写道：

"制海权的重要性在于其对军事作战的影响，一场大战的走向与两大军种（陆军和海军）有密切关联……有些观点认为，单纯的海上行动是徒劳无功的……我的观点是，海军不是一个单独存在的实体，但却是强大军事力量不可或缺的组成部分。"

现代海军已不必再搬运火炮，单靠发射导弹就能对敌岸进行打击，它也因此成为了一支重要力量。从这个意义上来说，科贝特的海军时代已经到来。

绪论：典型的英国作战方式

摄于"二战"时的英军海员照片，他们的武器、头盔和短裤已经是过时的装备了。（国家海事博物馆，伦敦，编号：P39373）

注释

1. 关于此次战争的最新记载，参见 Tony Bridgland, *Field Gun Jack versus the Boers：the Royal Navy in South Africa 1899-1900*(Barnsley 1908).

2. 参见 Percy Scott, *Fifty Years in the Royal Navy*(London 1919), p70.

3. 参见 Percy Scott, *Fifty Years in the Royal Navy*(London 1919), pp46-57.

4. 参见 Vivian Stuart, George T Eggleston, *His Majesty's Sloop-of-War Diamond Rock*(Plymouth 1978).

5. 参见 Robert T Travers Young, *The House that Jack Built：the story of HMS Excellent*(Aldershot：Cale& Polden 1955), p18.

6. 参见 1840 年 12 月 17 日明托文件，国家海事博物馆，ELL/118.

7. 参见 Christopher Layne,'British Grand Strategy, 1900—1939：theory and practice in international politics', *Journal of Strategic Studies*(1979), 转引自 David French：*The British way in warfare* 1688—2000(London 1990).

8. 参见 D Bonner Smith, A C Dewar(eds), *Russian War,1854：Baltic and Black Sea* Navy Records Society,83(London 1943), p224.

9. 参见 A C Dewar（ed），*Russian War, 1855：Black Sea*，Navy Records Society，85（London 1945），pp7-9.

10. 参见 Bonner Smith, Dewar，*Russian War, 1854：Baltic and Black Sea*，p227.

11. 参见 Bonner Smith, Dewar，*Russian War, 1854：Baltic and Black Sea*.

12. 参见 Alfred T Mahan，*The Influence of Sea Power upon History 1660—1783*（Boston 1890）.

13. 参见 Jon Tetsuro Sumida，*Inventing Grand Strategy and Teaching Command：the classic works of Alfred Thayer Mahan Reconsidered*（Baltimore 1997），p44. 转引自 Mahan：*Sea Power in its Relation to the War of* 1812.

14. 参见 John Gooch，'Maritime Command：Mahan and Corbett'，摘自 Colin S Gray，Roger W Barnett（eds），*Seapower and Strategy*（London 1989），pp27-46. Paul M Kennedy，'British and American Strategies，1898—1920'，摘自 *Maritime Strategy and the Balance of Power：Britain and American in the Twentieth Century*（Oxford 1989），pp165-88.

15. 参见 William Laird Clowes，*The History of the Royal Navy：From the Earliest Times to the Present Day*（London 1903）Vol VII，pvii. 虽然该书出版于 1903 年，但作者是以第二次布尔战争的结束作为第七卷结尾的。

16. 参见 R D Layman，*The Cuxhaven Raid：the World's First Carrier Air Strike*（London 1985）.

17. 参见 H Richmond，*Sea Power in the Modern world*（London 1934），p173."想要阻止一个强大的现代化国家从海上入侵是十分困难的，即便对方在海上毫无防范。"

18. 参见 Norman Friedman：*The US Maritime Strategy*（London 1988），该书对美国海洋战略进行了综合分析研究，Stewart Fraser 所著的 *US Maritime Strategy：issues and implications*（Lancaster 1997）在时间范围和内容方面进行了扩充和深化。

19. 参见 Julian S Corbett，*Some Principles of Maritime Strategy*（Annapolis 1988）pp15-16. Eric J Grove 对该书进行了注解。

20. 参见 David A Rosenberg，'American Naval Strategy in the Era of the Third World War：an inquiry into the structure and process of general war at sea，1945—1990'摘自 N A M Rodger（ed）：*Naval Power in the Twentieth Century*（London 1996），pp242-54. James Goldrick，John B Hattendorf（eds），*Mahan is Not Enough：the proceedings of a conference on the works of Sir Julian Corbett and Admiral Sir Herbert Richmond*（Newport RI 1993）一书中收录了该文的加长版本。

21. 参见 Admiral Sir Peter Abbott，'The Maritime Component of British and Allied Military Strategy'，摘自 *Royal United Services Institute Journal*（December 1996），pp6-11.

22. 参见 Eric Grove，Peter Hore（ed）：*Dimensions of sea power：Strategic Choice in the Modern World*（Hull 1998），pp3-25.

23. 参见 Brigadier Rob Fry，'End of the Continental Century'，*Royal United Services Institute*

Journal, Vol 143, no 3(1998).

24. 参见 Admiral Sir Jock Slater, 'The Maritime Contribution to Joint Operations', *Royal United Services Institute Journal*, Vol 143, no 6(1998).
25. 参见 Sir Julian S Corbett, *The Successors of Drake*(London 1990), pp7–8.

第一章　史密斯与阿卡城攻防战：
海上力量的陆地角逐（1799年）

汤姆·波科克

教堂的钟声悠远，礼炮在不列颠群岛鸣响，人们为纳尔逊在尼罗河之战的胜利举杯庆祝着——不可一世的拿破仑·波拿巴将军终于战败了，法国海军舰队被摧毁，他和他的军队被困在了埃及的沙漠之中。

然而，法国人对战争的看法却与英国人大相径庭。事实上，英国和拿破仑法国的战争曾被人称作"鲸和大象之间的冲突"：英国在海上有决定性的优势，但对法国而言，陆上作战的意义却更为重大。现在，尽管阿布基尔海湾中漂满了法国舰队的残骸，但法军在埃及的胜利却是辉煌和空前的。

大约35 000名训练有素、纪律严明的法军部队与拿破仑·波拿巴将军一同留在了埃及，这些军队分散驻扎于尼罗河沿岸。他在金字塔战役中对马穆鲁克军的胜利人所共知，向世人证明了法军的战术与火力足以压倒奥斯曼士兵狂热的勇气。由于法国的增援部队无法突破英国的封锁，拿破仑的力量看似极为有限，但他依然能够通过招募土著补充实力。他征服埃及周边国家的野心仍未消退，由于原本设想的入侵印度的计划太过耗费资源，拿破仑便将目光转向了别处，其计划之一就是率军长途跋涉，沿陆路返回法国，之后再去攻击奥斯曼帝国首都君士坦丁堡，接着占领奥地利的维也纳。一旦土耳其和奥地利人宣布投降，法国便能力压普鲁士和俄国成为欧陆霸主——如此一来，不列颠岛只能像一叶孤舟，悬于大陆之外。

同时，拿破仑也高兴地看到，他最强劲的对手——英国海军上将纳尔逊在拿坡里和巴勒莫卷入政治和个人纷争而不可自拔。所以，目前英国已没有其他海军军官——英国陆军在战场上一败涂地——可以在无情的战争和外交中与之相匹敌。如果考虑其他危险的对手，那么拿破仑肯定会想到西德尼·史密斯爵士，但他因间谍活动被捕，囚禁在巴黎。在拿破仑从土

第一章 史密斯与阿卡城攻防战：海上力量的陆地角逐（1799 年）

伦出发之前，史密斯越狱而逃，但很难想象他已逃回地中海，到达君士坦丁堡的英国公使斯宾塞·史密斯那里，更不要说拿出什么有效策略来对抗在埃及的法国军团了。

拿破仑已打定主意，征服印度的计划将暂时搁置，他如今所要做的是通过大马士革、君士坦丁堡和维也纳返回法国。1799 年 1 月，他将一半士兵留在埃及之后，便拔寨向东北而去，率 13 000 名士兵进入叙利亚境内。只有那些用来攻打黎凡特城堡的巨型火炮依靠海路运输，随大军沿海岸前行。拿破仑本以为，对这块土地的征服就像打败马穆鲁克那样容易。奥斯曼军队十分勇敢，能够熟练使用个人武器，但战术却非常落后和单一，只会伏击或拼死作战——没有步兵、炮兵、骑兵协同战术，也不会列队使用步枪连续射击。

就像拿破仑所预想的那样，在战争之初，法军轻而易举地攻克了尼罗河三角洲以东的阿里什要塞：法军在夜晚时分炮击了这座堡垒，随后俘虏了 3 000 名敌军。但一个问题也随之而来：敌军中鼠疫流行，他们很可能将这种疾病传播到法军军营。2 月 24 日，加沙的抵抗已经停止，3 月 7 日轮到雅法。第一天的进攻中，法国炮兵就在城墙上打开了一个缺口，攻城部队一拥而入。征服者的屠杀和强奸暴行使这座沦陷的小城蒙受了巨大的苦难。

接下来是沿海城市阿卡①，这个城市最初是由十字军修建加固的，相比其他城市，可以说是一个更大的障碍。但现在，法国人倒是被阿里什、加沙和雅法带来的 3 000 名战俘拖住了脚步。他们中一些人会自愿为法国而战，但剩下的部分，一旦被释放的话可能会再次拿起武器。此外，行军中的水和食物供应也是棘手的问题。所以拿破仑做出了一个令属下军官及整个伊斯兰世界都感到震惊的决定：杀死所有敌军战俘。这个决定最终被执行——步枪和刺刀下的残酷屠杀持续了整整两日——就在雅法城外的海滩之上。

拿破仑心知肚明，阿卡由奥斯曼的叙利亚总督杰扎尔·帕夏镇守，此人向以残忍、老谋著称。于是，他便以雅法大屠杀为例，向其下达最后通牒——"数日之后，大军即到阿卡"。3 月 15 日，拿破仑已能从迦密山巅

---

① 1948 年后划入以色列版图。——编者注

望见下面弯曲的海滩、远岬处的阿卡城城墙，还有停泊在城市海岸的2艘英国战舰。拿破仑所不知道的是，战舰的指挥官正是那位他从未谋面但鼎鼎大名的英国将军——西德尼·史密斯海军准将。

史密斯今年34岁，比纳尔逊年长6岁。尽管两个人存在相似点，但在某些方面却又截然不同。他们都具有灵活、创新的头脑和勇敢的精神，都雄心勃勃且高傲自负，喜欢穿着略微夸张的制服，是富有魅力的人物。不同的是，纳尔逊来自一个乡村教士的家庭，而史密斯生来就享受着一种时尚且奢靡的生活。史密斯富有冒险精神，拥有过人的智慧、语言天赋及充分的自信心，这一切使他成为政治事务中的风云人物。加入海军之后，史密斯先是以一个雇佣兵的身份帮助瑞典抗击俄国，并暗中负责情报收集工作。他在此次行动中功勋卓著，被瑞典授予骑士爵位。这件事招致了其他一些军官的不满，譬如纳尔逊就将他的"瑞典骑士"身份作为笑谈。不过，当纳尔逊自己获封"西西里公爵"爵位时，这些流言蜚语便销声匿迹了。

西德尼·史密斯爵士（后来的英国海军上将），18世纪90年代画像。军装上佩戴的星形饰物，是其在波罗的海雇佣军中服役时所获得的瑞典骑士勋章。（国家海事博物馆，伦敦，编号：PU3516）

1796年，在运送保王党人离开法国的一次军事行动中，史密斯在勒阿

第一章 史密斯与阿卡城攻防战：海上力量的陆地角逐（1799 年）

弗尔被俘，作为间谍关押在巴黎的监狱。在被囚禁期间，他向三年前土伦包围战的旧敌拿破仑写了一封公开信。在信中他奚落了这位法国名将，并预测两个人的命运必然会发生转变：英国人定将获胜而拿破仑则会成为阶下囚。而现在，史密斯被派往地中海东部协助纳尔逊，并对其弟斯宾塞的政治活动进行支持。令纳尔逊烦恼不已的是，史密斯的派系斗争手段可能会加剧利益冲突。据史密斯的一个朋友所说："他野心勃勃，又言辞犀利。这有时是十分危险的天赋。"

1798 年 10 月，史密斯受命指挥装备 80 门炮的"蒂格雷"号战舰，从此开始了其海军将领兼外交官的双重角色。他身边总跟随着一些法国保王党人，而正是这些人协助他逃出了巴黎，其中包括一位工程师——克罗内尔·路易斯。在史密斯身边，还有一位英国情报官员和语言学家——约翰·赖特上校。在君士坦丁堡，史密斯用流利的外交说辞成功地说服苏丹发布其最高命令——集中一切海陆力量对抗法国。因此在史密斯 1799 年抵达阿卡时，他已身兼奥斯曼帝国指挥官以及英国海军军官和外交官的多重职位了。

杰扎尔·帕夏知道，拿破仑和史密斯已经在路上了。史密斯派一名军官提前警告帕夏法军正在逼近，而他自己正跟随拉尔夫·米勒上校——尼罗河海战时纳尔逊的战友——以及那位法国工程师乘坐"特修斯"号战舰前来。从这些亲信口中，史密斯对阿卡城的城防状况有了大致了解。他所要保卫的是一座人口达 15 000 人的城市，摇摇欲坠的中世纪城墙和城楼上安装了几门老炮；还有约 4 000 名肤色混杂的守卫者，他们大都来自中东与非洲部落。而法军方面，自从接受拿破仑重利诱惑的德鲁士部落加入后，法军人数扩大了一倍多。阿卡的军队与法军对抗没有丝毫胜算。至于帕夏本人，尽管被冠以"屠夫"的绰号，但相比城市防卫来说，他似乎对保护妻妾更感兴趣。

史密斯率领 800 名陆战队员及水手登岸之后，便立刻投入防卫工作。援军卸下舰炮并修复防御设施，坚定了与守卫者并肩作战的决心。史密斯和他的官员并不是帕夏想象中的那样。他们一些人中，包括史密斯本人，都留着胡子，头发卷曲；而史密斯及一些船员，譬如赖特，都能说一口流利的法语和阿拉伯语。与帕夏的旁观者们不同，这些来自英国的支援者们还模仿起帕夏的生活，在帕夏宫中成堆的垫子上用长长的土耳其烟枪吸

阿卡城的防卫准备。史密斯爵士的"蒂格雷"号战舰驶离坚固设防的港口,这个港口扼守埃及与奥斯曼帝国间的要道,是拿破仑大军前往欧洲的必经之地。(国家海事博物馆,伦敦,编号:B204)

烟。在他们到达两天之后,史密斯写信给司令官圣文森特爵士,表示"英国海军的存在鼓舞了帕夏军队的士气,坚定了他们顽强抵抗的决心"。

史密斯同时也有其他重要之事汇报。前几日的晚上,他截获了一支从海法开来的法国舰队,上面满载着拿破仑的攻城火炮,而它们已被英军安放在了阿卡的城墙之上。有2艘法舰逃入海法,英舰在拦截时遭受了损失,但这与缴获攻城器械的意义相比不值一提。据悉,在拿破仑得到报告时,他同时也得知,英军战俘所说的阿卡统帅,正是那位在巴黎预测英、法两国命运逆转的史密斯。

史密斯对他的800名士兵进行了安置,陆战队员和水手被分派到城墙上;战列舰需"一"字排开下锚,使火力能够覆盖城市两侧海岸;炮艇及小型船舶则负责骚扰沿海岸接近的敌人。拿破仑也在备战,尽管失去了重型火炮,但其陆军装备的12磅炮依然能够击穿破旧的城墙,然后由士兵一拥而入。

1799年3月26日,拿破仑从一座小山上向下俯瞰,战斗在这个时候打响了。尽管12磅炮的火力足以把城墙打开缺口,但在史密斯的指挥之下，许多障碍物及激烈的炮火打击又拦住了法军的去路。拿破仑决定用炮火摧毁城防。2天之后的黎明，法军集中火力对城防缺口进行炮击，拿破仑通过望远镜了解了形势，然后下达了进攻的命令。

携带着可伸缩攻城梯的法国工兵率先向前，紧随其后的是由高大勇猛的克勒贝尔元帅指挥的20个掷弹兵团，他们身后是密集的步兵集团。当法军接近城墙的时候，他们才看到脚下干涸的护城河壕沟。护城河壕沟宽阔且深，在其阻挡之下，法军的攻城梯根本无法接触城墙。法军试图攀爬至城墙缺口处，却被霰弹、步枪子弹及守军抛下的石块击退。当退兵号吹响时，法军的幸存者潮水般败退而回，留下了护城河壕沟内的大批尸体。一名法国军官沮丧地表示："这一天，我们本该攻陷阿卡城的。"

英国军官、炮手及海军陆战队在前线的部署起到了凝聚人心的作用，他们强劲的战斗力和临危不惧的勇气增强了守军信心。一个水手爬到护城河壕沟内去埋葬一个法国将军，他先与尸体握了握手，然后又友善地向法军阵营方向鞠了一躬。这位水手最终在城下不幸阵亡，但英国人的幽默——尽管是黑色幽默——同样鼓舞了守军的士气。

史密斯并不能完全掌控友军的行动。在3月的月底，海上狂风将其舰队逼入了迦密山背后，只留下帕夏单独指挥阿卡城防。法军又一次发动的进攻终被击退，但因守军缺少海军舰炮支援，围攻者得以拓展战壕，甚至将战线推进至守军枪炮的射程之内。帕夏对此做出的反应是：将全部法军战俘，包括向其送交最后通牒的法军军官都成对捆绑起来，塞进麻袋并扔进大海。

当史密斯带着他的2艘战舰顺利返回并重新接手指挥之时，他发现法军正试图通过挖掘地道潜行至城墙及炮位之下，史密斯立刻派军队出城攻击。英军进入地道拆毁支柱，将其彻底摧毁，成功挫败了法军的图谋，但自身损失也十分惨重。他的陆战队和海员虽然作战英勇，但人数却少得可怜。在这种状况下，史密斯迫切希望获得援助。

援军分别来自东方和西方。拿破仑已得知苏丹派出的20 000名士兵正从大马士革赶来解阿卡之围。但令他没想到的是，土耳其军队也已从罗德岛出发，沿海路而来。法国方面，新的攻城武器已由埃及运出，为避免英国海军拦截，这批装备已在雅法登陆，并靠人力拖曳继续行进。因为攻城武器还有一段时间才能运到，拿破仑决定率先解决来自大马士革的威胁。

为此，拿破仑派出了一支强大的部队前去迎战。这支部队在克勒贝尔的指挥下，经过整整一天的战斗，最终赢得了决定性的胜利，这就是著名的塔波尔山战役。在法国军队重整之后不久，新的攻城武器也运到了。

英法双方都付出了惨重的牺牲。3位著名的英军指挥官陨落于此：功勋卓著的军事工程专家菲利波上校死于中暑；指挥陆战队的托马斯·奥德菲尔德少校在破坏法军地道时阵亡；拉尔夫·米勒上校在突发性的船只爆炸事件中殉难。

史密斯本人是守军的核心，他站在城墙上抵御法军进攻的英勇表现激励了守军的信心；不仅如此，他的行动也再次证明了自己无愧于"心理战大师"的称号。当拿破仑准备将传单分发给黎凡特地区的穆斯林和基督教居民以争取民心之时，史密斯却在暗中挑拨。他把两类传单收集起来，并印刷了更多的伪本，然后故意张冠李戴地散布于众。如此一来，看到传单的穆斯林居民会认为拿破仑是基督教的拥护者，而基督教徒则会认为他是伊斯兰的卫道士。盛怒之下的拿破仑疯狂地进行报复，通过残忍虐待英军战俘的方式来发泄对史密斯的怨恨。

罗兹的解围援军即将赶到，在这些援军登岸之前，拿破仑孤注一掷地向阿卡城发动攻击。防御上的缺口进一步扩大了，因此必须采取新战术来充分利用土耳其军队，若不能奏效，就只能靠勇气坚持。当史密斯站在城头上向敌军开火的时候，帕夏正坐在他的宫殿里，用几个法军士兵的头颅和英军交换弹药。法军前锋部队正潮水般地涌入缺口，并进入宫殿旁边的花园。然而一旦他们攻入此处，其后路就会被截断，继而惨遭守军屠杀。按照史密斯的描述："我们将城墙缺口做成了陷阱，就像打开公牛栏那样。"

史密斯已经意识到了阿卡战役的结果，一旦战役结束，"君士坦丁堡，甚至维也纳也会倍感震惊"。但即使在土耳其增援部队已经登陆的情况下，拿破仑仍然固执己见，宣称"如果我军获得胜利……就去推翻土耳其帝国，在东方建立起一个新的、庞大的帝国以彰显我的功绩。在摧毁奥地利之后，我也许将会返回巴黎"。

史密斯再次用法文写信奚落拿破仑：

"我知道有一个法国使团前往君士坦丁堡游说土方，希望能够借道埃及退军。我不想过问法军是否想要离开叙利亚，因为在你我实力相当之

第一章 史密斯与阿卡城攻防战：海上力量的陆地角逐（1799年）

时，拥有狂妄野心的你绝对不会有撤退的想法……但现在你已看到，在你两个月的围困之下，这座城市的力量不但没有削弱，反而还在进一步壮大。我想问的是，你愿意在伟大的同盟军扭转局势之前把军队撤出奥斯曼帝国的领土吗？"

他同时还向拿破仑道出了一个关键战略：阿卡城解围之后，这里就将成为反法联盟继续进攻法军的桥头堡。

亲临前线。西德尼·史密斯爵士在阿卡城墙的缺口处，为阻击法军疯狂进攻的英国将士们鼓舞士气。（国家海事博物馆，伦敦，编号：PAD5622）

在拿破仑收到这封信的当日，他下令发动了第 11 次进攻。此时是 5 月 10 日的凌晨 3 时。据一位法国军官回忆："掷弹兵冒着枪林弹雨向上冲锋。头发浓密的克勒贝尔手执利剑，在岸边跨大步前行，鼓舞着士兵的士气，他雷鸣般的呼喊与大炮的轰鸣和刺耳的枪声以及双方士兵的叫喊声混成一片。"

法军士兵再次突破城墙缺口并涌入花园，甚至几乎冲到了城市的街道上，但守军也又一次阻止了其进攻的势头。下午时分，法军继续发动攻势，英国人在法军突入的缺口处埋入巨型地雷，把进攻者再次挡在了门外。"士兵们停了下来，壕沟里涌出了火焰，尸体无处不在。克勒贝尔在愤怒之下用剑刺伤了大腿，但战地司令在察觉获胜无望的情况下，便毅然作出手势下令退兵。"

史密斯意识到这次进攻是拿破仑的最后尝试，他的部队损失过半，或阵亡或带伤，剩下的在遭受中暑和瘟疫的困扰。因此，史密斯再次写信道：

"我了解你近几日为加紧攻城所做的努力，正是你的'十足把握'葬送了你的伤兵。"

之后，他再次利用心理战术，将话题转回到自己在巴黎监狱中的预言：

"你是否想象得出，一名阶下囚，能够在大漠之中的叙利亚孤城将你的军队逼得寸步难行？现在，你必须承认人算不如天算，亚洲并非是你的荣耀之地。这封信算作给我自己的一点慰藉。"

遭受羞辱的拿破仑更是恼羞成怒，他下令炮兵将炮口指向城内，对城市进行疯狂的报复式射击。现在撤退似乎已成为拿破仑唯一的选择，但史密斯也不会让其顺利地从海上撤走伤员。在最后一次军事会议上，拿破仑向他的高级军官们征求意见，克勒贝尔说道："将军，根据我的所见所感，我认为如果代价太大，就尽早离开。"

法国人现在离开了阿卡城，拿破仑的梦想破灭了。5月20日，他们列队向南部的埃及进发。史密斯准将回到了他的船上，写信给他的顶头上司尼尔森：

"尊贵的阁下，在全能的上帝的指引下，我军赢得了光荣的胜利，敌军已经撤退了。他们没能选择合适对手，其一切努力都遭到挫败……拿撒勒平原是拿破仑辉煌生涯的转折点。"

纳尔逊对史密斯的印象立即发生了极大改观，他意识到，史密斯超越了自己在尼罗河之战的成就，仅依靠2艘战舰就取得了一个让世界刮目相看的战略胜利。6年后，纳尔逊邀请史密斯指挥加迪斯附近的近海舰队，但这个任命到达太晚，因为在史密斯接手之前，著名的特拉法尔加海战就已经打响。在纳尔逊特拉法尔加大胜的两周之后，约翰·莱特上校在传递情报时被法军俘获并被谋杀于监狱之中。拿破仑仍对史密斯怀恨在心，在这位法兰西第一帝国皇帝被流放至南大西洋的圣赫勒拿岛上的时候，他还

第一章　史密斯与阿卡城攻防战：海上力量的陆地角逐（1799年）

自言自语地说道："正是这个人嘲弄了我和命运。"

手稿资料

关于西德尼·史密斯的档案文件保存在国家海事博物馆，此外还包括海军部，战争办公室的文献资料。外交部文件主要来自公共档案馆。

公开文献资料

John Barrow, *The life and Correspondence of Admiral Sir Sidney Smith*, 2 vols (London 1948)

General Alexandre Berthier, *The French Expedition into Syria* (London 1799)

J Christopher Herold, *Bonaparte in Egypt* (London 1963)

The Hon. Edward Howard. *Memoirs of Sir Sidney Smith* (London 1849)

William James. *The Naval History of Great Britain*, 5 vols (London 1822-4)

G S Parsons, *Nelsonian Reminiscences* (London 1905)

Tom Pocock, *A Thirst for Glory：The Life of Admiral Sir Sidney Smith* (London 1996)

Lord Russell, *Knight of the Sword：The Life and Letters of Admiral Sir William Sidney Smith* (London 1964)

Peter Shankland, *Beware of Heroes：Admiral Sir Sidney Smith against Napoleon* (London 1975)

Elizabeth Sparrow, *Secret Service：British Agents in France 1792—1815* (London 1999)

第二章 "科学与劳作":法国大革命战争期间①英国海军的海岸作战贡献(1793—1815年)

迈克尔·达菲

纵观不列颠帝国的历史,我们可以发现,这个国家仅保持着一支小规模的陆军力量。在经历了"圆颅党"事件和17世纪50年代的"护国公"统治后,英国惧怕庞大的常备军会带来政治风险,海军反而能够保护不列颠列岛。这意味着,英国在历次战争开始时,都无法组建一支与大陆对手相匹敌的军队。在1789年,英国军队人数约为40 000人,还包括分散在遥远海外的帝国驻军,而那时法国就拥有一支170 000人的军队。对法战争期间,英国扩大了陆军规模,使其由1803年的130 000人扩充到1813—1814年的250 000人,而法国军队也膨胀到了600 000人以上。此外,皇室的承诺及有限的运输能力都意味着一个标准的远征队规模仅限于10 000~15 000人,而许多远征队都是较小规模的,大约只有5 000人左右。即便是最大规模的一次出兵,部队也仅在与不列颠本岛隔海相望的海岸线活动,以便维持给养。1809年,威灵顿麾下的伊比利亚半岛和瓦尔赫伦常规部队也没有超过45 000人。在这种情况下,政府和军队指挥官自然而然地将目光投向海军,希望依靠他们来弥补海岸作战的兵力短缺——英国海军的规模不断壮大,部队从1792年的20 000人已扩充至1810年的142 000人。

经过人员补充之后,在装备74门炮的一线战舰上,海员人数达到了600人;在装备32门炮的护卫舰上,海员人数为220人;装备16门炮的单桅帆船也拥有海员125名。与远征军团协同行动的英国海军,可以在人力和火力方面为上岸行动提供必要的支持,尤其在没有敌军舰队阻拦的情

---

① 作者将拿破仑战争时期也算在其中。——编者注

况下,更是作用显著。英国海军陆战队是一支训练有素的军队,事实上,早在1793年法国土伦和1794年科西嘉岛的战役中,就时不时有一些前线兵团被划归海军领导,作为陆战队使用以求取得更高的机动性。1801年,拉尔夫·阿伯克龙比上将在埃及仅有13 400名步兵,海军上将基思主动调拨给他一支500人的海军陆战队。[1]海员也常替代步兵作战,但表现却不甚良好,他们没有经受过陆战的正规训练。至少在一些远征行动中,细心的指挥官会在航行期间有远见地对他们进行陆战训练,1793—1794年前往西印度群岛探险的海军上将约翰·杰维斯爵士就是如此做法。当舰队到达卡莱尔湾、巴巴多斯时,他们登岸用轻武器和矛进行训练。[2]1794年3月,也正是海军的陆战部队对敌军的岸防工事发动了猛烈袭击,为马提尼克岛的皇家堡(Fort Royal)围攻战锁定了胜局。同年4月,英军对瓜德罗普岛的弗勒德艾皮堡发动攻势,联合行动的一大难题在此战中显露无遗:身着红色制服的步兵将身穿绿色军装的海员误认为是法国士兵,于是向他们凶猛地冲杀过去。1794年2月,对科西嘉岛科尔内耶堡垒的进攻战中,海军分遣队携带着挖壕工具紧紧跟随身穿红色制服的英国步兵作战。[3]

此外,海员们也经常被要求在紧急情况下提供援助,他们没有接受过步兵训练,所擅长的是海上行动,如与风暴搏斗或守卫防御工事,因此不适合像步兵那样进行陆上作战。正如船长克劳福德后来回忆的那样:

"当需要进行突然袭击或大胆行动时,很少有人将海员作为进攻的首选。一旦让他们离开船只,将他们布置在岸上,他们就会躁动不安,军心动摇,缺乏耐心。"[4]

海员们没有行军纪律。1794年7月1日,在瓜德罗普岛,军方计划让300名海员长途跋涉4英里,穿越复杂地形向皮特高地发起夜袭。但是当次日凌晨4时,上级紧急召集力量支援轻步兵行动的时候,只集合到了30名海员。他们同样缺乏组织纪律。在1810年,一支由350名海员及250名陆战人员组成的部队在西班牙东北海岸投入行动,他们的任务是俘获泊于帕拉莫斯的法国护航舰队。他们迅速消灭了港口到临近山地一线的150名法国守军,然后在山脚下列成阵势,保护海军船只拖走敌人的护航舰。然而就在此时,海员的队伍出现了混乱,"先是一个人,两个人,然后一大队人马"进入了小镇。于是,得到增援的法国指挥官随即下令向英军力量薄弱的防线发动反击,将他们赶回了船上。此役中,英军登陆部队损伤惨重，有 1/3 的士兵死伤和被俘。[5]

普拉蒙托的突袭行动也许是这一时期海军登岸作战的最典型代表——它是海军传统"切断"行动向海岸的延伸，此类行动包括拦截商船或是将敌舰封锁在严密设防的军港。像往常一样，海军登陆部队在普拉蒙托登陆，前去摧毁隐蔽炮台。他们没有遭遇大批敌军正规部队，只是遇到一些哆哆嗦嗦、缺乏训练、一触即溃的当地民兵。有时，这些部队也会在更广阔的海岸展开行动，这是由于依托高机动性的战舰巡航，他们能够比陆军更快地发现海岸据点并展开行动。在这种情况下，无论是镇压法国挑起的加勒比海暴动，或是支持西班牙加泰罗尼亚海岸的叛乱分子反对法国，派出陆战队员和船员支援当地守军，都能在军舰火力掩护之下进行海岸防卫，从而发挥显著影响。1808 年科克伦勋爵在加泰罗尼亚的罗萨斯指挥的防御作战，至今仍是一个将海军人力加以独创性运用，以实现战略目标的经典战例。[6] 携带炸药的海军专业人员也可以一显身手。科克伦勋爵派遣护卫舰"蛮横"（Imperieuse）号运送先头部队登陆，他们在海岸公路炸毁危岩，破坏桥梁，迟滞了 1808 年法军在巴塞罗那的推进。[7]

在重大军事行动中，舰队的首要贡献是在抢滩登陆时提供火力支援。装备重炮的一线战舰和护卫舰将用来对付海岸炮台，而单桅船、炮艇等则负责在舰载小艇和平底登陆艇冲岸前清扫海滩。炮击武器可能包括"康格里夫火箭"——早在 1805 年，英国皇家海军入侵法国的驳船聚集布伦时，他们就将这种舰用火箭投入实战了。火箭与舰船的近距臼炮配合射击，其火力正好能够覆盖敌军海岸线。[8]

一旦上岸，需要立即夺取一个坚固的堡垒或港口作为安全供应基地，并清除可能存在的敌军战略要塞。在此类行动中，海军扮演了一个特殊的角色。由于军队能力所限，海军需要运输大量的役用马（船舶舱位十分紧张）。1805 年，军方用 30 000 吨位的船舶向汉诺威输送 20 000 名步兵，随行的 2 000 名骑兵需要 16 000 吨位的船舶运输，1 500 名炮兵和他们的马匹也需额外占用 10 000 吨位。[9] 在长距离运输中，这个问题更显突出：1801 年的埃及远征行动中，有 630 名炮兵登陆，但是战马却只有 173 匹。[10] 此外，有时候这些马匹也无法穿越经常遇到的复杂地形。因此在某些行动中，半数船舶需要承担起部队登陆的后勤运输工作，包括托运在内。在 1801 年远征埃及时，为了给 16 000 名远征军提供后勤支持，基思勋爵指派

820名海员作为后勤船员,并派遣545名海员上岸随大队行动。海军的7艘舰船中,有2艘前往封锁亚历山大港,2艘承担后勤工作。在数周内,有超过2/3的海员参与了岸上行动。[11]通常,上岸海员的主要任务是操控重型火炮。后来作为事件的亲历者,船长爱德华·布伦顿回忆道:

"在所有陆海军联合行动中,登陆和运输大炮都是由海员来完成的,在此之后,炮兵军官负责安装大炮,并构筑火炮阵地。"[12]

很多时候,协同舰队会接到命令,向登陆部队提供所需的重型武器。有时是要满足全军之所需,而更多情况下,是为补充部队的攻城装备。在1794年围攻马提尼克岛的皇家堡之役中,约翰·杰维斯爵士的水手们就将70门重型火炮和弹药拉上了岸。[13]在炮兵数量短缺时,他们还必须派遣船员前往一线操控火炮。在此类行动中,皇家炮兵军官需要对海军炮手进行密切监督,这是由于,海员们的常规训练科目是在一个宽阔区域尽可能快地进行射击,这在攻城战中并不适用。同样,攻城战中弹药供给并不像在军舰上那样,只需派人从舰舱弹药库中搬出就万事大吉,而是需要克服艰难险阻,依靠漫长的补给线将其输送至炮位,因此炮击必须持续、准确,以破坏敌堡围墙为最终目标。一个有目共睹的先例是:1794年3月马提尼克的波旁堡围攻战中,海军炮手在炮击开始的第一天就将全部弹药"一打而光"![14]

在此次行动中,海军部队在联合作战中使用的最令人惊奇的武器,既不是它骁勇的士兵,也不是它猛烈的火力,而是它在运输方面的专业素养——全体船员在这一点上可是都经过了充分训练的!这就让进攻者得以根据需要将武器摆在合适位置。而在围攻战中,那些习惯使用传统作战方式的防卫者往往会认为,这些地方是进攻者难以接近的。正是由于布伦顿上校首先占据了科西嘉岛圣菲奥伦佐的外围防御阵地,英军才得以在1794年2月轻取该城。许多人认为,鸟瞰该要地的山脉是进攻者难以接近的,而且几乎没有人会试图将火炮安置在那个地方,但英国人却这样做了。[15]夺占港口十分必要,它是征服科西嘉岛的基础。港口由设在佛奈里(Fourneille)的多面堡垒守护,佛奈里一侧有一座600~700码①高的陡峭山崖,从这里看去,佛奈里正好暴露于炮兵火力之下。

---

① 1码≈0.914米。——编者注

1794年，地中海舰队的海员们将枪支和火炮送到位于科西嘉海岸的莫尔泰拉湾（Mortella Bay），这里的地形看起来并不复杂，但邓达斯上校说："将大炮运到这里简直难于登天。"图画中的建筑是著名的莫尔泰拉塔，此战之后的几年里，英国南部和东部海岸周围也建起了许多类似样式的塔楼。（国家海事博物馆，伦敦，B1894）

军事专家、皇家工程师梅杰·克勒及海军上校约翰·摩尔认为，如果将两三门18磅火炮安置在峭壁之上进行攻击，那么多面城堡中将无人幸存。于是，他们转向海军寻求帮助。摩尔在他的日记里写道：

"他们决心付诸实施，参战的水手们用了两天时间，依靠滑车和人力，将2门18磅火炮和1门8英寸①榴弹炮②拖上了陡峭的山崖并安装妥当。"[16]

惊愕不已的法国驻军不久就投降了。在夺下城镇之后，身为外交官的吉尔伯特·埃利奥特爵士向他的妻子描述了当时的场景：

"某日，我前往他们运送火炮的道路上察看。我军的目的是将火炮架设在高崖顶端，以便攻击位于佛奈里高地的法国炮台。包括邓达斯将军在内的很多人都说，将火炮拖上那里简直荒谬，事实上，这似乎的确是不可

---

① 1英寸=25.4毫米。——编者注
② 关于火炮种类及数量的说法，不同人士的记录中存在矛盾之处。——编者注

第二章 "科学与劳作":法国大革命战争期间英国海军的海岸作战贡献(1793—1815年)

能完成之事。但是,由库克船长率领的200名水手,却真的在两天之内,将4门18磅炮及2门臼炮架上了山顶,并开始构筑炮位。如果没有他们,我们就无法夺取圣菲奥伦佐。通向山顶的道路大约有1英里,路面崎岖,坎坷难行。这里比明托哨壁(The Minto Crags)绿色崖面上那条通向城堡的磨坊旁边的小道还要陡峭险峻,而粗糙的岩石和丛林更使人们举步维艰。他们把粗大的绳索绑在岩石上,然后把那些曾用于一艘庞大战舰上的大型坚固吊索、滑轮和索具牢牢系于绳索另一端。大炮被放在木排之上,置于索具的一端,士兵们则牵着索具的另一端往山坡下走。见此情景,无论我们的朋友科西嘉人,还是敌对的法国人都感到大为惊讶。他们在佛奈里高地法军多面城堡的威胁下,用了4天构筑炮位。在此期间,库克船长和海军官兵都睡在岩石间的洞穴里。"[17]

运输行动获得圆满成功,邓达斯将军对海军的努力给予高度赞赏:

"4天内,依靠科学和劳作,付出最惊人的努力,他们将4门18磅炮、1门榴弹炮及1门10英寸臼炮从海岸线搬移到了700英尺的高地,路途中的每一个困难都见证了他们的决心和勇气。"[18]

在随后的巴斯蒂亚围攻战中,英国皇家海军面临着更大的挑战。此战中,海军将领纳尔逊负责为部队提供海上支援,250名海员与1 200人的部队随同行动,但工作依然是在最有利的位置建造炮台。[19]从纳尔逊的日记和信件中,我们可以了解到海员工作的大致端倪。1794年4月4日部队登陆,海员和木工们开始砍伐树木设置路障,同时对英军大营附近的危险区域进行清理,以防法军借此轻易接近英军大营。在忙碌的工作中,他们度过了上岸的第一个夜晚。从4月4日到4月10日,"所有海员都被派去建造炮兵工事、修路以及运输枪支火炮、军械弹药。他们人数极少,却承担着如此繁重的任务,然而,他们却以无可比拟的积极性投身于工作之中"。

炮击于4月11日正式开始,2门13英寸臼炮、2门10英寸臼炮、1门8英寸榴弹炮、5门24磅及2门18磅卡伦炮、3门12磅及1门4磅野战炮一齐向敌军开火。4月13日至4月21日,海军官兵又忙于运输枪械、臼炮、各类炮弹、火药及其他物资,同时还要修筑炮位以及建造能够掩护上百人进攻部队的临时胸墙。4月27日,在城镇附近的山崖上,海军开始为2门18磅卡伦炮和1门12磅炮建造炮位。"将火炮搬运至阵地是最为艰巨的工作。在我看来,除英国海员外,根本无人能够胜任此事。"5月3日到

威廉·霍斯特:他身兼海军将领、舰队司令、总督和工程师,是一名多才多艺的全能型人才。(国家海事博物馆,伦敦,编号:A5051)

5月7日,海军又构筑了另一个炮兵阵地,在此期间,他们总是怀抱刺刀和军刀睡在阵地上,以防敌军的突然袭击。5月19日,法国驻军提出投降条件。纳尔逊在宣布胜利时说道:"事实上……这是一个海军远征的胜利:我们的船只断绝了敌军的一切海上交通,我们的水手们将沉重的火炮拖上了岸,而后在陆上英勇战斗。"[20]

地形因素同样是进攻的主要障碍。在位于西印度群岛的圣卢西亚的幸运山(Morne Fortune),1796年,海军上将克里斯汀派出300名海员为阿伯克龙比(Abercromby)将军的13 000人提供支援。在进攻陷入困境之后,克里斯汀再次向其提供了500名海员。德国佣兵团上尉拉萨尔是一名来自勒文施泰因的骑兵军官,他向我们描述了当时的情景:"直到那时,什么也没有发生。我们轻易地对幸运山进行了合围,并准备对其发动攻势。我们刚夺下了乔纳斯山,该山与幸运山堡垒只隔着一道平坦的山脊。"因此,英军决定从这个制高点发动攻击,"把重炮放置在乔纳斯山上,意味着要将其抬升至极高的地方,之后,还必须搬运军需品、各类炮弹、榴弹炮和臼炮。所有的重任,都落在了一个人的肩上。这对英国水手而言,

第二章 "科学与劳作":法国大革命战争期间英国海军的海岸作战贡献(1793—1815 年)

几乎是不可能完成的工作。他们赢得了钦佩。海军军官鼓励他们说,在占领敌堡后,他们将获得首先升起英国旗帜的权利"。5 月 16 日,乔纳斯山上的大炮开火了,5 月 25 日,敌堡被攻陷。[21]

最不寻常的一个事例,发生在 1813 年年底的亚得里亚海地区,英国皇家海军将火炮运输到了出人意料的地方。这次行动中,海军舰队由"狂欢"号护卫舰舰长威廉·霍斯特负责指挥。与海军联合行动的,只有一个连的英国步兵。他们的任务是向达尔马提亚海岸沿线抵抗法国驻军的潘多人(Pandoors)及蒙特加罗人(Montenegrans)提供支援。在这种情况下,英国海军不仅提供了海上火力支援,还直接参与到炮轰敌军的行动中去。1813 年 12 月,霍斯特对科托尔进行了侦察。他曾于 1794 年随同上司纳尔逊到过科西嘉岛,他发现,达尔马提亚大陆的地形与科西嘉岛十分相似。霍斯特称自己是"在没有制定相应计划的前提下,被派来……攻取一片坚固设防的地区"。[22]但是,他却可以从科西嘉的战争经验中获得灵感。科托尔附近是西奥多山,从山巅俯瞰,科托尔一览无遗。因此,霍斯特决定在西奥多山上修建炮位,运输 2 门 18 磅炮及 11 英寸臼炮上山。为实施这个计划,他于 12 月 14 日派遣 54 名官兵登陆,同时上岸的,还有火炮、滑轮、滑车及其他军需物资。在西奥多山山顶,英军的炮弹能覆盖那个由海拔 30 英尺的高崖所拱卫的小镇。法国驻军司令戈捷信心满满,他认定,高耸险峻、崎岖陡峭的山地天险是敌军难以翻越的屏障。在英军架好大炮迫他投降之前,他一直秉持着这种观点。

第一天,海军沿山坡将 1 门大炮抬升了 400 码;第二天,抬升了 440 码。此次工作异常艰难,由于山体表面岩砾太过松散,起重装置的带锁很难固定,因此就必须在坚固的山体石头上刻出凹槽,为机械提供支撑,这使得整个工作进展缓慢。12 月 16 日时,他们用一支小锚吊起火炮,将它放置在合适位置,然后再用旁边成堆的石块掩盖起来。这一天,火炮又被抬升了 300 码。霍斯特亲自监管工作进度,鼓舞士兵士气。海员们穿着被暴雨浸湿的衣衫,鞋子也被山上的砾石撕扯得支离破碎,然而在 12 月 20 日,他们终于将第一门火炮送上了高山之巅,而其他海员也开始将炮弹、火药桶、沙袋等各类物资源源不断送往山顶,用以构筑炮位。

到 12 月 25 日,18 磅火炮及 11 英寸臼炮已在山顶准备就绪。与之相应,英军还在科托尔西北部部署了 1 门 12 磅卡伦炮和 1 门臼炮,在其东南部也部署了 1 门 12 磅卡伦炮，同时还在圣埃尔维斯山山顶放置了几门火箭炮。在接下来的 10 天里，小镇遭到了猛烈轰击，而此时还有更多火炮从英军护卫舰上卸下，准备投入进攻。弹雨从"无法接近"的高处纷纷落下，法军毫无防备，被打了个措手不及。法军司令官"亲自从没有防弹设施的弹药库中转移火药，以防遭到火箭袭击"。戈捷于 1814 年 1 月 4 日提出停火；1 月 6 日，他便带着 297 名精锐的驻军士兵向英军投降，同时还对霍斯特"最不符合军事规程"的作战方式抱怨不已。[23] 从卸载火炮到将其重新装船，开赴下一个目标，霍斯特仅用了 5 个星期时间。霍斯特的随行牧师评论道："英军的表现使敌我双方都大为震惊，对法军司令来说，这种战争工程根本是不可思议的。而且在战事中，英军只损失了一名海员。"[24]

早期的"巡航导弹"：康格里夫上校提议制造的火箭船，在 1805 年的战争中用来对付布伦的法国船队。而海军旅要携带火箭弹和长长的发射管深入内地。（国家海事博物馆，伦敦，编号：B3735）

离开科托尔后，霍斯特又向无比坚固的法军堡垒——拉古萨港（杜布罗夫尼克）进发。该据点已被奥地利军队和克罗地亚起义者包围，但他们都缺少重型火炮。霍斯特于 1 月 19 日到达后就开始重施故伎，四处寻找能够布置火炮的制高点。他最终做出决定，将 2 门臼炮安放在拉古萨城北部，2 门 18 磅炮则安放在城市东南部 1 200 英尺高的瑟吉厄斯山山顶。由于法军的帝王要塞控制着通往山顶的主要路径，霍特斯不得不另辟蹊径，带着

第二章 "科学与劳作":法国大革命战争期间英国海军的海岸作战贡献(1793—1815年)

大炮迂回 6 英里山路,绕到瑟吉厄斯山的背后。他巧妙地利用提供城市用水的水渠行进了 2 英里:先挖开水道,排干渠水,然后将不到 8 英尺宽的渠道用作道路行进。1 月 21 日,第一门 18 磅炮已被安置妥当,到 1 月 27 日,其他 2 门火炮也已做好了射击准备。在英军发射了几枚测距炮弹后,士气低落的法军便提出有条件放下武器。霍斯特手下发射的每枚炮弹都能摧毁房舍,但法军却根本无力回击。就这样,拥有 6 个星期给养的 360 名法军官兵,带着 151 门炮向英军投降,而英国方面只有一名海员死亡,2 人重伤。海军舰长霍斯特在评价这些行动时,将自己称为"一名军官、将军、管理者及多面手"。[25]他因战功卓著而获得了从男爵爵位以及玛丽亚·特蕾莎授予的奥地利勋位。

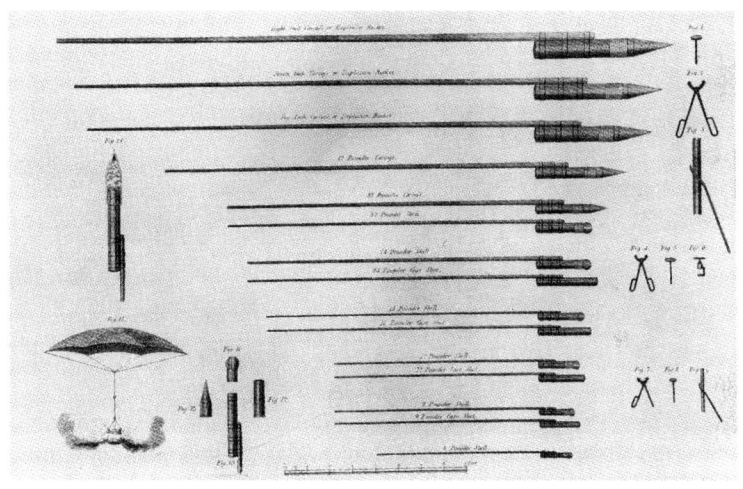

"康格里夫火箭":一种由康格里夫上校设计的远程武器。(国家海事博物馆,伦敦,编号:B3737)

因此,英国皇家海军对登陆作战的火力装备支援,主要依靠沿岸战舰的机动性以及海员的拖曳——通过这种"科学与劳作"的结合,进行岸上移动。依靠这种方式,海军为海外远征作战提供了大部分的重火力支援,包括军舰炮轰海岸以及海员以无与伦比的方式运输重炮并操作它们。此外,海军同样向登陆部队提供大量后勤物资,直到他们建立起自己的储存基地和运输体系。海军还被用于海岸突袭行动,准备在必要时(实际上经常如此)为远征军提供兵力支援。事实上,海员们更精于近距离战斗,尤

35

其是攻击和防卫坚固堡垒,而不是野外作战。他们是否对部队行动起到了精神上的鼓舞作用呢?所有军事观察员都谈及了水手们在上岸行动时的精力和热情。这些超越本职的新颖作战任务可能会激发海员的部分热情,但这种旺盛的精力也可能表明军舰上的工作模式要远比那些陆上的积极活跃。正如克劳福德所言:在海岸行动中,水手对静默不动感到很不耐烦。

如果行动由科克伦或霍斯特这样精力充沛的海军军官指挥,或是在1794年指挥科西嘉作战的热情洋溢的胡德将军监督之下进行,就很可能会突破僵化的军事思维限制,取得出其不意的战果。然而,冲动也可能导致灾难。1793年的土伦战役中,胡德要求军队进行毫无意义的防御,甚至纳尔逊也在1797年攻击特内里费时遭遇挫败。但是,即便战事失利,海军也能在大多数情况下带领部队全身而退。

整支军队及其装备的匆忙撤离,对海军而言是一件异常棘手的任务。1795年在基伯龙湾的撤离损失了大量侨民,是最为严重的一次灾难。1798年时,由于遇到恶劣海况无法撤退,一支警卫旅在突袭奥斯坦德之后被迫全军投降。1797年在特纳利夫岛、1799年在荷兰的海尔德及1807年在布宜诺斯艾利斯,类似事件已经多次上演(在这几次事件中,敌人都允许被俘的官兵安全离开,以换取英国当局的让步)。[26]然而,1793年在土伦、1797年在波多黎各以及1809年在科伦那,海军都取得了令人瞩目的成功——在敌人眼皮底下成功撤离。1806年在意大利南部的两次行动,1807年在埃及以及1809年在瓦尔赫伦岛的战事中,海军都在紧急关头成功救出登陆部队。或许,正是他们为部队树立的最终信念,推动了岸上军事行动的成功进行。

注释

1. 参见 Lord J Dunfermline, *Lt Gen Sir Ralph Albercromby ... A Memoir* (Edinburgh 1861), p273.

2. 参见 M Duffy, *Soldiers, Sugar and Seapower. The British Expeditions to the west Indies and the War against Revolutionary France* (Oxford 1987), p61.

3. 参见 Duffy, *Soldiers, Sugar and Seapower*, pp86, 94; Sir J F Maurice (ed): *The Diary of Sir John Moore* (London 1904), Vol I, p59.

4. 参见 Captain A Crawford RN, *Reminiscences of a Naval Officer* (1851, new ed. London 1999), p213.

5. 参见 Duffy, *Soldiers, Sugar and Seapower*, p123; Crawford: *Reminiscences*, pp212–14.

6. 参见 Duffy, *Soldiers, Sugar and Seapower*, pp141, 302; Thomas, Earl of Dundonald: *The Autobiography of a Seaman* (London 1908), pp147–86. 同样可以参阅布尔切尔夫人关于科德林顿1810—1812年参与加泰罗尼亚海岸行动的记录: *Memoir of the Life of Admiral Sir Edward Codrington* (London 1873), Vol I, pp185–307.

7. 参见 Dundonald, *Autobiography*, pp. 144–7. "有的时候,即便是专业人士也会出错。1813年,霍斯特军中的一名中尉在拆除达尔马提亚海岸上的炮楼时,因点火装置操作失误导致被炸身亡", 见 Lady Harriet Hoste (ed): *Memoirs and Letters of Sir William Hoste* (London 1833), Vol 2, p213.

8. 参见 W E May, *The Boats of Men of War* (London 1974, repr. 1999), pp113–15; P Mackesy: *British Victory in Egypt, 1801* (London 1995). Ch.6.

9. 参见 C D Hall, *British Strategy in the Napoleonic War 1803—1815* (Manchester 1992), p46.

10. 参见 Dunfermline, *Abercromby…A Memoir*, p273.

11. 参见 Mackesy, *British Victory in Egypt*, pp46, 80–1.

12. 参见 E P Brenton, *The Naval History of Great Britain* (London 1837) Vol I, p304.

13. 参见 Mackesy, *British Victory in Egypt*, p46.

14. 参见 Duffy, *Soldiers, Sugar and Seapower*, p83.

15. 参见 Brenton, *Naval History*, Vol I, p304.

16. 参见 Maurice (ed), *Diary of Moore*, Vol I. p57.

17. 参见 Countess of Minto (ed), *Life and letters of Sir Gilbert Elliot, First Earl of Minto from 1751 to 1806* (London 1874), Vol 2, pp235–6.

18. 参见 Brenton, *Naval History*, Vol I, p304.

19. 参见 Maurice (ed), *Diary of Moore*, Vol I. p306.

20. 参见 Sir N H Nicholas (ed), *The Dispatches and Letters of Vice Admiral Lord Viscount Nelson* (London 1845), Vol I. pp380, 382–3, 390, 397.

21. 参见 G Debien (ed), *Aventures de guerre aux Antilles (1795–1805)* (Paris 1980), pp17–19; Duffy: *Soldiers, Sugar and Seapower*, pp229–35.

22. 参见 H Hoste (ed), *Memoirs of Hoste*, Vol 2, p220. 下列所述是基于回忆录中霍斯特的信件及其牧师的日记,见该书 Vol 2, pp200–49,以及 T Pocock: *Remember Nelson: The Life of Captain Sir William Hoste* (London 1977), Ch 9–10.

23. 参见 *Memoirs of Hoste*, Vol 2, pp248–9.

24. 参见 *Memoirs of Hoste*, Vol 2, p227.

25.参见 *Memoirs of Hoste*, Vol 2, p221.
26.在特内里费,英方承诺保护城镇,不破坏加那利群岛的一草一木。在登海尔德交还8 000名法国战俘,以换取法军撤出拉普拉塔的地区。

第三章 纳尔逊的海岸战斗
（1780—1797年）

科林·怀特

  1795年3月13日，英国海军中将威廉·霍瑟姆率领的地中海舰队在热那亚湾与法国土伦舰队遭遇。当时浪涛汹涌，风向无常，但霍瑟姆依然下令全军追击，他允许快速战舰脱离大队先行追赶，并向敌人殿后的船只展开攻击。第一艘投入战斗的英国战舰是拥有64门火炮的轻型战舰"阿伽门农"号。法舰仓皇撤退，混乱之中，拥有80门火炮的大型战舰"功成"号与一艘护卫舰相撞，导致船头受损，主桅折断。由于失去了动力，"功成"号很快被体型较小的"阿伽门农"号赶上。"阿伽门农"号灵巧地绕到法舰尾部并调转船体，用侧舷的近距火炮向法舰倾泻炮弹。法军舰队急忙掉头，赶来帮助同伴。而此时霍瑟姆所率的英国主力舰队与"阿伽门农"号仍然相距遥远，无法出手相助，无奈之下，只好发信号将其召回。然而第二日，两军又重开战火。这一次，"功成"号被英军俘获，对其施以援手的法国战舰"检察官"号一并落入了英军之手。[1]

  在第一次行动中巧妙指挥的"阿伽门农"号舰长就是大名鼎鼎的霍雷肖·纳尔逊。当时，他已跻身皇家海军的高级军官之列。自法国大革命战争爆发以来，纳尔逊在地中海地区的出色表现，使他成为英国军界一颗冉冉升起的新星。然而，值得注意的是，此次热那亚湾追击是他参与的首个大规模海上行动，而这次行动使他获得了"海军联合作战专家"的美誉。

  纳尔逊还参与了大量的陆上作战，这些战斗在他的身体上留下独特的疤痕。1802年，在《亚眠条约》签订后的短暂和平年月，他粗略地为自己的伤疤罗列了一份清单：

在科西嘉受的眼伤，
在圣文森特角受的腹伤，
在特内里费受的臂伤，
在埃及受的头部伤，

……

然后,纳尔逊伤感地在后面加注:"可以承受一次战争。"² 这确实是一个"承受战争"的清单——这是任何一位高级官员所无法比拟的。他最显眼的 4 个创伤中,有一半是海岸作战时的"成果"。

1780 年 尼加拉瓜

纳尔逊第一次登岸作战是在 1780 年,当时他只有 21 岁,是新晋的上校舰长。他率领一支分遣舰队参加了在中美洲的战斗。那时美国独立战争正值高潮,西班牙已站在法国一边加入了战斗。英国远征军的任务是溯圣胡安河而上,从后方对西班牙殖民地尼加拉瓜发动袭击。最初,纳尔逊只是承担护送任务,但当这支远征军小队试图在圣胡安河口登陆时,他们很快发现陆军士兵对小艇作业一无所知。因此,纳尔逊自告奋勇,率领麾下的 2 艘战舰及 60 名水手随同陆军行动。

纳尔逊并不认为自己的工作只是操舵掌船。当远征军与西班牙前哨部队相遇时,他亲自率领水手正面迎敌,而陆军士兵则从敌军背后发起攻击。后来,纳尔逊在自传《生活随笔》中写道:"如果用文字描述的话,那就是我堵住了一支敌军先头部队。"³ 远征军的主要目标最终实现,然而,负责守卫尼加拉瓜要道的西班牙将领埃尔-卡斯蒂略·德·拉伊马库拉达·康塞普松,却利用战船上卸下的小型火炮构筑了一座炮台,阻挡了远征部队的脚步。尽管西班牙人驻守的城堡已被攻陷,但英国部队也已被痢疾和疟疾折磨得苦不堪言,不得不暂时停止行动。即便如此,纳尔逊的凌厉攻势和指挥才能已备受瞩目,在伦敦也广受赞誉。此役虽是牛刀小试,却是纳尔逊名扬天下的起点。⁴

1794 年 科西嘉

1794 年的科西嘉岛之战是纳尔逊最为出色的一役。在整个英法战争期间,英国都在寻求建立一个安全的海军基地,以便为其在地中海的舰队提供补给。1793 年,法国保王党人将土伦海军基地拱手移交给英国及其盟友,但很快又被法国革命党人夺回——在这些革命党人中,有一位年轻的炮兵军官，此人正是后来威震四海的拿破仑·波拿巴。

霍雷肖·纳尔逊的微缩画像，1794年绘制于里沃纳。这是他的夫人最喜爱的画作。这幅作品将纳尔逊受战伤之前的英姿展现在人们面前。
（国家海事博物馆，伦敦，编号：D9180）

在帕斯夸里·保利的领导下，科西嘉岛爆发了反法起义。这为英国夺取战略立足点提供了另一个良机。"阿伽门农"号舰长纳尔逊受命率队出征，对巴斯蒂亚的主要城市和港口发动攻击。这一次，他也不由自主地卷入了陆上行动。纳尔逊让手下将一些舰炮拆卸下来，将它们与部分海员一起送上海岸。海军官兵推着火炮穿越崎岖险径，将它们部署在高地。这样一来，这些舰炮就能够居高临下地清除小镇守军。

攻陷巴斯蒂亚之后，纳尔逊立刻在科西嘉岛西北的卡尔维镇重施故伎。相对巴斯蒂亚而言，卡尔维镇的防卫要更加森严。在距城镇约3.5英里处的便利港湾，纳尔逊将20门6磅炮搬上了岸，海员们照例将大炮和补给拖上前线，在法军守卫的火力范围之内建立了阵地。1794年7月12日，守在炮位旁边的纳尔逊被法军炮弹炸起的碎石击中了脸部,他的右眼因此失明。[5]

1794年7月12日,纳尔逊在卡尔维负伤。法军炮弹炸起的碎石正好打在他的脸上,导致其右眼失明。(皇家海军博物馆)

在关于夺占科西嘉岛的官方文件中,纳尔逊的战绩只是一笔带过,这令他感到十分失望。尽管没有受到舆论关注,但纳尔逊在此战中的主导作用还是吸引了一些上层人士的注意。其中最具代表性的是科西嘉岛的新总督——吉尔伯特·埃利奥特爵士。在近距离观战之后,这位爵士对海军和陆军在战场上的行为方式进行了比较总结。他写信给他的妻子:

"相对而言,我更喜欢海员,因为他们的角色更具男子气概。在枯燥乏味、一团死水似的陆地战场上,海员们的生命力和行动力成为唯一亮丽的一笔。"6

在1796年另外两次类似的联合作战中，海员们更是彰显出无与伦比的"生命力和行动力"，纳尔逊的指挥艺术发挥得淋漓尽致，英国强大的海上威力也展现无遗。

1796年 厄尔巴岛和卡普拉亚岛

1796年7月，拿破仑意大利远征军的一部分乘胜抵达了利沃诺，该地是独立的托斯卡纳大公国的一部分。埃利奥特和他的顾问认为，法军的存在对当时驻守科西嘉岛的英军构成了巨大威胁。从利沃诺到科西嘉岛的路线几乎都要途经厄尔巴的托斯卡纳岛。因波尔图费那约拥有优良的港口，埃利奥特意识到法国可能会占领它，将此处作为全面压制科西嘉岛的战略据点，因此他决定对其发动攻势。

此时，纳尔逊已被新上任的约翰·杰维斯任命为海军准将，他的任务是竭尽一切力量阻止法国在意大利推进。纳尔逊率领一支小舰队在利沃诺附近和周围海岸线展开行动，并开始对利沃诺实行严密封锁。杰维斯率领一支主力舰队离开了土伦，但当埃利奥特提出攻取厄尔巴岛时，纳尔逊立刻同意提供援助。这位新任的将军深信，该岛必定是他的囊中之物。

这支分遣队在海军少校约翰·邓肯的领导下被护送至波尔图费那约，纳尔逊在装有74门炮的"船长"号战舰会见了他们，随之而来的还有皇家海军护卫舰"无常"号和单桅帆船"皮特尔"号。经过简短的会谈后，纳尔逊和邓肯决定让部队在城镇以西大约1英里处登陆，由"皮特尔"号掩护，时间定在7月9日晚上。到了指定时间，他们向城镇开进，黎明时分抵达了城门附近。同时，纳尔逊率领其他2艘战舰出现在港口，攻占了敌军防御工事周边的据点，并做好了开火准备。

然后，邓肯给城镇的州长送去埃利奥特的一封信，要求他允许军队占领城镇，并承诺将会归还此地，厄尔巴岛仍将从属于托斯卡纳大公；等英国撤退，和平到来时，该地将恢复原有秩序。州长争取到时间以便与城镇主要居民进行商议，之后便同意了英军的条款并宣布投降，纳尔逊和邓肯兵不血刃地占领了该岛。纳尔逊向杰维斯汇报说，在此次行动中陆军和海军协调配合，赢得了胜利，相信未来两军的密切合作将会取得更加辉煌的

1796年7月，夺占厄尔巴岛。纳尔逊的"船长"号上飘扬着准将旗帜，驶离波尔图费那约港。（国家海事博物馆，伦敦，编号PY2433）

战果。[7]

不到2个月，这种"密切的合作"再次上演，同样取得了兵不血刃的战果。9月初，法军的推进威胁到另一个独立的意大利地区——热那亚共和国。在那之前，热那亚一直与英国保持友好关系，同时也是杰维斯舰队补给物资的重要基地。但是现在，在法国的压力之下，热那亚不得不转而与英国为敌。大批活牛正等待运送给英国皇家海军，新鲜的牛肉是重要的补给品。当法国入侵的消息传来时，热那亚对英国的补给也暂时停止了。当纳尔逊到达港口时，发现英国大臣已不在此处，他给热那亚总督送去了一张礼貌而正式的字条，上面写明"双方在此事上有些误会"。但是法国人先行一步，已在此地建起他们的炮台。经过几天紧张的交涉之后，热那亚人向"船长"号战舰开火了。这位海军准将也突然接到通知，所有意大利共和国港口都对英国舰队关闭。

纳尔逊立即行动，他准备以一个最有效的方式使热那亚人领教英国舰队的强大威力。在科西嘉岛北部，有一座名叫"卡普拉亚"的小岛，正好处于热那亚人的控制之下。由于法国海盗将其视为一个安全的避风港，该

第三章 纳尔逊的海岸战斗（1780—1797年）

岛一直被英国视为眼中钉。现在纳尔逊决定夺取该岛，他匆匆回到巴斯蒂亚，与吉尔伯特·埃利奥特爵士商议此事。

埃利奥特同意迅速而果断地采取行动。9月15日，他给纳尔逊下达了攻占卡普拉亚岛的命令。同时他也说服伯格中将，从第51兵团和第69兵团向纳尔逊调拨约300名士兵协助进攻。这支由詹姆斯·洛根少校负责指挥的增援部队匆匆登上"船长"号和"科根"号战舰，在纳尔逊到达的24小时内就从巴斯蒂亚启程，在双桅帆船"田凫"号和独桅帆船"蔷薇"号的陪伴下开赴前线。次日，又有一艘护卫舰加入了它们的行列，这艘战舰名为"密涅瓦"号，由科伯恩负责指挥，他是纳尔逊的忠实追随者。

尽管在起始阶段动作神速，但由于"海面平静无风"，舰队用了两天时间才到达卡普拉亚岛。然而，纳尔逊和洛根却并没有浪费时间，在航行期间，他们精心谋划，制订出了更详细的攻击计划。其他战舰的指挥官被召集到"船长"号上开会。"田凫"号的舰长格里（Gourly）中尉对卡普拉亚岛十分了解，他告诉纳尔逊，在岛的北部有一个合适的登陆地点，该处附近有一座小山，能够俯瞰主要城镇。于是，纳尔逊决定让部队和装备从此处上岸，并前往夺取山后的城镇，而其他舰只则航行到城镇正面进行武力威慑。

计划悄无声息地进行着。9月17日，200多名士兵成功在指定地点登陆。"船长"号上的部分水手在詹姆斯·斯派瑟少尉的指挥下，将一些大炮搬运上岸。海员们凭借力气，将大炮拖上了山，并在山顶建起了一座炮台。这样，英军的炮火就能居高临下地威胁城镇。停泊在卡普拉亚岛港口的4艘私掠船试图逃跑，但皆被格里的"田凫"号拦截。当时，"田凫"号正带着它的小艇驶进港湾入口，它一直坚守在此，直到科伯恩舰长指挥"密涅瓦"号前来支援。

纳尔逊和洛根也跟随"密涅瓦"号到达了此地。9月18日凌晨，当第一缕晨曦穿透云层的时候，他们便向卡普拉亚岛的当权者们送去劝降信。信件由埃利奥特爵士亲笔书写，像在厄尔巴岛那样提出了慷慨的条件：所有地方官员照常办公，当地法律和宗教将得到尊重，所有私人财产会受到保护。当地公社官员试图拖延时间，他们向英军表示，需要等待热那亚方面的许可。然而，英军的回复却强硬且颇具威胁，英国指挥官写信说，只给他们一个小时来批准条款。此际，庞大的军舰正停泊在他们的港口，训练有素的军队正从他们的身后逼近；同时，一连串黑洞洞的炮口正从后方对准他们的房屋。在强大的压力之下，卡普拉亚岛的当权者宣布投降。

这是另一次海陆联合行动的典范，纳尔逊在战后写信给埃利奥特说："我简直不敢相信，两次行动中两军配合的默契程度超越了以往。"[8] 英国不费一枪一弹占领了卡普拉亚岛，这距离热那亚炮击"船长"号仅过去了一个星期。英国的复仇迅猛、无情且卓有成效。

一个有趣的事实是，在对卡普拉亚岛和厄尔巴岛发动攻势之前，纳尔逊等将领都未与杰维斯进行任何协商。如果想要取得最佳战果，最大程度地震慑热那亚人，速度是至关重要的。因此，在得到埃利奥特的支持后，纳尔逊决定孤注一掷，亲率孤军赶赴战场，而不再将时间浪费在与海军上将的商讨联络上。在2月的早些时候，他就曾告诉妻子："由于我经常自作主张，现在，杰维斯似乎将我视为助手而非下属。"[9] 纳尔逊一意孤行地进攻卡普拉亚岛，这表明他坚信杰维斯会支持他的行动，认可他积极主动的精神。这种信赖获得了回报，当杰维斯将纳尔逊关于卡普拉亚岛行动的正式报告副本转交给海军部时，他发表了这样的评论：

"在战术技能、判断能力及进取精神方面，纳尔逊独树一帜，他居功至伟，可敬可佩。"[10]

1797年 圣克鲁斯-德特内里费①

行动的起点

大约一年之后，杰维斯将军与他天才下属之间的良好信任关系再次结出了丰硕的果实：在圣文森特角海战中，杰维斯击败了占据明显优势的西班牙舰队，取得了举世瞩目的胜利，而纳尔逊在此战中发挥了关键性的作用，他再次以行动证明"助手比下属更有助益"。杰维斯的大胆精神和战术技巧赋予了纳尔逊进攻的良机，他指挥"阿伽门农"号战舰，像在热那亚湾海战中那样巧妙地行进，插入西班牙舰队并与其展开激烈角逐。与前

---

① 为西班牙加那利群岛自治区西部的一个省份，首府位于特内里费岛的圣克鲁斯-德特内里费。——编者注

第三章 纳尔逊的海岸战斗（1780—1797 年）

次不同的是，他得到了主力舰队的全力支持。纳尔逊亲自率军跳上敌舰甲板，俘获了 2 艘敌舰。最终战果是，有 4 艘西班牙船只被英国人收入囊中。[11]西班牙舰队放弃了北上入侵英格兰的计划，在一团混乱中撤回到加的斯，英军随即严密封锁了这处海港。纳尔逊此时已晋升为海军少将，他受命率领一支近海舰队去袭扰西班牙人，迫其出战。但是，几周过去了，西班牙战舰并没有行动的迹象。英国炮艇和小舰队的袭扰只会使敌军不断加强防御。到 7 月中旬，杰维斯意识到他的策略未能奏效，因此便召回了纳尔逊和他的舰队。

此时，另一个针对西班牙舰队的进攻计划已逐渐成形。在同年 3 月，英国方面就得到情报，有 2 艘满载珍宝的西班牙运宝船正停泊在圣克鲁斯港，该港坐落于西班牙加那利群岛中的特内里费岛。英国皇家海军的 2 艘护卫舰"忒耳西科瑞"号和"狄多"号被派往那里侦察敌情。它们击毁了其中一艘运宝船，但更有价值的另一艘仍然龟缩在圣克鲁斯。在这种形势下，对圣克鲁斯-德特内里费发动大规模攻势的计划被提上了日程。

圣克鲁斯防波堤。1797 年 7 月 24 日的夜间战斗中，英军在这里遭受了惨重伤亡。（皇家海军博物馆）

圣克鲁斯，或说特内里费岛在纳尔逊的战斗神话中占有关键地位。毕竟，这是他所经历的最大挫败，而只有1801年8月他在布伦的血腥遭遇才能与之相比。这一次，他几乎性命不保，最终失去了一条手臂。没有任何伤口能够比这更加触目惊心——纳尔逊空空的袖管就是十分明显且刻骨铭心的标记，伴随左右且挥之不去，无时无刻不在警醒他：失败女神如影随形，无处不在。纳尔逊的传记作家们倾向于孤立地看待此次行动，在过去它经常被人误解，尤其是给人们留下了"他的陆上行动并不十分成功"的印象。[12]然而，正如我们所见，在特内里费岛之战的前几年，他在海陆联合行动中都取得了骄人的胜利，但为什么特内里费岛之战反会成了一场灾难呢？

直到现在，我们对这场战事的了解也非常有限，几乎完全局限于纳尔逊本人的记载和那些官方的报道。然而，纳尔逊的旗舰舰长拉尔夫·米勒揭露的大量"非官方记录"给我们揭开了此次事件的冰山一角。[13]此外，1997年正是特内里费岛战役200周年，西班牙出版的一系列纪念性学术出版物，以及学者们对西班牙资料的广泛研究，也使我们首次了解到西班牙方面的观点。事实上，对纳尔逊及其属下的表现也有了较为清楚的认识。[14]现在，我们能够更加清晰全面地了解战事全貌，在此基础上，纳尔逊一败涂地的原因也有了令人满意的解释。

行动计划

1797年4月12日，纳尔逊致信杰维斯，阐述了圣克鲁斯的作战计划。本来，他提议采用在厄尔巴岛与卡普拉亚岛成功运用过的战斗方式，只是以更大规模的形式进行。他设想，派遣4 000名左右的士兵登上海岸，通过占领制高点控制城镇；与此同时，舰队则行驶至指定位置，以便对城镇进行炮击。一旦这些力量部署到位，英军将发去最后通牒，迫使西班牙人交出运宝船上的货物。纳尔逊强调说："我的计划必能获得成功，这是一次不朽的杰作，不但会使西班牙一蹶不振，还能使我国获得无与伦比且前所未有的财富。"[15]

然而，直到6月中旬，杰维斯才考虑将计划付诸实施。制订计划时，杰维斯和纳尔逊都不知道他们将无法从陆军那里获得任何帮助。伯格将军对厄尔巴岛的行动感到十分失望，因为杰维斯拒绝让他的部队参战。直布罗陀的总督奥哈拉将军也提出了类似要求，但同样被拒之门外。但这些并

第三章 纳尔逊的海岸战斗（1780—1797 年）

没有对纳尔逊构成阻碍。6 月 7 日他再次写信建议，认为再增派一支皇家海军陆战队就足够了。"特罗布里奇将军率领部队登岸，我自己则留在船上。我对胜利信心十足。"[16]他不知道的是，自己已经向灾难迈出了第一步。这场攻势一开始就被视为一场大规模的联合行动，需要有大量陆军士兵参战，而现在只有少数的海军投入行动。

杰维斯尽管很失望，但还是更加仔细地审读了攻打特内里费岛的计划。一旦计划得手，西班牙不仅会失去它运送的珍宝，其各个殖民地也会在英国的攻击之下惶恐不安。杰维斯希望，借此掀起西班牙国内反对与英国作战的声浪。总而言之，要运用英国传统的海上作战方式给西班牙带来政治和经济上的双重压力，以激起反抗情绪。来自该岛的情报显示，尽管圣克鲁斯坚壁清野，一场策划周密的全面攻势还是有望获得成功。在纳尔逊看来，杰维斯是唯一具有此类作战经验的将领，他曾展现出坚毅果断的性格和周密策划的能力，纳尔逊相信这些能引领他们走向成功。

最终，7 月 14 日，杰维斯向纳尔逊传达命令：以突然而迅猛的攻势夺占圣克鲁斯镇。他为纳尔逊调拨了一支强大的舰队，包括：3 艘装备 74 门炮的战舰，分别是"提修斯"号、"洛登"号和"泽勒斯"号；3 艘护卫舰，分别是"海马"号、"埃默拉尔德"号和"忒耳西科瑞"号；1 艘独桅纵帆船；还有 1 艘名为"恐惧"号的臼炮艇。这些船只、船长及参战的部队都是经过精心挑选的。杰维斯将舰队的才俊之士尽付纳尔逊，其中包括拉尔夫·米勒，托马斯·特罗布里奇，山姆·胡德，托马斯·沃勒，理查德·鲍恩和托马斯·弗里曼特尔。他向纳尔逊表达祝福，但同时也说明了自己的忧虑，即便在这个阶段，这个任务看起来还是相当艰巨："愿上帝保佑赐福于你，我相信你能凯旋，能掌握统帅大权的人必有超凡之处。"[17]

圣克鲁斯位于特内里费岛东北角一个宽阔的半圆形海湾之中。1797 年时，这座小镇还位于山谷之中。小镇后面地势较低，西南部是平坦的开阔地，东北部则是锯齿状火山峭壁构成的天然屏障，只有沿海的一条狭窄小道通向城镇。该地建有一系列坚固的军事堡垒，从小镇东北部延伸开去，可以说防御森严。这些堡垒总计有 16 处，共配备有 84 门火炮；它们之间由粗糙巨石修筑的城墙连接，沿海岸构成一条 6 英里长的防线。防御工事的规模不尽相同，大型的卡斯蒂略·德·圣克里斯托瓦尔要塞负责守卫城镇中心，该要塞是一座星形的16世纪城堡，安置10门火炮。此外，还有安放3~4门炮的小型露天炮台，以一定的间隔整齐地排列在海岸城墙之上。

全权负责加那利群岛防御的是唐·安东尼奥·古铁雷斯将军，他是一个声名卓著且中规中矩的指挥官。他的圣克鲁斯堡垒内驻有387名炮兵，但操纵所有火炮仅需要半数。此外，古铁雷斯还拥有400名职业军人。虽然要花费一些时间，但在危急时刻，他也能够召集起5个团的民兵。这些都意味着，该岛很容易遭到外敌的突然袭击。此战中，民兵征召工作卓有成效，700多名民众聚集在古铁雷斯将军的旗帜之下，尽管大多数人只拿镰刀或棍棒当做武器，但他们在战场上表现得十分勇敢。尽管如此，在战事最激烈的时候，古铁雷斯也总共只有1 669人。[18]

6月15日，纳尔逊分遣队离开杰维斯舰队，驶往特内里费岛。在北风轻拂之下，舰队轻快而行，一路畅通无阻。就像在厄尔巴岛和卡普拉亚岛那样，纳尔逊再次于航程期间开会咨询同僚意见。各舰长定期聚集到"提修斯"号上，对各个提案建议畅所欲言。这一次，他们决定采用1796年9月在卡普拉亚岛战斗中的策略，虽然圣克鲁斯的防御似乎更为坚固，但早些时候的情报显示，它的防御圈也存在一个薄弱环节：卡斯蒂略·德帕索·阿尔托堡是外围堡垒之一，它位于小镇东北部大约1英里处。在这里，特内里费岛的火山峭壁陡然入海。纳尔逊和他的舰长们认定，一旦夺取这个据点，就能在圣克鲁斯东北部的薄弱侧翼打开缺口，而小镇也就处在英军炮火的威胁之下。舰队将支援地面部队行动，它们也将占据一个有利位置，可以对小镇进行炮击。这时，纳尔逊就会向岸上守军发出最后通牒：如果特内里费岛居民想要免受战争之灾，就必须交出运宝船和货物。这份最后通牒的措辞与吉尔伯特·埃利奥特在卡普拉亚战斗时所拟定的劝降信极为相似，看上去似乎是纳尔逊将其移花接木地抄袭过来的。显而易见，他在1796年中收获的战争经验得到了极好的运用。[19]

在确定最初的进攻目标后，如何夺取阿尔托堡就成了军官们争议的话题。他们提出了两种可行方案：一是在堡垒东北部登陆，控制后方的制高点迫其投降；二是先从堡垒西南部防御空虚的海滩入手，继而掉头向北对其发起突袭。最终，海军采纳了第二个方案，并着手制订详细规划。

大家决定，由护卫舰一马当先，引导所有舰载小艇，搭载陆战部队和部分海员登陆，同时主力舰队也将向陆战队提供部分船只。它们将在黑夜的掩护下接近特内里费岛，黎明时分在指定地点卸下登陆部队。他们希望在西班牙增援部队赶到之前，以迅雷不及掩耳的突袭夺下阿尔托堡。

纳尔逊细致入微的优点再次显现出来，在离开舰队之前，他就下令建造特殊的轻型云梯、18磅炮的炮座以及海军曾在科西嘉岛使用过的牵引大炮的机械。这一回，他又发布了一系列"作战守则"：船只必须聚在一处，相互牵引拖曳前行，以确保登陆部队得以同时上岸。一名舰长被派往岸上负责指挥，以便船只在卸载之后能够迅速掉头驶回舰队，再装载新一批增援人员及供给品。特别打造的铁制推弹杆取代了传统的木制品，以避免其在战事紧要关头出现断裂。最后，为了进一步瓦解敌人士气，纳尔逊下令让尽可能多的水手穿上陆战队备用的红色制服。他试图通过这种方式，让敌人误以为在此登陆的全都是英国陆军的正规部队。

这些行动细节大多是尼古拉斯于1847年发布的，他的研究对我们了解战事初期情况具有重要意义。而拉尔夫·米勒最近的研究成果，也为我们提供了一些关于登陆部队组织情况的有趣信息：

"全部740名海员被分成3队……每队都编有一名士官或警卫人员，一名副水手长，一名舵工或枪手，一名携带冷凿、铁锤、钉枪、撬棍之类工具的军械师，一名携带短斧、重锤和两根铁楔的木匠，一名见习军官或大副以及一名中尉队长……这些军士每日都要进行两次训练，并演练将炮弹射向目标。"[20]

如果仅依靠周密策划就能实现目标的话，那么特内里费岛一战无疑已是尘埃落定了。

7月22日 最初的两次进攻

7月21日上午，在指挥官们的最后一次会议落幕之后，舰队停船抛锚。登陆部队聚集到了护卫舰上，总计约有900人。这种复杂的换乘行动几乎耗费了整整一天，最终在下午4时告一段落。近乎超载的护卫舰驶离舰队，身后拖着它们全部的舰载小艇。

护卫舰出发大约3小时后，纳尔逊也行动起来，率领战舰驶向特内里费岛。7月22日凌晨4时30分，圣克鲁斯进入了他的视线。纳尔逊发现，登陆行动并没有全面展开，他的船只距离登陆点仍然有1英里以上的距离。

风向和水流极大地阻碍了船只行进，延误了时间，导致进攻的突然性丧失。纳尔逊同样看到，3枚炮弹从小镇中飞射而出，这表明船队已经暴露了行踪。此时古铁雷斯将军已经发觉危险迫近，因此开始采取反制措施。

简单地说，英军的成败悬而未定，西班牙增援部队依然需要一定时间才能赶来。所以，如果登陆的英军能够迅速行动，建立一块立足点，他们仍有机会掌控局面；如果纳尔逊能够亲自指挥第一次进攻，结果可能会大为改观。然而现在的情况是，西班牙人刚露出行动迹象，在一线指挥的特罗布里奇就下令登陆艇返回护卫舰旁寻求庇护，他本人则吃力地划船赶上"提修斯"号，向纳尔逊请示命令。英军的首次攻势业已瓦解。

"提修斯"号上的纳尔逊及其同僚们现在只能考虑先前拟定的另一份计划——占领堡垒北面的制高点，然后从后方发动袭击。护卫舰附近就有一处合适的海滩可做登陆之用，而且从此处爬上俯瞰堡垒的山脊也显得相对容易。纳尔逊批准了这项计划。上午10时到10时30分，在特罗布里奇的指挥下，登陆小艇再次离开了护卫舰。与此同时，主力舰队试图通过炮击堡垒来转移守军的注意力，但是由于逆风和潮水的原因，炮弹无法击中目标。

英军的第二次尝试依然遭遇了挫败。登陆士兵在烈日炎炎之下划桨登岸，步履维艰地爬上山坡。然而，令他们大为失望的是，在高地与目标堡垒之间，还隔着一条狭长的深谷。对面粗糙的绝壁之上，赫然矗立着敌人的防御工事。西班牙拉古纳民兵团凭着肩挑背扛的方式，设法将4门野战炮运上了陡峭的山崖，建立起坚固的壁垒，而古铁雷斯匆忙组建的部队也已及时到达了指定位置。

现在，特罗布里奇的登陆部队已是"身心俱疲，士气低落"（据其本人日志所述）。最糟糕的是天气炎热，岛上民兵对此习以为常，更何况，防线后方的妇女和儿童还会为他们送去食物和水。但英国人已是口渴难耐了。最终，特罗布里奇接受了失败的事实，下令撤兵。撤退行动有序进行，首先撤离病人和中暑虚脱者，然后主力部队发出战斗信号，给西班牙人造成英军即将进攻的错觉，继而全面回撤；海军陆战队殿后，负责掩护大队，防止敌人反击。当晚10时，所有登陆士兵又重新登上了护卫舰，他们个个疲惫不堪，暴怒不已。

纳尔逊天生喜欢身先士卒，但现在，却只能在远处的舰船上眼睁睁地观望。眼见自己指挥下的两次攻势皆化为泡影,纳尔逊感到万分沮丧。用任何公道的标准衡量,纳尔逊都已在履行指挥职责方面竭尽了全力,风向及其他自然因素障碍显然超出了他的控制范围,失去天时、地利是导致他失败的直接原因。因此,在大势所趋的形势下,纳尔逊的最佳选择是顺理成章地班师回营,不再作任何进一步的尝试。然而,他不仅在24小时之内发动了第三波攻势,而且还选择了一种最危险的进攻方式——直接从正面袭击敌军的中心城镇。

纳尔逊寻求再战的原因有多种解释。纳尔逊本人在给朋友的一封信中讲到:"在我的自尊心驱使下……"这显示了他做出进攻决定更多是因为个人荣誉受损,而并非是审慎谋划、深思熟虑之举。另一种说法是纳尔逊过度自信,自从在圣文森特角一战中大获全胜之后,他相信自己能够战胜任何西班牙军队。然而,米勒的研究显示,此次攻击决定并非是纳尔逊本人的意愿,实际上是舰长们在军事会议上敦促他批准的。同时,根据一个线人的秘密情报,岛上只有300名西班牙正规军,他们都陷入了极大的恐慌和混乱的状态。[21]颇具讽刺意味的是,前半句关于驻军人数的信息实际上非常接近事实。

基于这些情报,纳尔逊最终做出了进攻敌军大营的决定,他计划将足够的兵力运送上岸,以摧垮敌军的防御体系。于是,他的水手和陆战队员不得不再度离开舰队出发,参与此次行动的还包括一支200人左右的预备部队,他们将乘坐"狐狸"号单桅帆船开往海岸。士兵们再次被分为6个队,其中5个队分别由特罗布里奇、米勒、沃勒、胡德和汤普森领导,第6队则由纳尔逊本人及弗里曼特尔、鲍温舰长指挥,负责"调节攻势"。所有士兵都在小镇的防波堤上登陆,然后向矗立在海岸后方的一座坚固堡垒发动猛烈袭击。换句话说,纳尔逊集结了所有可用部队,向古铁雷斯指挥部孤注一掷地发起攻势,试图以一记"黑虎掏心"的猛拳击破西班牙人的全部防御。

7月24日至7月25日 夜袭

7月24日晚上10时30分左右,满载士兵的舰载小艇开始聚集在"泽勒斯"号周围,它们按照划分好的6个队编组,每组小艇都用绳子连在一起。接着,低沉的划桨声响起,登陆艇开始向1英里外的防波堤驶去。

"狐狸"号载着预备部队随之前行。据米勒所言："这是一个星光闪烁的夜晚，天气却并不十分晴朗。无风的海面，翻滚的潮水，都会对我们的登陆造成影响。"[22]最终，小艇还是在守军毫无察觉的情况下悄悄靠近了目标海岸。然而，大堤尽头处炮台上的西班牙警卫及附近监视哨很快发现了这些偷袭者。一时间警铃大作，圣克鲁斯的前沿防线枪炮齐鸣，火光冲天。一声信号之后，登陆小艇立刻脱离了相互连接的绳索，自顾自地向大堤发起抢滩。但是在黑暗和混乱中，只有5艘小艇——多半属于纳尔逊小队——找对了目标。

率先上岸的是鲍温小队，他们一行50余人，在大堤北面的海滩上登陆。他们设法在堤头夺占了1座炮台，缴获7门火炮，在此建立了一处立足点。之后，鲍温小队重整旗鼓，准备进一步攻占大堤后方的敌军工事。然而，西班牙军的防御力量已明显增强了。无数炮弹、子弹从堡垒及附近的房屋中喷射而出，横扫了整个大堤。此际，第二波登陆部队也已到达了海滩。弗里曼特尔跳出小艇，奔向大堤，他的部下们紧随其后。登陆艇都是些体型较大的驳船，因此卸载人员就花费了不少时间。纳尔逊已经跟随登陆部队靠岸，他挥舞着佩剑，抢先一步跳上海滩。这时，他突然感到手肘部位一阵剧痛，接着整条胳臂就失去了知觉。一枚步枪子弹打在了纳尔逊手臂关节上方，粉碎了骨头，切断了主动脉。这是一个非常危险的、几近致命的创伤。

幸运的是，纳尔逊的继子约西亚·尼斯贝特此刻就在他的身边。他看到附近的枪口冒出一道火光，紧接着，继父一个跟跄摔倒在登陆艇下方。"我的胳膊被射中了！"纳尔逊喊道，眼见鲜血从他的手臂喷涌而出。尼斯贝特赶忙寻找伤口，并用一只手紧紧握住纳尔逊的伤臂阻止血液涌出，另一只手扯出两条围巾裹住伤口。然后，他与聚集过来的海员一起护送纳尔逊撤离。大家将搁浅在海滩的沉重的登陆艇推下水，冒着西班牙军队的枪林弹雨掉头向舰队驶去。驶回"提修斯"号后，船员们七手八脚地将纳尔逊抬上甲板。"别管我，"纳尔逊喃喃低语道，"我还有双腿和另一只手臂。"[23]截肢手术立刻进行，当时还没有任何麻醉药物。

与此同时，其余从防波堤登上海滩的英军士兵也遭到西班牙人的火力压制。弗里曼特尔和他的部下试图与大堤上的鲍温小队合为一处，但还未及行动，敌军的一连串炮弹就已呼啸而至，给他们造成了极大伤亡：鲍温

第三章 纳尔逊的海岸战斗（1780—1797年）

在踏上圣克鲁斯海岸时，纳尔逊被流弹击中了右臂。他的继子约西亚·尼斯贝特为他包扎止血，纳尔逊最终被送回到"提修斯"号上。与图画所示不同的是，纳尔逊的截肢手术是回到"提修斯"号之后才进行的。（皇家海军博物馆）

不幸牺牲，弗里曼特尔和汤普森身负重伤。因此，仅在10分钟之内，西班牙守军就已成功地将大堤上的所有英国指挥官"扫出"了战场。防波堤与海滩毗邻，上面空间狭窄，守军只凭借一些高精准的火器，就能够有效压制那些企图登岸的小股力量。大部分登陆部队被守军强大的火力所驱赶，他们越过大堤向小镇南部海岸退去。而在这里，一些船只放弃了集结的努力，敌军炮火和狂涌的浪涛令他们胆战心惊，但还是有一些船只成功地靠上海滩。

特罗布里奇和属下们已推进到了星形城堡南面,与之仅相距数米。与他们一起行动的还有埃默拉尔德师的几名战士,这些人都是沃勒小队的成员。他们的登陆艇不是被碎浪吞没,就是撞上了礁石,随身携带的火药也被浸湿。尽管如此,士兵们仍依靠刺刀和短矛赶走了那些临时拼凑起来的民兵武装,跑上了最近的街道,最后出现在小镇的中央广场上。他们的弹药已经湿透,云梯也随失事的船只沉入了海底,现在唯一能做的,就是等候纳尔逊部突破大堤,赶来与他们会合。时间一分一秒地过去,突然,城堡中的守军发现了他们并开火,这些英国人只好就近躲入一座仓库中避弹。

米勒乘坐的是"提修斯"号的舰载艇。在皇家海军陆战队队长菲尔德的协助下,小艇驶入了海岸边的一道沟壑中。由于浪涛汹涌,小艇在距离海岸30码时就开始进水,因此米勒等人不得不跳入齐胸深的海水中,冒着附近守军堡垒的炮火泅水登上海滩。而后,他们凭借刺刀和短矛夺下了这座堡垒,而山姆·胡德队长一行也在此时赶到,与他们合兵一处。米勒和胡德试图集合部队攻向另一个城堡,但他们发现,现在部队士气已是十分低落。士兵们的大部分火药被海水浸湿,还有一些人在抢滩时就丢掉了武器。更重要的是,他们已经蒙受了相当大的损失。米勒直言不讳地说:"士兵们在整晚的战斗中缺乏热情,表现得十分冷漠。"[24]尽管米勒等军官竭力劝服众人,但几乎没有陆战队员愿意听从指挥。士兵们拒绝出战,显而易见,这是一次毫无胜算的进攻。

英军现在陷入了严重的困境。他们原计划集中兵力于一点发起攻势,但现在却被完全分割开来。广阔海岸上有三支独立的英军登陆部队,各队之间没有任何联系。周围依然一片漆黑,他们在迷宫般狭窄、蜿蜒的街道上像无头苍蝇般乱作一团,四周满是神出鬼没的西班牙士兵。他们与西班牙守军之间进行了一次次杂乱无章、令人眼花缭乱的战斗——当地人占据天时地利,又拥有充足的弹药供应,较英军拥有优势。

不过,西班牙人同样也遇到了麻烦。正如我们所见,古铁雷斯只有400名训练有素的士兵,守卫宽阔的海岸显得捉襟见肘。渐渐地,英军成功登陆的谣言已开始在缺乏经验的民兵中传播,此种谣言不胫而走,越传越广;甚至有人说,上岸的英军已超过2 000人。守军在北部的防御开始

第三章 纳尔逊的海岸战斗（1780—1797 年）

瓦解，即便是古铁雷斯本人，也在圣克里斯托瓦尔的指挥中心与部下失去了联系，他对战场局势茫无所知，于是派出一些官员打探真实情况。[25]最近的研究已经证实，"提修斯"号上的纳尔逊这时已经从手术中稍稍恢复。根据收到的信息，他相信特罗布里奇已经获得成功。[26]这样看来，也许大约1个小时之后的凌晨3时左右，这种拉锯局面就将被打破，胜负就会立见分晓。

最后，还是英国人率先爆发了。胡德和米勒无法说服手下攻击城堡，便试图前往中央广场的集结地。他们在黑暗中跌跌撞撞地前进，先是误击了一些刚登岸的英国士兵，然后又撞见一群西班牙人。刚一交火，敌人很快便消失在附近的黑暗小巷之中。最后，他们在圣多明各修道院附近被紧随而来的西班牙守军包围。不知怎地，特罗布里奇这边得到一些道听途说的消息，说西班牙援军已经上岸。他据此认为，自己据守广场将独木难支，毫无胜算，于是下达了向外围撤退的命令。他们最终在修道院外与这些被围困的英军部队成功会合。

特罗布里奇和其他队长现在意识到，自己的处境十分危险。虽然他们已经设法聚集了300多名士兵，但却没有足够的弹药与包抄他们的、人数不断增加的敌军展开大规模对决。因此，他们尝试采用虚张声势的手段，派出奥德菲尔德船长手持白旗与敌方谈判。奥德菲尔德威胁守军交出运宝船，否则就放火烧毁城镇。古铁雷斯对他以礼相迎，但同时也意识到英国登陆部队实际上正处于虚弱不堪且进退两难的窘境。因此，他拒绝与英方代表谈判。

英军方面最终接受了失败的现实。胡德船长前往城堡谈判投降。古铁雷斯接受了降书，他十分慷慨地同意让投降英军有尊严地离开，甚至还允许他们携带武器。作为回报，胡德答应他的部下和船队"将不得以任何形式骚扰小镇，以及加那利群岛中的任何岛屿"。特罗布里奇批准了这些条款。7月25日早晨7时，战斗终于结束了。

在旗帜的引导下，英国军队从修道院出发，列队向中央广场行进。所有西班牙士兵已在广场集合列队。古铁雷斯决定向英国人展示军力，希望能够以此震慑对方，以防其再次发起攻击。他的属下也忙着散布谣言，吹嘘岛上驻军有8 000人马——这些让特罗布里奇一眼看穿的谎言，之后被纳尔逊用来为他们耻辱的失败进行辩解。他们提交的报告，包括之后英国的大部分战争记录都引用了这个数字。但来自西班牙的文献资料十分清楚地表明：古铁雷斯能够调配的兵力只有1 669人，8 000人的数字只是一种夸大其词的宣传，用来威吓狡猾的对手。在胡德等人投降之后，英国人将伤员运送上船，鲍温的遗体也在鸣枪礼及半旗仪式中被送入大海。最后是一份触目惊心的伤亡名册：153人阵亡、溺水或失踪，100多人受伤。而参战的英军部队总共只有1 000多人。

纳尔逊兵败圣克鲁斯的原因可归结为以下三点：首先，他丧失了"天时地利"的客观条件——尽管他本该深谙此理，并在制订计划时将其纳入考虑范畴。其次，它纯粹成了海军的"一家之事"，而并非是最初策划的"大规模的陆海联合行动"。米勒所作的战争记录表明，水手们明显缺乏陆战经验，7月24日夜间的激烈巷战更令他们感到无所适从，而那些为数不多的陆战队士兵则沉着冷静，做好了迎敌准备。在这种紧要关头，一支训练有素、临危不乱的队伍或许能够掌控局面，使战争天平朝着有利于英国的一方倾斜。最后也是最重要的是，纳尔逊所部与其对手实力相当。圣克鲁斯的驻军可能为数不多，但皆是久经战阵、勇敢无畏之士，他们熟悉当地环境，较英军优势明显。而指挥官安唐·东尼奥·古铁雷斯同样是一个经验丰富的职业军人，不肯轻易屈服。面对这样的对手，英军在厄尔巴岛和卡普拉亚岛成功采用过的虚张声势和威胁恐吓手段自然是无法奏效的。

攻击特内里费岛是纳尔逊最后一次亲自参加登陆作战。失去手臂意味着他再也无法身体力行地参与任何体力行动，更无法进行肉搏战斗。但他依然能够在两栖作战中发挥自己的作用——拥有"将敌人粉碎在他们自己领土之上"[27]的能力。在纳尔逊的指挥下，英国海员们继续在海岸上英勇作战。当然，纳尔逊经久不衰的名望主要得自其杰出的海战指挥才能，以及在他策划或协助下取得的一系列海上胜利。而纳尔逊指挥的海岸战斗也同样受人瞩目，它时刻提醒人们，在尼罗河和特拉法尔加海战耀眼夺目的辉煌时代，英国皇家海军也同样是一支可以用于两栖作战的骄人力量。

注释

1.参见 A T Mahan, *The Life of Nelson*(London 1897) , Vol I, pp163-71.该书图文并茂,对此次行动阐述极为周详。

第三章 纳尔逊的海岸战斗（1780—1797年）

2. 参见 T J Pettigrew,*Life of Lord Nelson*(London 1849),Vol II,p243.

3. 参见 J S Clarke,J M'Arthur:*The Life of Nelson*(London 1809),VolI,p34.

4. 参见 T Pocock,*Horatio Nelson*(London 1987),pp32-46.

5. 参见 T Pocock,*Nelson in Corsica* (published by the 1805 Club in 1994).这是关于此役的新近记述。

6. 参见 Countess of Minto,*Life and Letters of Sir Gilbert Elliot* (London 1874),Vol I.

7. 参见 Sir Nicholas Harris Nicolas,*The Dispatches and Letters of Lord Nelson* (London 1844—6),Vol I,p209.This account of the Elba operation has been reconstructed from the letters and dispatches printed by Nicolas.通过出版的信件和文件,重构对厄尔巴岛行动的认识。

8. 同上,p275. Nicolas 的书籍依然是重要的参考资料。

9. 参见 G Naish,*Nelson's Letters to His Wife* (London 1958),p284.

10. 参见 Nicolas,op.cit. p271.

11. C White,1797：*Nelson's Year of Destiny* (Stroud 1998).对战事的记述基于西班牙和英国的最新研究成果。

12. 参见 O Warner,*A Portrait of Lord Nelson*(London 1958). p123.

13. 参见 Kirstie Buckland（ed）,*The Miller Papers* (published by The 1805 Club,1999).

14. 参见 Luis Cola Benítez,*La Historia del 25 de Julio de 1797*；Agustín Guimera：*Nelson and Tenerife* (published by The 1805 Club,1999).英国读者能够从中看到西班牙方面的最新资料。

15. 参见 Nicolas, op. cit,p379.

16. 同上,p393.

17. 同上,p413.

18. 直至现代,所有的英文著述皆称守岛部队有 8 000 人——这一数据是从纳尔逊的文件中得出的,但西班牙的资料却显示本文的数字才是真正客观的。8 000 人的数字只是西班牙人为迷惑英军而故意夸大的说法。参见 Benitez, P43.

19. 参见 White.op.cit,p10.

20. 参见 Buckland.op.cit.

21. 参见 Buckland. op.cit.and White,op.cir.pp 112-114.

22. 参见 Buckland. op.cit.

23. 参见 Lady Harriet Hoste：*Memoirs and Letters of Captain Sir William Hoste* (London 1833), Vol I,p73.

24. 参见 Buckland,op.cit.

25. 参见 Guimera,op.cit.p19.

26. 1989 年,一份"最后通牒"被公之于众。这份通牒是纳尔逊截肢之后用左手签署的,这意味着此际特罗布里奇已经成功登岸,消息业已传到"提修斯"号上。关于"通牒"的详细论述参见 White,op.cit. p106.

27.参见 Nicolas,op.cit.,Vol IV, p457.

参考书目

本章关于英军行动的全部官方记录出自尼古拉斯·哈里斯·尼古拉(Nicholas Harris Nicolas)的《纳尔逊的信件和文件》(Letters and Despatches of Lord Nelson)一书。虽然该部巨著存在诸多缺陷,但依然是关于纳尔逊勋爵官方记录的最重要来源。

马汉(A T Mahan)的两卷本《纳尔逊生平》是关于纳尔逊的最经典人物传记,记录了其担任海军指挥官时的经历。新近的著作则要属汤姆·波科克 1987 年出版的《霍雷肖·纳尔逊》(Horatio Nelson)(最近以平装本形式再版)。

有许多新的研究,特别是关于圣文森特角和特内里费岛战斗的研究进一步深入,尤其在战争 200 周年纪念日临近的影响下,显得颇受瞩目。在我写作的《1797:纳尔逊命运之年》(1797: Nelsou's Year of Destiny)一书中,收录了绝大部分新近研究成果。以西班牙人的最新视角介绍特内里费岛战事的英文著述,当属 1999 年出版奥古斯汀·吉梅拉(Agustin Guimera)的《纳尔逊和特内里费岛》(Nelson and Tenerife),由"1803 俱乐部"(1803 club)于 1999 年出版。

关于特内里费岛战事的关键英文资料,当属拉尔夫·米勒写给妻子的书信。由基尔斯蒂·巴克兰(Kirstie Buckland)编辑成书,名为《米勒文件》(The Miller Papers),由"1803 俱乐部"(1803 club)于 1999 年出版。

第四章 "深水区的炮击"：叙利亚之战（1840年）

安德鲁·兰伯特

1840年的叙利亚战役是英国依靠海军力量投射，实现国家目标的典型案例。在此次战役中，英国需要采用不同手段应对各类事件，包括战略威慑、兵力投送、联合行动、与地方或国家政权的外交联络，以及在当地错综复杂且根深蒂固的宗教和种族关系间纵横捭阖。与此同时，这些战略手段还必须与在中国和阿富汗的军事行动协调配合，北美地区的乱局也不能置之不顾。英军在叙利亚战役中表明，在19世纪中期，英国是一个独一无二的世界大国，它的全球战略态势以其经济地位、财政实力、海军力量和遍布世界的军事基地为根基，它因此拥有了全球性的力量投射能力，四海之内，无人能及。

1839—1840年的危机

叙利亚危机起始于拿破仑战争之后，土耳其与它的埃及总督间的恶劣关系，结束了奥斯曼帝国内部的长期权力斗争。1805年，穆罕默德·阿里，一位阿尔巴尼亚军官，登上了埃及总督的宝座，并试图建立一个现代的、独立的国家。[1]相比之下，它名义上的宗主国奥斯曼帝国，其君主苏丹马哈茂德二世却很难使土耳其从封建落后的泥潭中摆脱出来。当西方列强渐行渐远之时，土耳其便被抛在了后面。[2]1821年希腊人发动起义，土军根本无力镇压，其积贫积弱的窘态被暴露无遗。土耳其只得呼吁埃及援助。穆罕默德派出了一支舰队和一个军团，但舰队却于1827年在纳瓦里诺湾被打得七零八落，一部分士兵也随舰队一起葬身海底。阿里不满苏丹对其出兵的奖赏，同时也想趁机扩张势力。在重建部队之后，他于1831年挥师开进了奥斯曼帝国的领地叙利亚。第二年，阿里的儿子易卜拉欣·帕夏在科尼亚击败了土耳其军队,易卜拉欣随后向安纳托利亚进发,奥斯曼苏丹连忙向英国和法国寻求帮助。但是法国却站在穆罕默德一边,将其视为一个潜在的盟友。英国虽然支持土方,但由于陷于比利时和葡萄牙危机中无法自拔,实在是有心无力。绝望中的苏丹只得接受俄国的"援助",让俄军暂时进驻伊斯坦布尔,以阻止埃及人的脚步。作为报答,苏丹与俄国签下《安吉阿尔—斯凯莱西》条约,俄国人借此受益颇多,但该条约却损害了英国的利益。

遭遇了这次挫败,英国外交部长帕麦斯顿勋爵立即行动起来,致力于减少俄国在伊斯坦布尔的影响力,并力图防止埃及和土耳其之间发生冲突。他相信,土耳其可以转变成一个现代的、文明的国家。双方于1837年签订《巴尔塔—李曼条约》(the Treaty of Balta-Liman),奥斯曼帝国将市场开放给英、法两国,以此换得政治支持和军事援助。[3] 土耳其的商业政策使贸易伙伴英国颇多受益,同时也削弱了埃及发展的经济基础。在这种形势下,穆罕默德·阿里要么采取行动,要么放弃割据独立之路,再次成为奥斯曼帝国的附庸。

苏丹急于收复叙利亚,因此,在英国援助改善其军事状况之前,他就做好了战争准备。穆罕默德意识到《巴尔塔—李曼条约》的威胁所在,因此在1838年宣布独立。苏丹采取了行动,然而1839年6月,易卜拉欣在尼悉(Nezib)击败了另一支土耳其军队。在失败的消息传到伊斯坦布尔之前,苏丹就已撒手人寰,但更糟的事又接踵而至。土耳其舰队叛逃到亚历山大加入了埃及海军,这样一来,埃及舰队就拥有15艘战列舰,是英国地中海舰队规模的两倍。

帕麦斯顿坚信,英国对土耳其的支持不但可以有效抵制俄国扩张,还能够打开土耳其的市场。帕麦斯顿也承认,在从叙利亚逐出埃及军队的过程中,出于英国的战略与商业利益需要,穆罕默德·阿里已被降低至一定的从属位置。他希望可以在其他大国插手干预前,实现自己的目标。在该冲突地区执行任务的仅有的军事力量,是海军中将罗伯特·斯托普福德爵士(1767—1849年)率领的英国地中海舰队以及土耳其军队的残余部队。最初,英国和法国舰队都聚集在达达尼尔海峡之外的贝斯卡(Besika)湾,支持土耳其对抗俄国。帕麦斯顿希望与法国联合行动,但他很快发现,俄国对他的政策表示支持,而法国却强烈反对向穆罕默德·阿里施加压力。

第四章 "深水区的炮击":叙利亚之战(1840年)

由于法国舰队在规模和人员方面比英国占优,战争形势进一步复杂化了。

英国舰队,斯托普福德,纳皮尔

斯托普福德舰队中的大部分船只都已经老旧,或吨位相对较小。旗舰是拥有104门炮的"夏洛特公主"号三层甲板战舰,是模仿"胜利"号建造的。其他多数战舰都建造于18世纪的战争年代。新近服役的只有装备84门炮的"威力"号、"怒喝"号及"亚洲"号。此外,还有几艘小型护卫舰、轻型巡洋舰以及4艘蒸汽船,且都没有携带作战所需的充足给养。危机发生之后,战时准备工作已然太晚,直到这时,英国才将更强大的战舰派到此处。

斯托普福德时年72岁,见证了英法战争的多场腥风血雨。但不幸的是,他在两个关键问题上与英国政府的意见相左,尤其对帕麦斯顿颇不赞同。斯托普福德谨慎而忧虑地执行命令,但这种做法却激怒了提倡自主性和主动精神的英国外交大臣。此外,作为在辉格党政府中任职的托利党成员,政治的敏感性使他难以得到政府信赖。而斯托普福德的副手,精力充沛且足智多谋的海军准将查尔斯·纳皮尔(1786—1860年)则完全不同。他崇尚自由政治,拥有两栖及滨海作战的丰富经验,这使他成为一名理想型的军官。纳皮尔经常与英国海军大臣(也称"第一海军大臣")明托勋爵进行私人通信,与帕麦斯顿也同样保持联络。纳皮尔曾于1833年在葡萄牙内战中服役,其表现得到了帕麦斯顿的高度评价。他还曾在无须英国政府介入的情况下,解决了一个重大的外交问题。[4] 英国舰队的军官既有辉格党人,又有托利党人。其中很多托利党人都是斯托普福德的亲属,包括他的两个儿子和三个侄子。

1840年战役

1840年,斯托普福德受命出征,其任务是保护伊斯坦布尔免遭埃及进攻。两个月之后,贝鲁特爆发了一场小规模起义,但很快被镇压下去。同年7月,英国、俄国、奥地利、普鲁士四国签署《伦敦条约》,决定保护土耳其并重新将穆罕默德·阿里置于苏丹的从属位置。法国拒绝批准条

罗伯特·斯托普福德在参加"光荣的六月一日之役"及康沃利斯撤退行动之时还是一个性格鲁莽的护卫舰舰长。图画上的斯托普福德已是古稀之年,此时的他显得老练而沉稳。(国家海事博物馆,伦敦,编号:BHC3041)

约,明确表示不愿向穆罕默德·阿里施压。斯托普福德奉命切断埃及与叙利亚之间的海上交通,断绝其人员和物资往来的唯一通道,同时向起义军武装和土耳其军队提供援助。这些皆能在不动武的情况下得以实现,如此一来,形势就尽在帕麦斯顿的掌控之中。如果走上战争之路,就必须经过英国殖民与战争大臣罗素批准,此人既缺乏帕麦斯顿的能力,也不认同帕麦斯顿的观点。

帕麦斯顿希望埃及人屈服于压力,离开叙利亚不战而降。法国的态度依然十分重要,因为如果它出手干预,叙利亚战争将变得无关紧要。在首席大臣梯也尔的政策下,法国的态度依然咄咄逼人,战争的阴云并未完全散去。[5] 然而,英国情报机构的报告清楚地表明,英国海军的动员能力已超过了法军。10月时,法国的海军舰船就已"入不敷出",没有一艘战舰能够与英国相匹敌。这样一来，梯也尔的外交政策也就失去了分量，而普鲁士和奥地利在莱茵河畔积极备战。在这双重的压力之下，法国国王路易·菲利普在10月中旬解除了梯也尔的职务，一位温和的保守派大臣取而代之。然而，即使帕麦斯顿和明托确信法国不会采取行动，他们的同事及斯托普福德却依然忧心忡忡。由于内阁出现分裂，帕麦斯顿不得不依靠他的妹夫墨尔本勋爵及老朋友、前首相明托。如果他的政策在任何阶段出现丝毫松动，他的内阁很可能土崩瓦解。帕麦斯顿承担着巨大风险，在国内外皆是如此。

为了避免夜长梦多，帕麦斯顿想迅速采取行动。行动的速度取决于两个因素：季节性大风在11月和12月经常袭击地中海东部，帆船队不得不暂停沿海活动。如果迟滞行动，那么法国可能找到机会挑战英国的政策。因此，当斯托普福德对封锁亚历山大或抓捕埃及船只犹豫不决时，他遭到了帕麦斯顿的强烈指责，帕麦斯顿称其为"老朽的蠢货……很不适合承担政治和海军的双重任务"[6]。斯托普福德的犹豫，使直接受帕麦斯顿私人信件指导的纳皮尔成为了军事行动的推动者。

8月，斯托普福德派纳皮尔前往贝鲁特，试图在那里鼓动起义，但没有成功。接着，纳皮尔又前往亚历山大。在上岸与穆罕默德·阿里会面之后，他留下"亚洲"号、"愤怒"号2艘战舰封锁阿尔及利亚—埃及舰队。英国这支舰队在整个行动中一直处于待命状态，只有一艘船只能够离开亚历山大港口，前去封锁穆罕默德的舰队。9月，一支小规模的奥地利舰队以及一艘土耳其战舰加入了斯托普福德的行列。土耳其战舰隶属于奥斯曼帝国的舰队，由船长鲍德温·沃克负责指挥，与之同来的，还有5 000名土耳其士兵。土军部队由纳皮尔临时担任指挥官，他们在贝鲁特北部登陆，为当地的叛乱分子提供武装。同时，舰队扫清了较小的埃军海岸堡垒。这些小成就对帕麦斯顿而言是至关重要的，它可以压制内阁中的反对声浪，巩固他的外交政策。帕麦斯顿随即写信给驻巴黎大使说："纳皮尔万岁！请你告诉（法国）国王和梯也尔，他们输掉了这场赌注，现在为此事而大打出手绝非明智之举。"[7]

9月26日，纳皮尔和沃克指挥袭击了西顿。不久后的10月，纳皮尔的英、奥海军陆战队、火箭部队及土耳其士兵重新上岸，在贝鲁特西部群山之中的波哈塞夫，与易卜拉欣·帕夏的人马展开交锋，并获得了英国皇

在前线激励士气的是查尔斯·纳皮尔准将。这幅画展示的是查尔斯·纳皮尔在进攻西顿的战斗中,以英雄的姿态伫立于战场。(国家海事博物馆,伦敦,编号:BHC2875)

家海军史上最有趣的一次胜利。"迄今战无不胜"的易卜拉欣遭受挫折,被他向来鄙视的土耳其军击败,致使埃及军队的士气很快瓦解。英、奥海军咄咄逼人,特别是埃及与波哈塞夫之间的粮道也被完全切断,在这种形势下,易卜拉欣被迫撤离贝鲁特。[8] 阿卡是埃及军队最后的据点,它是海岸上最强大的堡垒。穆罕默德·阿里想将阿卡掌控在手,将其作为将来再次壮大的起点。斯托普福德深知该地壁垒森严,易守难攻,因此迟疑不决。然而在10月月底,帕麦斯顿向其下达了明确指令。

炮击阿卡

10月29日,斯托普福德和他的高级军官查尔斯·史密斯爵士拟定了

第四章 "深水区的炮击":叙利亚之战(1840年)

一项行动计划。2 000名土耳其士兵负责占领阿卡北部的白山隘口,而其他3 000名士兵则乘坐战舰登陆,进攻沿岸要塞。斯托普福德和高级军官商定,在10月30日派遣"夏洛特公主"号协助部队登陆。尽管斯托普福德对法国舰队有所忌惮,但还是同意发起攻击。联合舰队于11月2日晚些时候抵达阿卡,"愠怒"号舰长爱德华·博克瑟及"塔尔博特"号舰长亨利·科德林顿已经对该处海岸进行了侦察。此际正值穆斯林的斋月节,要求穆斯林在整个白天禁止饮食,这为英国人的行动提供了极大便利。夜幕降临之际,埃及人都在忙于进餐,以至于忽视了英国方面的测量行动。早上,他们的波兰顾问又将英国人的测量浮标误认为是系泊设备,于是指示炮手向其开火。科德林顿对敌军要塞情况进行了描述:

"阿卡的城墙建立在礁岩之上,部分礁岩有数英尺高,它们矗立海边,被水下连绵的暗礁众星捧月般环绕着。城墙笔直矗立于此,至于高度,我认为大概是30至40英尺……城墙上排列着炮台,但分布并不均匀……南边城墙上大多数是开放式炮台,配备着长管炮、18磅及24磅炮……我甚至还看到了32磅炮……这些几乎都是守城的利器,而且许多都是新近浇铸的。弹药的供应……可以说是太过充裕。第二日,我围绕炮台进行侦察时,发现每门炮的左边都堆积着圆形炮弹和双头炮弹。实弹数不胜数,子弹不计其数。"[9]

下午5时30分,舰长们聚集在斯托普福德的船舱中,选定第二日牵引舰队的船只。由于蒸汽船十分稀缺,每艘牵引船只都需要往返两个来回。舰队将从两个方向对阿卡展开攻势,大型战舰和先进的护卫舰部署在西侧,它们配备的重型火炮想必会派上用场;较小的舰只装备近程火炮,负责从南部抵近城墙进攻。沃克的旗舰——装备74门炮的"土耳其人"号则被部署在小型水闸对面,同样拥有74门炮的"爱丁堡"号和"黑斯廷斯"[①]号负责对其进行支援。它们的任务是用炮弹在城墙上打开一条通道,让部队攻入城中。此外,奥地利护卫舰"美狄亚"号、"战士"号以及武装快船"莱比锡"号都参与到行动中来,与英国皇家海军并肩作战。[10]计划实施的前提是纳皮尔夺下西顿城。纳皮尔请求让"威力"(Powerful)号战

[①] 原著此处提及的"黑斯廷斯"号,在图例和表4-1的名单中均未出现,疑为"本博"号。装备火炮数量的说法也不统一。——编者注

舰承担这一光荣的使命，但海军方面最终认定：在狭窄地域内，两艘小型战舰可能比一艘大型战舰更能发挥作用。除了通过纵向射击打击南部城墙，纳皮尔在西部的进攻完全是牵制性的。

11月3日早晨，由于风向转变，袭击计划进行了相应调整。从现在开始，战舰将驶入行动地点。蒸汽舰船依然照常行动，它们夹在两支帆船编队之间，以一定的角度向城市开去。斯托普福德将"凤凰"号指定为旗舰，在这里，他可以全面掌控战争态势，他也因此成为第一位在蒸汽战舰上指挥舰队行动的英国海军上将。舰队于上午11时开始射击，站在"威力"号上的纳皮尔目睹了海岸上腾起的火光。此刻，纳皮尔正率领他的分队向北方行进，下午1时，他们驶往阿卡的西侧城墙。下午2时30分，"威力"号在距阿卡城墙800~900码处下锚，做好了开火准备。他们一直射击到下午4时50分。在此期间，堡垒上方的敌军进行了猛烈还击，却极少有炮弹击中船体。岸上的炮手将炮弹倾泻到了遍布浅滩的航标上，然后又用沙袋堵住城墙垛口。而当舰队抵近城墙抛锚时，一切都为时已晚。埃及人的错误是致命性的，炮火的硝烟很快随风弥漫，遮挡了真正的目标。在英国火炮快速而精准的射击下，埃及人已没有机会来纠正他们的错误了。

按照原定计划，从北方开来的纳皮尔舰队的战舰将相继抛锚，排在后面的每艘战舰都从已经投入进攻的舰船旁边驶过，占领堡垒的西侧海面。然而，因所传达的指令模糊不清，当"威力"号向后面停泊的其他舰只靠拢时，前沿阵线便出现了一个很大的缺口。下午2时50分，纳皮尔和斯托普福德都向"复仇"号（装备78门火炮的战舰）舰长瓦德格拉夫（Waldegrave）发去信号，命令他去填补这个空隙。瓦德格拉夫正因被留作预备队而恼火不已，于是便于下午3时30分驶到了"威力"号前方下锚。这一事件引发了纳皮尔和斯托普福德的激烈冲突，差点闹上军事法庭。等到傍晚5时50分，斯托普福德下令停火的时候，只有一两门敌军火炮仍在向海面射击，然而，"夏洛特公主"号很快使它们杳无声息了。海军在这个方向的战果已经超过了此前最为乐观的预期，但并没能毕其功于一役。

在海风的助力之下，南部舰队同样展开了攻势。这些较小的船只并未受到指令不清的妨碍，它们为主力战舰提供支援，打击埃及炮台，为之后的攻击开辟道路。南部舰队大约在下午2时之前下锚，停泊在距城墙500~

第四章 "深水区的炮击":叙利亚之战(1840年)

炮击阿卡城——南部攻势。中间是沃克的旗舰"土耳其人"号,而前方的蒸汽舰正准备发射炮弹。(国家海事博物馆,伦敦,编号:7019)

600码处。在这个范围内,老旧、小型船只的近距臼炮依然十分有效,科德林顿的"塔尔博特"号就是一例。埃及火炮再次严重失准,炮手们也再未等到机会纠正错误。"爱丁堡"号上的海军见习军官蒙塔古·巴罗斯写道:

"第一轮的猛烈炮击惊心动魄,惨烈不已。腾起的烟雾很快笼罩了整个战场。微风轻拂,波澜不惊。这是那个时期木质战舰炮战的真实写照,这是一幅近乎完美的作战场景。军官和海员都接受过最新式的训练,所有与炮击相关的工作都进行得井然有序,有条不紊。"[11]

一枚炮弹击中了"爱丁堡"号上层甲板的臼炮,造成4名海员死亡,7人受伤。这是唯一一枚击中(南部舰队)船体的炮弹。英国皇家海军通过火炮直射、轰塌城墙及杀伤炮手,逐渐清除了埃及炮位。只剩下一门大炮顽固地躲在沙袋后面抵抗到底,它持续不断地向"塔尔博特"号开火,甚至到第二天清晨,这个阵地依然岿然不动。蒸汽战舰夹在西部和南部战线之间,这些舰船依靠甲板上的旋转炮塔,以一定的角度向敌军射击。

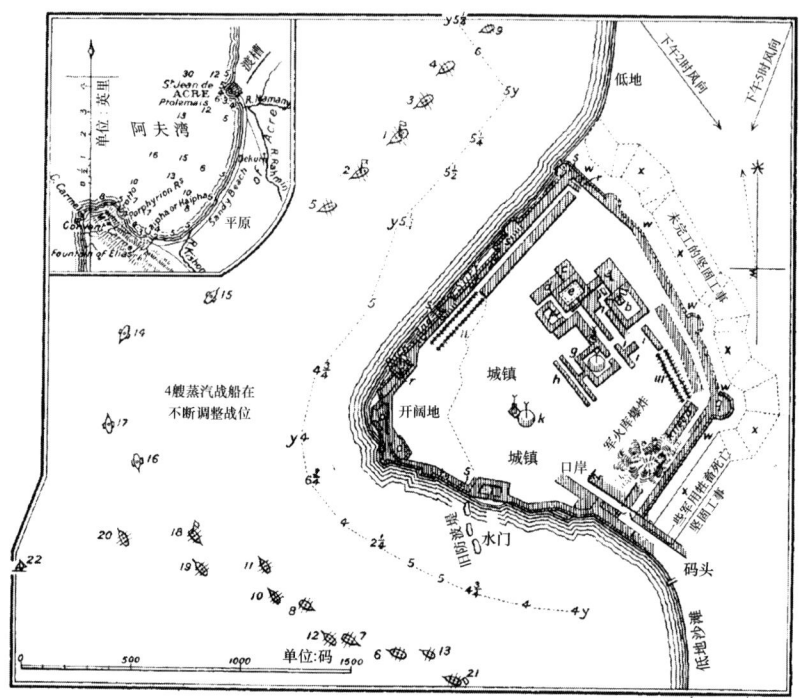

炮击阿卡城，1840年11月3日。（图片来自威廉·莱尔德·克洛斯的著作《皇家海军历史》，第Ⅵ卷）

图例：1."夏洛特公主"号；2."威力"号；3."怒喝"号；4."柏勒罗丰"号；5."复仇"号；6."本博"号；7."爱丁堡"号；8."海狸"号；9."愠怒"号；10."卡里斯福特"号；11."塔尔博特"号；12."冒险"号；13."黄蜂"号；14."戈尔贡"号；15."凤凰"号；16."斯特隆博利"号；17."维苏威"号；18."美狄亚"号；19."战士"号；20."莱比锡"号；21."土耳其人"号；22."土耳其人"号舰载小艇

下午4时20分，城市东南部地区腾起了一道火光，紧接着传来了灾难性的爆炸声和巨大的冲击波。一枚从"戈尔贡"号或"本鲍"号蒸汽舰射出的炮弹穿透了敌军的主要军火库。爆炸造成了1 100名埃军丧生，其人数超过了当地守军总数的1/4。振聋发聩的巨响使许多海员出现暂时性失聪。海、陆双方的对射静默了片刻，当岸边的敌军恢复开火之后，他们的火力已经明显减弱，甚至逐渐偃旗息鼓了。这样一来，海军炮手便可以集中火力打击那些负隅顽抗的敌军炮台。英国皇家海军的"卓越"号训练舰为海军培养出了训练有素的炮手和职业军官，他们在实战中证明了自己卓越的能力。到下午5时，南部地区首先停止了射击。之后成为"卓越"号

第四章 "深水区的炮击":叙利亚之战(1840年)

舰员的巴罗斯对此评论道:

"许多火炮被我军火力压制,或干脆被炸了个粉碎。炮架被打碎,炮管被毁坏。我们同样应该对守军给予高度评价。毫无疑问,尽管射击技术欠佳,但也没有任何军队能像他们这般恪尽职守,坚守炮位岿然不动。"[12]

大约5时50分时,斯托普福德发出信号,下令西部舰队停火,而这时西部舰队早已经找不到可打击的目标了。之后,西部舰队的重型战舰开进了深水区,一些战舰的桅杆严重受损,不得不将它们拖离战场。夜间,埃及人撤离了该城。沃克的部队悄悄登上海岸,紧随其后的是英国和奥地利的海军陆战队。虽然另一个火药库的爆炸导致了人员伤亡,但到黎明时分,阿卡已在联军的掌握之中。此役,海军舰队只有18人阵亡,41人受伤,损失了几根桅杆和一些绳索,耗费了48 000多枚炮弹。这是英国皇家海军取得的一场代价最小的胜利。

真实记录——阿卡城中的军火库发生爆炸的一刻。图画上的是西部编队,"复仇"号排在前列,与守军正面挍战。画面右方可以看到远处的南部编队。(国家海事博物馆,伦敦,编号:C682)

纳皮尔的协定

在占领阿卡之后,斯托普福德派遣纳皮尔指挥亚历山大城的封锁行动。帕麦斯顿私下向纳皮尔透露了他所期望的条件,之后,纳皮尔便开始着手处理与穆罕默德·阿里的关系。他们于11月25日签订了合约。根据合约,穆罕默德获得世代统治埃及的权利,作为回报,埃及撤出叙利亚并归还土耳其舰队。纳皮尔并未获得英国当局的签约授权,同时还把斯托普福德抛在了一旁,自行其是,然而,帕麦斯顿却对纳皮尔给予大力支持。一旦土耳其方面认可穆罕默德为世袭的帕夏,危机就能平息下去。纳皮尔的做法招致了许多责难,他被指责为"违背命令"或"追名逐利"。12月2日,一场突如其来的飓风吞没了"斑马"(Zebra)号,折断了"愠怒"(Pique)号的桅杆,并使很多船只陷入险境。纳皮尔意识到了这场危险,因此及时采取了应对措施。在此之后,人们对纳皮尔的态度才有了所转变。埃及确立了与土耳其的从属关系后,这场冲突便暂时落下帷幕,在19世纪80年代之前,一直未有大的波澜。埃及能够再次吸引列强的目光,不是因为它野心勃勃,而是因为它已孱弱不堪。当然,这是后来的事了。

从圆满的胜利、及时的战果以及帕麦斯顿和纳皮尔娴熟的指挥技巧来看,阿卡之战无疑可被视为海军力量投射的杰出范例。回顾战事,战役打响之时,埃军拥有近70 000人马,最终,他们被迫撤离叙利亚。这些士兵穿过西奈沙漠,乱哄哄地撤回埃及,士气低落得一塌糊涂。在1840年,英国皇家海军坚定地维护盟国的领土完整,帮助其平息叛乱,打压桀骜不驯的封臣,压制法国的海上野心,同时,也使帕麦斯顿的政策得以顺利推行——依靠1841年《伦敦海峡公约》确立的海峡中立原则,帕麦斯顿成功地取代了俄国在伊斯坦布尔的影响力。胜利的荣耀理应属于帕麦斯顿和英国皇家海军舰队,帕麦斯顿本人也对此深信不疑。

阿卡之战可以说"是一场极具政治重要性的事件,与英格兰利益息息相关。它不仅是土耳其的内部矛盾,还涉及其他诸多问题,需要与各个列强外交斡旋。英国舰炮所及的任何国家或地区,无论对英国持有何种异议,都须铭记1840年9月至11月时,英国舰队在叙利亚海岸的作战表现……"[13]。

第四章 "深水区的炮击":叙利亚之战(1840年)

表4-1 参战战舰一览表

战舰	火炮数量(门)	指挥官
英国战舰		罗伯特·斯托普福德海军中将
"夏洛特公主"号	104	罗伯特·范肖
"威力"号	84	查尔斯·纳皮尔
"怒喝"号	84	莫里斯·伯克利
"柏勒罗丰"号	80	查尔斯·奥斯丁
"复仇"号	78	威廉姆·瓦德格拉夫
"本博"号	72	休斯敦·斯图尔特
"爱丁堡"号	72	威廉姆·亨德森
"愠怒"号	36	爱德华·博克瑟
"海狸"号	38	爱德华·科利尔
"卡里斯福特"号	26	亨利·马丁
"塔尔博特"号	28	亨利·科德林顿
"冒险"号(单桅帆船)	18	查尔斯·埃利奥特
"黄蜂"号(双桅横帆船)	16	乔治·曼泽尔
"戈尔贡"号(蒸汽船)	6	威廉姆·亨德森
"凤凰"号(蒸汽船·旗舰)	6	罗伯特·斯托普福德
"斯特隆博利"号(蒸汽船)	6	伍德福德·威廉姆斯
"维苏威"号(蒸汽船)	6	托马斯·亨德森
"土耳其人"号	74	鲍德温·沃克
奥地利战舰		
"美狄亚"号(护卫舰)	60	班迪耶拉准将
"战士"号(护卫舰)	48	弗雷德里克大公
"莱比锡"号(武装快舰)	20	

阿卡要塞的防卫

战斗结束后,英国军官对阿卡要塞的火炮进行了清点。城墙上放置着121门火炮,另有42门火炮尚未安置妥当。此外,还发现了20门臼炮、97门青铜野战炮以及大量轻型武器、弹药和军用物资。

注释

1. 参见 A Marsot: *Egypt in the Reign of Muhammad Ali*(Cambridge 1984).
2. 参见 S J Shaw: *History of the Ottoman Empire and Modern Turkey*(Cambridge Mass.1976).
3. 参见 F E Bailey: *British Policy and the Turkish Reform Movement*, 1826—1853(London 1942).
4. 参见 Maj. Gen. E Naipier: *Memoirs and Correspondence of Admiral Sir Charles Napier*(London 1862).纳皮尔与他的继父一同供职于叙利亚,该书对还原当时历史颇有助益。
5. 参见 J P T Bury and R Tombs: *Thiers 1797—1877*(London 1986), pp63-79.
6. 参见 Palmerston to Minto 30 Aug 1840. Sir C.Webster: *The Foreign Policy of Palmerston*(London 1951), p703.
7. 参见 K Bourne, Palmerston: *The Early Years 1784—1841*(London 1982), p606.
8. 参见 H Temperley: *England and the Near East: The Crimea*(London 1936), pp120-7.
9. 参见 Lady Bourchier: *Letters of Sir Henry Codrington*(London 1880), p488.
10. 参见 L Sondhaus: *The Habsburgs and the Sea*(Purdue, Indiana 1990), pp102-4.
11. 参见 M Burrows: *Autobiography of Montagu Burrows*(London 1908), p128.
12. Ibid, p127.
13. 参见 Palmerston to Minto 17 Nov 1840; Minto Paper, National Maritime Museum, ELL/118.

手稿资料:

海军部文件收藏于公共档案馆,其中包括舰船、指挥官的航海日志及公函等。
奥斯丁、科德林顿、明托、纳皮尔和斯托普福德的相关文件藏于国家海事博物馆。
帕麦斯顿文件藏于南安普顿大学图书馆。
马丁和纳皮尔的部分资料藏于大英图书馆。

其他资料

F E Bailey, *British Policy and the Turkish Reform Movement*, 1826—1853(London 1942)

第四章 "深水区的炮击"：叙利亚之战（1840年）

C Bartlett, *Great Britain and Seapower 1815—1853*（Oxford 1963）

Lady Bourchier, *Letters of Sir Henry Codrington*（London 1880）

K Bourne. *Palmerston*（London 1982）

M Burrows, *Autobiography of Montagu Burrows*（London 1908）

J P T Bury and R Tombs, *Thiers 1797—1877*（London 1986）

J Hattendorf, 'The Bombardment of Acre, 1840' *Les empires en guerre et paix 1793—1860*（Paris 1990）

Admiral Sir John Hay, *Lines from My Log Book*（London 1892）

A Lambert, *The Last Sailing Battlefleet: Maintaining Naval Mastery 1815—1850*（London 1991）

A Marsot, *Egypt in the Reign of Muhammad Ali*（Cambridge 1984）

Maj.Gen. E Napier, *Memoirs and Correspondence of Admiral Sir Charles Napier*（London 1862）

A Pearsall, '*The Bombardment of Acre, November 3, 1840*', *Sefunium 1967—1968*（The Maritime Museum, Haifa）

K S Salbi, *The Modern History of Lebanon*（Connecticut 1965）

P W Schroeder, *The Transformation of European Politics, 1763—1848*（Oxford 1994）

S J Shaw, *History of the Ottoman Empire and Modern Turkey*（Cambridge Mass 1976）

L Sondhaus, *The Habsburgs and the Sea*（Purdue, Indiana 1990）

H Temperley, *England and the Near East: The Crimea*（London 1936）

Sir C Webster, *The Foreign Policy of Palmerston*（London 1951）

第五章　在不列颠的铁蹄下：炮击斯维堡（1855年8月9日至11日）[1]

安德鲁·兰伯特

在对拿破仑的战争取得胜利之后，英国皇家海军已掌握了绝对的海上霸权。然而，英国并未沉浸在"霸主"的荣誉中止步不前，而是把目光投向了推进海军登陆作战。主要打击目标是敌方的海军军械，尤其是他们隐藏起来、不想冒险进行海上作战的舰艇。19世纪50年代，海军力量投射是"日不落帝国"的左膀右臂。本章将研究19世纪最重要的海军力量投射案例——1855年8月9日至11日，在敌方大部分海军军械、支援舰艇被远程火炮摧毁之后，英国皇家海军对斯维堡①发动的攻势。

此次攻击源自英国的担忧。19世纪初，蒸汽航运的引入给英国和法国这对长期的对手指明了一个新的发展方向。1840年后，法国发展蒸汽舰队，在科唐坦半岛的瑟堡修建了新的军事基地，目标直指英国南部。[2] 为应对蒸汽战舰的威胁，英国皇家海军对船舶、武器和前沿基地等进行了改进，为武力进攻瑟堡进行准备。如果发生战争，他们计划建造蒸汽炮艇和火箭船用于持续远程攻击；如果必要的话，还要派战舰进行打击，目标是摧毁敌方军工厂等一切提供海上支援的后勤设施。[3] 然而，这时英国海军战略的着眼点仍集中在依靠本国优势舰队来控制海权。由于资金有限，新的小型舰队只有在必要时才能建造。1852—1853年时，英、法两国关系面临新的危机，拿破仑三世新帝国的兴起对英国海权构成了挑战，从而导致了一场海军军备竞赛。

---

① 1918年，芬兰收回了这座海港城堡并改名为"芬兰堡"。——编者注

第五章 在不列颠的铁蹄下:炮击斯维堡(1855年8月9日至11日)

1854年的克里米亚战争和波罗的海战役

然而,在1853年,英、法两国间的紧张局面突然被土耳其的纷争所缓解。由于俄国对奥斯曼帝国威胁的加深,英国与法国被迫转向了同一条战线。在进行了9个月的谋划之后,1854年3月,战争终于爆发。[4] 法国对波罗的海地区兴趣不大,但英国却意识到该地区是一个至关重要的战略舞台,在二者看来,丹麦海峡是阻挡俄国前进的战略要地,控制此地之后,便可进一步封锁俄国,削弱其经济实力,并可用芬兰做诱饵,吸引瑞典加入反俄联盟。该地区的瑞典军队和沿海的小型舰队可以弥补英国战力的不足,并提供必要的军事协助。但不幸的是,敏锐的瑞典国王奥斯卡一世对英俄纠纷的态度颇为谨慎,出于本国安全考虑,他并不愿加入任何一方进行战斗。

1854年的波罗的海之役中,一开始,英国希望能在瑞典的支持下,先发制人地打击驻泊在瑞威尔(爱莎尼亚首都塔林的旧称)的俄国军舰。但后来证实瑞威尔并无俄军,而瑞典又决意保持中立,因此这个计划最终落空。波罗的海战区的副司令查尔斯·奈培曾要求部队、炮艇及海岸舰队支援,参加过1809—1814年波罗的海战役的高级军官托马斯·马丁也建议海军大臣詹姆斯·格雷厄姆爵士做好准备。但是,由于炮击塞瓦斯托波尔的计划紧迫,成本高昂的舰队组建工作被搁置了。因此,在法国派来舰队以及一万名步兵协助之前,该地区的行动仅限于军事封锁。这些步兵在芬兰的阿兰群岛登陆,迅速炮击并攻占了此处的俄国堡垒。[5] 要知道,孤立的据点根本无法抵御盟国快速的海上攻势,当舰队逼近时,俄国便被迫放弃了汉科(Hango)的防御。然而,盟国现在把注意力放在了斯维堡上。[6] 奈培和法国海军上将帕斯维尔·德谢讷都意识到,现有力量无法支持大规模的进攻。盟国舰队只有少数老旧船舶及一艘新式炮艇,也没有臼炮,而法国军队还饱受霍乱困扰。这些孱弱的小舰队无法对斯维堡构成压力,一次海上进攻行动失败后还造成了严重的损失。

这个时期的军事行动无果而终,公众的普遍失望情绪迫使格雷厄姆对奈培的增援要求给予重新考虑。[7] 1854年7月,达德利·斯图尔特在英国下议院提出,应向波罗的海地区提供炮艇,但格雷厄姆却把这项重要工作交给第一海务大臣、海军上将莫里斯·伯克利爵士。[8] "未能向海岸进攻力量提供关键性的武器装备，是战争准备方面的一个失败。在这一点上，格雷厄姆遭受了广泛批评，公共普遍认为他将节约开支置于战略需求之上。格雷厄姆的做法无疑受到了威廉·艾瓦特格拉德斯通观念的影响，这位教条主义的财政大臣，一直认为战争开支应以当前财政状况为基础。"[9]

斯维堡是1748年由瑞典人修建的，它坐落于赫尔辛基东南方的7个岛屿之上，扼守通向该城的海路。它担负着军事堡垒及海军基地的双重角色，是瑞典海岸舰队的根据地。堡垒朝向海洋的一面建有许多坚固的炮塔，设有炮垛的城墙将其一体环绕。1854—1855年，城墙被再次加固，每个岛屿间都有桥梁贯通。1809年，堡垒被俄国人占领，但俄军在占领期间，却很少对城堡、防御工事及船坞等进行维护，甚至1854年的强化工作，收效也不甚明显。在1854年年底时，城墙上已少有火炮，原先安置的障碍物也所剩不多，守卫者对海上进攻缺乏准备。[10]

1855年中期，赫尔辛基周边超过5英里长的岸堡防线上，共布置有2 000多门火炮，其中有800门被安置在斯维堡。这些火炮大都是老旧的、发射弹丸的24磅短程加农炮，守军只有8 000~9 000人。然而，该堡垒向海一面的海水较浅，岩石密布，构成了天然的防御障碍。虽然它不像圣彼得堡的航道要冲——喀琅施塔得堡垒那样固若金汤，但对攻击者来说也是一个主要的阻碍。由于近岸海域水浅，因此不能依靠重型战舰进行直接炮击，也不能像在博马森德那样利用蒸汽船绕开守军防御，而用军队密集进攻也必被防守的大批俄军挫败。小型舰队远程炮击是为攻打瑟堡而制定的战术，只有这种战术才能绕开防御障碍，对城堡内的军事设施直接进行打击。[11]

当格雷厄姆意识到对塞瓦斯托波尔的联合行动并不会在短时间内取胜后，他便依照原定计划派出一支海岸攻击舰队，参加1855年波罗的海舰队的行动。这支舰队包括5艘铁甲船、5艘封锁舰（为装有74门炮的战舰配备小型引擎）、20艘炮船和20艘臼炮艇。尽管格雷厄姆承认，1854年的行动是由于缺乏实力而遭受挫折，他仍将奈培当成战事不利的替罪羊，解除其职务并以此来安抚公众情绪。格雷厄姆初步制订了一个计划，其中包括将一支数量庞大的军队派往波罗的海，但由于联军在克里米亚战场的失利，这些军队不得不被派往大陆填补缺口。在这种状况下，1855年3月被

第五章　在不列颠的铁蹄下：炮击斯维堡（1855年8月9日至11日）

再次派往波罗的海的舰队实力仍然有限，而法国也只空有一个派兵的承诺。新上任的英军总司令理查德·桑德斯·邓达斯（1802—1861年）是格雷厄姆精心物色的人选，他具有海军工作的长期经验和较强的可塑性。邓达斯值得信赖而且不鲁莽行事，只要能够将他说服，他便足以胜任任何工作。

海军少将理查德·桑德斯·邓达斯是位心思缜密的将领，正是他下达了炮击斯维堡的命令。然而，此次行动的策划者是身为海军测量员的巴塞洛缪·苏利文上校。（国家海事博物馆，伦敦，编号：PAD4703）

1855年的战略计划是格雷厄姆与奈培的心腹谋士巴塞罗缪上校商议决定的，巴塞罗缪曾经在博马松德战役中依靠侧翼包抄的战术取得胜利。他建议格雷厄姆利用小型海岸舰队攻击斯维堡，将重型战舰留作后备，一旦时机到来，就抵近发动攻势以图全胜。他同时强调喀琅施塔得是一个更为重要的目标，但格雷厄姆并未采纳这个建议。现在格雷厄姆的注意力只集中在斯维堡上，奈培在此处受挫使其一直耿耿于怀。[13]邓达斯上任后不久，格雷厄姆便离职卸任。他的继任者查尔斯·伍德爵士对此事无暇关注，仅是依照前任的建议行事。当军队被派往克里米亚之时，伍德仅能依靠封锁来维持海权。但当舰队抵达波罗的海的时候，伍德便显得十分乐观，此时,他更希望通过在波罗的海的攻势来转移联军在克里米亚的压力。

1855年战役

5月中旬,苏利文陪同邓达斯抵近斯维堡侦察防御情况。在此处,邓达斯对敌方新增设的火力点进行了记录。在5月底,邓达斯又率舰队前往俄军主要海军基地、圣彼得堡的前沿堡垒喀琅施塔得。苏利文建议说,可以利用海岸攻击舰队袭击喀琅施塔得,但在邓达斯的舰队中,这种舰艇的数量却并不充足。同时,悲观的邓达斯更是轻信了流言,认定俄国人已建立起了一支威力强大的蒸汽船队,以弥补划桨炮艇的不足。[14]为了疲惫敌军,邓达斯命令舰队在芬兰湾两侧延展开来,并同时执行阻断航运、攻击通信设施和调查锚地等各类任务。当盟国的舰队(一支小型法国舰队最终抵达此处)在次月返回喀琅施塔得之后,邓达斯无疑面临更多的挑战。

俄国人在此处布设了大量触发型水雷,所幸这些水雷很小,难以对船只造成毁灭性的破坏,但也确实是摆在舰队面前的一大障碍。至少有50枚水雷被英、法海军的探锚拖出并排除——这想必是世界上最早的排雷行动了,但在行动期间,一些不恰当的排雷方式也造成了两名船长受伤。由于缺乏海岸舰队,对喀琅施塔得的进攻很难施行。邓达斯在与法国舰队指挥官海军上将佩诺(Penaud)商议之后,决定攻击斯维堡。[15]他们一致认为,斯维堡的船坞及敌海军炮艇,对联军拉开战线、实施全面封锁的战略构成了重大威胁。斯维堡的存在,牵制了联军很多有生力量,使其无法在芬兰海湾开展大规模的行动,更不用说全面攻击喀琅施塔得了。

在邓达斯侦察喀琅施塔得时,他的海岸舰队正在瑞威尔附近的拿根(Nargen)锚地集结。海军少将贝恩斯于6月27日到达此地,随他而来的,还有4艘封锁舰和数艘炮船。封锁舰上人员齐备,但仍需要进行一些舾装工作,其他船只也尚未做好准备。邓达斯拒绝接收一些装甲炮船,将它们派给在黑海的法军。由于海军上将查尔斯·伍德的战略仅限于封锁,因此伦敦方面也没有更多期望。[16]封锁舰被证明是十分有效的,它能够限制敌军的所有海上活动,打击岸上城堡和行政机构。但邓达斯预计,在本季度结束之前,俄国会试图用蒸汽炮艇赶走这些海岸封锁舰。

邓达斯将在喀琅施塔得的舰队沿海湾展开,并把指挥权移交给了贝恩

第五章 在不列颠的铁蹄下：炮击斯维堡（1855年8月9日至11日）

斯，之后便返回拿根。[17]邓达斯私下告诉伍德，喀琅施塔得所部署的主要武器最大射程4 500码。他担心一旦展开军事行动，装备13英寸臼炮的海军臼炮艇将会面临攻击。当随行的炮兵专家纽金特上校提议对该地进行为期8天的炮击时，邓达斯同样担心遭到反击，并坚决反对重型战舰参加行动。[18]伍德向邓达斯提议说，像斯维堡这样的堡垒才是臼炮艇合适的目标。海军大臣曾考虑派出备用炮艇，但后来又打消了这个念头。[19]

邓达斯和佩诺于7月16日抵达拿根时，联军舰队仍然不甚完备。一些法国海员到达后却发现他们的船只已被派往克里米亚，只留下极少的臼炮艇。[20]邓达斯意识到，舰队极度渴求行动，然而，在英国皇家海军的"梅林"号7月19日对斯维堡进行过侦察后[21]，邓达斯却对战斗前景不甚乐观，甚至还产生了放弃行动的念头。苏利文劝他坚持下去。[22]领导层已经制定了一些新的规划，为应对不利局面做好准备：

"总之，守军重炮射击的范围内，炮艇似乎无处可避。但在本周'加尔各答'号和'埃俄罗斯'号到达之后，它们可能会获得机会，在敌人射程之外发动攻击。"

两位前去侦察的海军将领认为，对目标进行毁灭性打击的希望十分渺茫，该行动的出台仅是理想化的预期。[23]不久，佩诺又在邓达斯毫不知情的情况下派遣2艘战舰进入里加湾，这使邓达斯更加感到事态岌岌可危。[24]在7月底前，拿根的联军舰队拥有4艘封锁舰、15艘炮船（法军1艘、英军14艘）以及20艘臼炮艇（法军5艘、英军15艘）。弹药已经运达，而法国人还希望得到更多船舶。[25]面对敌岸的800门大炮以及那些天然防御障碍，两位海军将领同意用臼炮进行打击，但"猛烈的打击是不可能的"。[26]邓达斯私下曾透露，他计划用臼炮引燃军火库，但又担心天气情况可能使计划受阻；同时，如何对法军舰队保持控制也是一个难题。[27]

在英国国内，没有人能够理解邓达斯的谨小慎微。女王认同伍德的观点，认为进攻喀琅施塔得值得一试，却没有意识到邓达斯无意对此承担任何风险。[28]苏利文对这位海军统帅的迟疑不决也同样表示了批评，并将责任推到了舰队长官弗雷德里克·彭赫曼身上。[29]由于拥有了臼炮艇，邓达斯试图制订一个大规模的进攻计划来扫除喀琅施塔得北方的障碍，伍德得知此事后倍感焦虑。[30]尽管他向舰队发送了更多的弹药，却没有等来任何有价值的结果。[31]

臼炮和臼炮艇

英军近岸攻击的基本武器,就是装备13英寸臼炮的特制炮艇。法国的臼炮艇相对较大,能够携带2门12英寸口径的臼炮;而英国臼炮艇是较小的单桅船,由小型驳船改造而来,与拿破仑时代的大型战舰相差很远。其中2艘臼炮艇是在1854年年底由"德雷克"号和"辛巴达"号驳船改装而来[32],这样的改装艇也参与了进攻(表5-1)。

表5-1 英国改装臼炮艇配置情况

	"辛巴达"号臼炮艇(舷号2)	"皮克尔"号臼炮艇(舷号22)
长度	60英尺1英寸	70英尺
船宽	20英尺9英寸	23英尺4英寸
吃水	5英尺	8英尺4英寸
排水量	105吨	155吨
武器	1门13英寸海军臼炮(总重5吨)	1门13英寸海军臼炮(总重5吨)
弹药	446发炮弹,30发1磅近程炮弹,40发燃烧弹和1吨火药	446发炮弹,30发1磅近程炮弹,40发燃烧弹和1吨火药
人员	1名准尉或士官,16名水手,1名海军陆战队员和9名炮手	1名准尉或士官,16名水手,1名海军陆战队员和9名炮手

这些简单的、廉价的小艇只能在海军完全掌控海权的情况下使用。它们缺乏自卫能力,在恶劣的气候环境下,只能依靠大型战舰将其拖曳并安置在战位上。海军难以对其船员进行支援和供给,更无法在炮击结束之后将其拖离战场。因此在和平时期,它们很快就被弃置在一旁。然而,臼炮艇自17世纪问世以来,一直是海军对岸攻击的有效工具。臼炮艇能够以精确火力摧毁一定范围内的大型海岸设施,而不必像战舰那般顶风冒险。

尽管自19世纪20年代以来,英国皇家海军便再未使用过臼炮艇,20年中也并没有新增任何新型炮船,但对炮击作战的理论和实践却依然了然于心。

第五章　在不列颠的铁蹄下：炮击斯维堡（1855年8月9日至11日）

为运用这些武器，1804年英国就组建了"英国皇家海军陆战队炮兵部队"（RMA），然而在1831年格雷伯爵的改革行动中，炮击战术被彻底废止，新建炮艇的计划被取消，陆战队炮兵的人数也被削减了一半。海军大臣詹姆斯·格雷厄姆爵士对高级海军将领和射击专家的建议置之不理，他深信有壳炮弹能够取代笨拙的炮艇，同时本着节约经费的目的，对裁减炮兵、炮艇没有丝毫犹豫。[33]这种战术已被詹姆斯·格雷厄姆废除了20多年，他自然不愿看到它在1854年死灰复燃。

这些13英寸口径的庞大铸铁火炮长度约5英尺3英寸，重量101英担①。它们被安装在一个沉重的木制底座上，旨在减缓射击时接二连三的冲击力。臼炮发射爆破弹和燃烧弹，弹壳中填充松节油、动物油脂、燃料、硫黄、硝石、树脂和锑，使引燃的火焰难以扑灭。英国权威的海军炮术专家霍华德·道格拉斯将军撰写了大量文章，分析总结英国在法国大革命和拿破仑战争中的炮术经验，同时还制作刊发了炮弹射程表并提出了打击目标的种种建议。与"卓越"号海军炮兵训练舰上的那些年轻海军军官不同，道格拉斯是一个臼炮拥趸者。他抱怨英国过早地对这种武器失去兴趣，不再将其安装在蒸汽战舰上，这是一个不明智之举。如果在臼炮艇上安装这些造价低廉的火器，在轰炸敌岸的军火库时，无疑是"最有价值的利器"。他在1854年时这样写道：

"以高射角发射的臼炮炮弹应当得到应用，这种炮弹下降时的冲击力足以穿透弹药库或防御壁垒，爆炸后在建筑内部引发火灾，杀伤建筑中的敌军或使其产生混乱。如果炮弹击中海上船只，同样能够穿透、击沉船舶，或是引发爆炸，将其彻底摧毁……

"在4 000码的范围内，这种炮弹可以适用于打击任何敌军建筑，摧毁弹药库、营房、码头或是地下掩体，而且很少偏离目标。少量的13英寸口径炮弹就足以摧毁建筑物或破坏敌船。一艘臼炮艇，无须过多暴露，就能对分布广泛的敌堡和军火库造成极大破坏。相对4 000码的距离而言，这些敌军建筑都是庞大的打击目标，而臼炮艇却只是远处大海中的一个极小斑点。"[35]

从海岸固定的发射平台，以最大射程进行射击时，约50%的炮弹落点

---

① 1英担≈50.8千克。——编者注

集中在直径50码的区域之内。但从浮动平台上射击，其精度将会大大降低。尽管斯维堡海域风平浪静，也没有报告显示海上状况出现了什么麻烦，但射击精度依然受限。重达200磅的炮弹中装有7磅炸药，被18磅火药推动，以45度的射角发射而出，通过抛物线来保证精度。炮弹上安装了一个简单的起爆装置，可以粗略地控制爆炸时间，令其更有效地打击目标区域或穿透敌方建筑。炮弹发射后，起爆装置随炮弹慢慢升上天空，随后开始下降，炮手借此修正弹着点。在3 300码的距离内，每枚炮弹飞行时间约为27秒。一旦选定目标，便可通过调整装药或移动舰艇设定打击范围。[36]

当恢复这种老旧臼炮的呼吁水涨船高时，道格拉斯的文章保证了纽金特上校、威姆斯上校、皇家军官学院的军官及其下属军士们能够重整旗鼓，很快将前辈们使用过的武器运用得得心应手。威姆斯训练士兵们使用这种废弃已久的武器，同时还在实践中摸索出了一套快速射击的新方法。[37]之前的训练中，要求开火时缓慢而稳定，而新方法与此大相径庭。[38]苏利文（Sulivan）是一名专注且高效的副手，他了解当地风土，拥有布置臼炮艇所需的导航及测量技能。

准备工作

当舰队还停留在喀琅施塔得时，阿斯特利·库柏上校指挥的一艘小型蒸汽护卫舰"安菲翁"（Amphion）号已监视斯维堡2个月之久。他在船上进行侦察行动，干扰敌人向堡垒输送石块，并在夜间抵近监视敌军动向。[39]库柏将收集的信息传送给他的朋友、近岸航海专家苏利文。苏利文于8月2日乘"莫林"（Merlin）号到达了斯维堡，随行的还有几名军官和军事专家。虽然赫尔辛基的民众已被疏散至该城，但苏利文还是决意使用新炮艇发起打击。当晚，他利用探锚在前方海域寻找敌方布下的"诱杀装置"和电缆，但什么也没有发现。次日，他便着手标记浅滩并为己方舰队设下浮标。与苏利文一道前来的威姆斯上校，根据已获情报及己方兵力情况，制订了一个攻击计划。威姆斯于8月5日返回拿根，将该计划提交给邓达斯和彭瑙德（Penaud），并最终获得批准。[40]当天下午，一些炮船便被"黑斯廷斯"（Hasting）号、"康沃利斯"（Cornwallis）号和"安菲翁"号拖曳至

第五章　在不列颠的铁蹄下：炮击斯维堡（1855年8月9日至11日）

斯维堡。[41]参加攻击行动的炮船上都额外配备了重型武器——95英担和84英担的火炮——这是从停泊于拿根港的大型战舰上拆卸下来的。一些富有经验的军官和士兵也应募而来，负责操控火炮。[42]

当邓达斯于8月6日中午率舰队抵达斯维堡时，苏利文已经指挥大型战舰驶入了位于迈科罗德（Melko Roads）的一处安全锚地。护卫舰"欧律阿罗斯"（Euryalus）号、"傲慢"（Arrogant）号、"秃鹰"（Vulture）号及"魔术师"（Magicienne）号将臼炮艇从斯维堡对面的瑞威尔拖往前线。在拿根时，这些船舶已被漆成了铅灰色，用以掩饰本就不起眼的身形。"爱丁堡"（Edinburgh）号和"喷泉"（Geyser）号负责拖带弹药补给船"加尔各答"（Calcutta）号和"埃俄罗斯"（Aeolus）号。彭瑙德来得晚些，在傍晚时到达斯维堡。各类舰艇沿海岸排开阵势，场面壮观。虽然天气状况远非理想，但邓达斯依然期待能对沃根岛（Vargon island）的部分地区进行沉重打击。[43]从旗舰上观望，赫尔辛基城镇尽收眼底。连绵的丘陵后面驻扎着大批军队，在连接海滩和城镇的坡道上，挤满了看热闹的民众。城镇西边的办公大楼上悬挂着巨幅牌匾，上书"精神病医院"字样，但这根本不足为信。[44]

两位海军将领注意到，大量新修的炮台使海岸的军事形势复杂化了，因此，用臼炮对敌军弹药库进行打击就成为必然之举。于是，邓达斯下令进一步搜寻水雷，"威灵顿公爵"（Duke of Wellington）号、"埃克斯茅斯"（Exmouth）号、"彭布罗克"（Pembroke）号、"傲慢"号和"欧律阿罗斯"号奉命展开行动，但在格洛哈拉（Grohara）附近海域少有发现。[45]这说明，俄国人"布雷900余颗"的宣传纯属虚张声势。

由于对前方水域的测绘仍不尽完善，苏利文只好对所有战舰和炮艇的位置进行具体布置，尤其是支援舰队的4艘护卫舰。尽管如此，还是有几艘炮艇搁浅了。战舰和大型运输船被锚定在迈科罗德，此处与敌堡的距离大约为5 000码。由于此次炮击将完全依赖于苏利文的测绘图和他所在战位的船只，大多数人都认为苏利文会直接指挥行动。但邓达斯却将这项大任交付给了舰队指挥官佩兰特（Pelhant）和"欧律阿罗斯"号上的高级军官拉姆塞（Ramsay），"威灵顿公爵"号上的副官奥古斯都·霍巴特中尉则负责指挥臼炮艇。在这种安排下，苏利文反而被置于从属地位。

8月7日上午，苏利文将臼炮艇安置妥当。从萨尔托（Svarto）到华根

(Vargon)的海岸是此次攻击的目标,臼炮艇沿这条海岸线等距排开,组成一个弧形队列,弧形的中心部署了5艘法国臼炮艇。英国臼炮艇划分为三队,分别由威姆斯、劳伦斯和来自皇家军事学院的朔姆贝格负责指挥;炮船列成一队,围绕在臼炮艇前方,以达到压制火力及转移俄军炮手注意力的目的;4艘护卫舰被锚定在距臼炮艇约300码的后方,负责为其提供支援,补充弹药及人员。[46]桨轮船"暴龙"(Dragon)号、"秃鹰"号、"魔术师"号和"喷泉"号上都配备了桨式箱形小艇,用以运送战时负伤的海军官兵。[47]

在这支舰队中,英国海军的炮船及臼炮艇各有16艘,此外,还有法国方面的6艘炮船和5艘臼炮艇。由于法军的舰艇较少,邓达斯便同意他们将10英寸口径臼炮安放在亚伯拉罕沙洲(Abraham Holm)上。苏利文最初提议在一些小岛屿上架设炮位,但邓达斯担心此举太过冒险,因此予以拒绝。真正称得上战舰的,其实只有英国的2艘旗舰、3艘新式封锁舰、法国的3艘炮舰及炮术专家理查德·休利特上校指挥的"爱丁堡"号。对俄国人而言,极少量的大型战舰意味着联军不会发动大规模袭击。苏利文命令臼炮艇停泊在距战位约600码的后方,与最近的敌军炮台相距3 000码,开战时,利用长长的锚索就能将它们拖入战位。

在佩勒姆的鼓动下,邓达斯坚持让臼炮艇再退后300码。在征询陆战队炮兵指挥官威姆斯的意见之后,苏利文勉强表示同意。但他们也认识到,增加的距离将对舰船打击较远处的军火库构成阻碍。[48]佩勒姆敦促邓达斯将负责支援的护卫舰"暴龙"号、"秃鹰"号、"魔术师"号和"欧律阿罗斯"号战舰的阵位向后调整400码。然而,当命令下达之后,苏利文登上了这些护卫舰。在检视它们的船锚后,他又改变了主意,拒绝将臼炮艇向后移动。[49]

8月7日晚些时候,苏利文又登上了臼炮艇。他发现,由于锚索太短,船舶很难被拖到指定位置。随后,他凭借自己的权力,将攻击时间推迟一天,并下令船只回到原处系泊。[50]同时,《泰晤士报》上也刊载了邓达斯的信件和报告,将推迟攻击的原因归咎于法国人正修建他们的炮位。[51]8月8日,英军用了整整一天的时间,将所需的锚和锚索送上各艘臼炮艇。炮船放下了它们的备用小艇,向奥特濠岛(Oterhall island)运输备用齿轮和多余的配件。[52]那一天,俄国一位皇室成员正好从军火库经过,此人便是沙皇的兄弟君士坦丁大公，同时担任俄国海军部长之职。

炮击行动

8月8日晚，苏利文奉命登上臼炮艇。他发现，本应被拖到战位的炮艇一动不动地待在原地，船员们在呼呼大睡。这次又是佩勒姆的失误，他似乎认为，没有指挥权的苏利文已将一切安排妥当。8月9日凌晨1时，拉姆塞派出的炮艇进入战位。邓达斯也在凌晨4时30分登上了靠近前线的"默林"（Merlin）号甲板，以便鼓舞部队士气及指挥作战。[53]位于亚伯拉罕沙洲的法国臼炮艇和炮位用了很长时间才准备就绪，早晨7时25分时，联军的攻击才终于开始。威姆斯指挥的英军炮艇"皮克尔"号打响了第一炮，之后其他臼炮艇便纷纷开火了。尽管炮船"狂怒"（Pelter）号、"斯塔林"（Starlting）号、"西斯尔"（Thistle）号几乎同时加入了战斗，向敌军工事及其他目标猛烈开火，但也有不少炮船在战争打响后的近一个小时都没能打出一炮。[54]海风轻拂，风力不超过1级，上午时分是北风，而到午时则转为东南风。[55]

苏利文和威姆斯已经选定了目标，他们将主要地标连成一线，利用精确的测距达到最佳效果。当第一枚炮弹准确命中目标时，苏利文大大松了一口气。在接连6天的辛苦工作之后，他如释重负，激动地在"默林"号的明轮罩上手舞足蹈起来。威姆斯决定，在短时间内把尽可能多的炮弹倾泻到敌军阵地，将其化为一片火海，使敌军的灭火行动徒劳无功。1813年建造的"咆哮者"（Growler）号臼炮艇，在第一个小时内就发射了30枚炮弹，这是史无前例的壮举，远远超越了新造臼炮艇的战绩。臼炮艇上的陆战队官兵拉下羊毛军帽的帽边，或用棉花塞紧耳朵，以减轻炮声对听力的损害。[56]尽管如此，在行动结束后，他们还是暂时丧失了听觉，数日后才得以慢慢恢复。[57]

驻守的俄军用猛烈的炮火还击，几乎要塞的每门火炮都派上了用场。联军臼炮艇和战舰被笼罩在硝烟之中。俄军的炮弹不仅能够打击臼炮艇阵线，甚至还接近了旗舰的所在，但造成的伤害却微乎其微。几艘臼炮艇被弹片击中，一两名船员受伤。开战一小时之后，俄军不再随意开火，只使用少量能够打到臼炮艇的远程火炮和臼炮射击。英军炮船压制着俄军火

夜袭。英国皇家海军的火箭船正向斯维堡猛烈开火，标志性的火焰和长长的发射筒颇引人瞩目。（国家海事博物馆，伦敦，编号：58/433）

力，用强有力的重炮进行准确打击，将俄军搅得心烦意乱。"喜鹊"（Magpie）号接到舰队指挥官指令，攻击各个目标，它整个上午都在奥特濠岛内侧来回游弋，不停地向斯维堡开火射击。[58] "鹳"（Stork）号和"鲷鱼"（Snapper）号都装备有"兰开斯特"火炮，直接由休利特船长指挥。它们与一些臼炮艇一起攻击俄军的一艘三层甲板船。这艘俄军战船配有远程大炮，一直纵向停泊在贝克岛和古斯塔夫斯瓦德岛之间，封锁了进入港口的主要通道。在开战第一天，它至少被20枚臼炮炮弹及2枚"兰开斯特"火炮炮弹击中，100名船员伤亡，船体也受到了严重破坏。它趁着夜色撤离此地，躲到了东斯瓦尔图（East Svarto）一座教堂的后面。英军另有5艘炮船归普里迪指挥，其中"斯塔林"号是这位指挥官的旗舰，它们与设在西面堡垒的敌军炮台战得如火如荼。其余炮船被用于东部，泊于臼炮艇后方的护卫舰舰长负责指挥这些炮船行动。偶尔有一些过度兴奋的船员头脑发热，将炮船开进了苏利文明确标出的危险海域，所幸没有遭受严重的伤害。譬如下午2时左右，"喜鹊"号就不得不将撞上暗礁的"斯奈普"（Snap）号拖曳出来。

第五章　在不列颠的铁蹄下：炮击斯维堡（1855年8月9日至11日）

在苏利文和威姆斯的设计之外，邓达斯添加了额外的牵制性攻击计划，虽然无须额外增派军队，但也着实难以服众。8月8日晚些时候，他命令"康沃利斯"（Cornwallis）号封锁舰舰长乔治·韦尔斯利带领"黑斯廷斯"号和"安菲翁"号，前往攻击设在斯托拉-米奥罗（Stora Miolo）的俄军炮台。斯托拉-米奥罗位于萨德哈姆，与斯维堡相距6英里。韦尔斯利对船舶锚地进行过侦察。[59]晚上8时刚过，几艘战舰便展开了行动，它们依靠蒸汽动力及前桅帆疾行，进入有利的射击位置，避开炮火的袭击。"安菲翁"号开进到距炮台2 000码的距离内，其主帆桁几乎被一枚炮弹一穿而过，船体轻微损坏，几名水手受伤。"康沃利斯"号被击中了19次，遭受了一些人员伤亡。"黑斯廷斯"号较为谨慎，它停在了与炮台相距2 500码的海面上。在这样的距离内，俄军的炮弹虽然时时袭来，却总与"黑斯廷斯"号擦肩而过。晚上10时，4艘俄军炮舰从斯塔荷姆（Starholm）和埃科荷姆（Eckhom）两个小岛之间驶出迎敌，它们的射程短了50码，很快便被"黑斯廷斯"号的10英寸口径火炮赶了回去。[60]到10时35分，英军3艘战舰驶离战场并抛锚。"安菲翁"号总共发射了550枚10英寸、8英寸炮弹和32磅炮弹。"康沃利斯"号射出了250枚，"黑斯廷斯"号射出374枚。[61]英国方面有14人受伤，部分舰只受损，俄军一座炮台损毁。苏利文批评这次行动，认为这是毫无意义地葬送人马。[62]

在8月9日上午，攻击开始前，耶尔弗顿舰长指挥的"傲慢"号与"哥萨克"（Cossack）号、"巡洋"（Cruiser）号被分派到群岛西部，监视俄国军队和炮船的动向。上午7时，"傲慢"号一度短暂搁浅，但很快摆脱了困境。半小时后，它停泊在了德拉姆西诺岛（Drumsio island）附近。耶尔弗顿发现大批俄军正浩浩荡荡地穿过林中的空地，在横贯岛屿的临时防护土墙后面占据险要位置。10时30分，这3艘战舰开火了，打乱了俄军的部署，11时30分，俄军力不能支，开始全线撤出阵地。下午1时，英军停火。傍晚时分，以"傲慢"号为首的舰队返回并加入了主力部队当中。次日，"傲慢"号又前往德拉姆西诺岛附近巡航，但这次没能发现有价值的目标。[63]

8月9日上午10时，华根岛的俄军建筑已经笼罩在大火之中。10时25分时，又发生了两次大爆炸。中午，古斯塔夫斯瓦德岛或华根岛上再次传出了巨大的崩裂声。随后，一连串爆炸接踵而至，至少传来20多次惊天动地的巨响。更令人心惊的是，在几分钟之内，古斯塔夫斯瓦德岛上的一座新建大型炮台便土崩瓦解，周围一片整洁的绿地也霎时散满不成形的石块、泥土和朽木。英军士兵们对他们的战果大为满意，他们操控着索具，接连发出了三阵热烈的欢呼。此时，原本聚集在赫尔辛基城外的围观者们也纷纷四散而逃。[64]大火燃烧了整整5个小时，最终战果也在威姆斯的意料之中。战后，俄方官员承认，熊熊火焰使得所有消防努力都化为了泡影。[65]午后，邓达斯看到岛上的火势已减弱，便允许臼炮艇靠近岸边，在那里，它们可以准确地射击海岸防御工事和建筑物。事实上，英国人也没有理由大事庆祝，他们的臼炮艇缺陷颇多，有的因悬挂系统故障而从行动中撤离，还有的为保护炮管不得不放缓开火速率。[66]到下午3时30分，华根岛中部的军事要塞也陷入了一片火海之中。

下午6时30分，邓达斯召回了臼炮艇，因为在天黑后，它们将面临搁浅的危险。臼炮艇退回舰队之中，补充弹药、食物和水。几艘大型船舶用了整整一夜时间向臼炮艇和炮船运送弹药。[67]"獾"号开到旗舰近旁，被高高吊起以便置换其受损的8英寸火炮。[68]舰队派出的20艘战船取代了参战的炮船，它们由"威灵顿公爵"号的舰长考德威尔指挥。从晚上10时15分开始，这些战船使用24磅"康格里夫火箭"对敌岸持续进行了3个多小时的打击，为之前的战果加火添柴。与此同时，呼啸而过的东北风也使岛上烈火燃烧得愈加猛烈了。来自"安菲翁"号、"康沃利斯"号与"黑斯廷斯"号的9艘舰载船袭击了一艘泊于金士赫姆（Kingsholm）和萨德哈姆之间的俄国三桅战舰，但没有成功。[69]"黑斯廷斯"号上的2名船员与"欧律阿罗斯"号上的4名船员在火箭弹炸膛的事故中挂彩。与此同时，英军射出的火箭弹穿透了己方"秃鹰"号舰载船艏部，导致更多人受伤。火箭船不停射击，直到凌晨2时30分才停止行动。在夜间，臼炮艇降低了炮击速率，其中一些因维修需要而被拖离了战场。

第二日

在华根岛和斯瓦尔图岛上的大部分建筑被摧毁后，苏利文建议邓达斯派4艘臼炮艇向前开进400码，以便次日继续攻击。2艘法国臼炮艇也随同行动。这些炮艇于凌晨4时15分再次开火，即便如此，由于炮管的缺

第五章 在不列颠的铁蹄下：炮击斯维堡（1855年8月9日至11日）

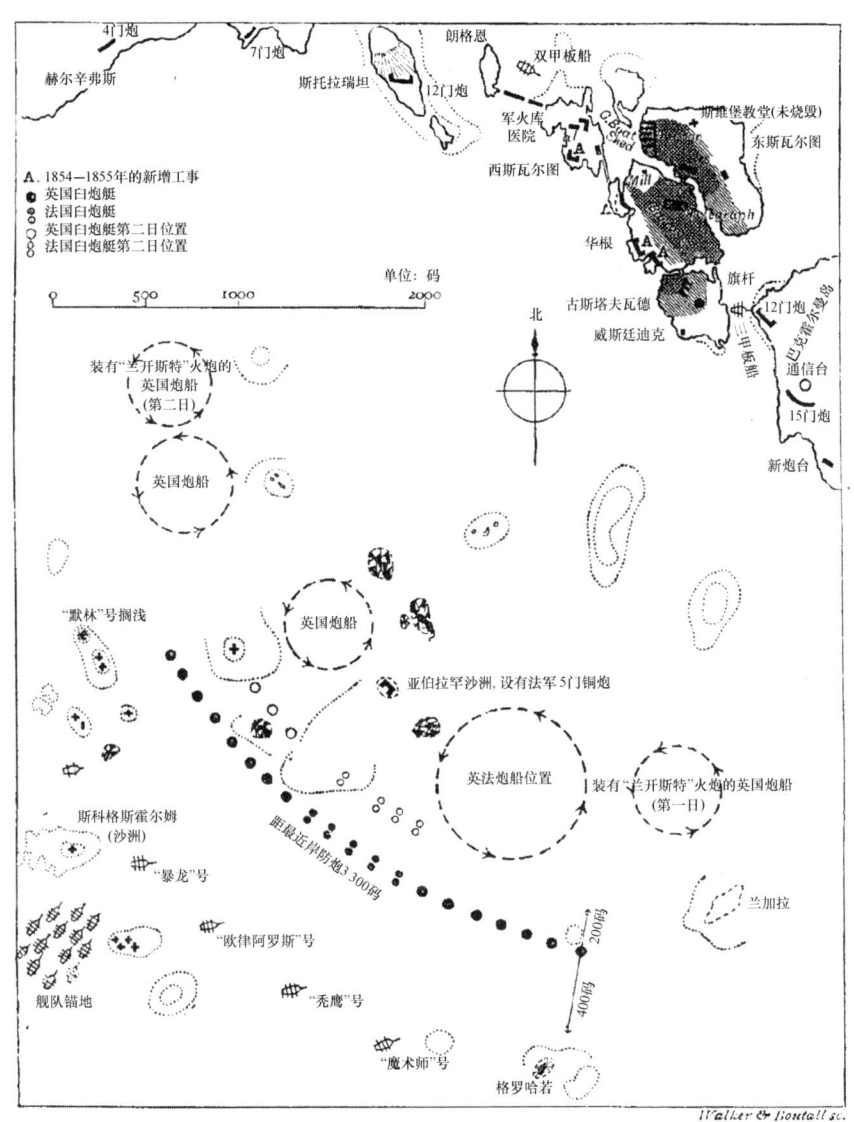

1855年，炮击斯维堡。远处的阴影显示出炮弹所覆盖的范围。（图片来自威廉·莱尔德·克洛斯的著作《皇家海军历史》，卷Ⅵ）

陷，英军的炮火仍难以覆盖距离较远的军火库，而体积较小的法国臼炮艇就更无从谈起。英国人对臼炮射程受限十分焦虑，不得不把炮船纳入考虑范围。凌晨5时，休利特上校巡视了几艘炮船，之后便命令它们将打击目

91

标由敌军炮台转向军用码头及附属建筑。[70]包括"鹳"号在内的其他船只,整个上午都在"对付那些向我们开炮的要塞"。[71]

从英国海军炮船艏部,能够清楚地看到斯维堡弹药库爆炸的火光,左边是赫尔辛基市政厅,右侧是俄军战舰"露西亚"号,该舰前方有一艘英国臼炮艇。(国家海事博物馆,伦敦,编号:8084)

8月10日,炮船又对敌阵地展开猛烈攻势。它们再次受到了俄军的"热烈欢迎",俄方利用夜间短暂的间歇增设岸防武器——火炮,同时还加固了他们的炮台。由于英舰的炮弹大多倾泻到军火库近旁,大部分炮台都得以幸存下来。俄军的炮弹依然只能打到英国炮船近旁,偶尔擦过臼炮艇,但没有造成任何重大损失。军火库所在地的火势整整一天都未减弱,火焰从华根岛北部燃起,最终蔓延到东斯瓦尔图的船坞仓库一带,"东斯瓦尔图的船坞及周边建筑皆陷入漫天火海之中"。一支由桨船组成的俄军小舰队在熊熊大火中灰飞烟灭,而华根岛上的兵营和库房自然也在劫难逃。由于一些臼炮艇发生了故障,英国皇家海军未能对西斯瓦尔图进行打击。下午,余下的臼炮艇加入进来,小规模的补给使攻击行动得以持续下去。这天,前线的风向变化莫测,在东风与东南风之间徘徊不定。[72]

第五章 在不列颠的铁蹄下：炮击斯维堡（1855年8月9日至11日）

晚上 8 时 30 分，邓达斯所在的"默林"号在巡视臼炮艇阵线时不慎卡在了岩石的缝隙之中。[73]尽管船员关闭了发动机，卸下了物品和弹药，附近几艘船只也赶来帮忙，但"默林"号依然无法脱离。不久，"鹳"号炮船遇上了同样的麻烦。两艘船的遇险位置都在敌军岸炮的最大射程范围之内，但幸好没有中弹。晚上 9 时整，臼炮艇停止了射击，撤回并补充弹药物资。拉姆塞此刻注意到"整个要塞的内部已经燃起了烈焰"[74]。当晚 10 时，英军一支火箭船队在另一支分队的协助下展开攻势，而俄国人则从古斯塔夫斯瓦德岛和瑞坦岛上开炮还击。此外，一些臼炮艇也慢腾腾地射击了整晚。东斯瓦尔图的东北部和西部已被一片火海所淹没。用海军准将佩勒姆的话说："岸上烈焰亮彻夜空，大有冲天之势。" 8 月 11 日凌晨 2 时 30 分，火箭船撤出战斗。[75]在这之后，俄国人再未开火还击。

8 月 10 日，"蹂躏"号臼炮艇突然爆炸，半段炮管被冲击波抛过了船艏，另一半则撞到了前甲板的栏杆柱，幸运的是，没有人在爆炸中伤亡。支离破碎的炮座向人们展示了事故的起因：射击时，火炮底座处逐渐形成了一个核桃大小的孔洞，每次开火，孔洞便会逐渐增大，使金属炮管出现裂缝，最终撕裂臼炮，导致炸膛。[76]维修船"火山"（Volcano）号于当天上午抵达，停泊在臼炮船队附近。[77]机械检查员伍德与其他机械师将融化的金属锌灌入孔洞和裂缝处，修复炮筒。"烽火"号的武器经过了 6 次维修，每次修复后，只要打上 30 多炮，炮管便会再次开裂，这就需要更换新的炮管。但查尔斯·伍德爵士之前已经决定不向舰队运送任何备件。8 月 10 日晚，又有 2 艘持续射击的臼炮艇发生炸膛。法军 12 英寸口径火炮能够填装 22 磅火药射击，而英军的 13 英寸火炮填装 18 磅火药射击就遭到损毁。8 月 11 日凌晨 3 时，威姆斯前去拜访苏利文，劝他说服将军停止射击，因为所有余下的臼炮艇几乎都存在隐患，随时可能发生灭顶之灾。

为臼炮艇提供火力支援的是两支火箭船小队，分别由考德威尔和"彭布罗克"号的西摩船长指挥。在浓郁的夜色下，这些火箭船使敌岸的大火经久未熄。但一枚过早爆炸的火箭弹也伤及到"秃鹰"号上的一名水手。这一夜，共有 3 艘臼炮艇损毁，人员损失不算严重，但这样一来，海军能够放心使用的武器只剩下了 4 种。8 月 11 日凌晨 3 时 45 分，停火命令下达。英军开始将臼炮艇拖离战场。而法军的臼炮仍继续射击了一段时间。[78]

8 月 11 日，邓达斯花了整整一个上午寻找彭瑙德，想与他商议是否结束炮击行动。最后的行动是,法舰"图维尔"号上的一位见习军官带着所属炮船去攻击停在兰霍恩和西斯瓦图的俄军双层甲板战舰"伊齐基尔"(Hezekiel)号。这种狂热之举在炮船搁浅之后草草收场。彭瑙德本想放弃这些炮船,但在黎明到来前这些炮船又重新漂浮起来。不久,俄军军火库腾起的火光标志着英军又取得了一个重大战果。由于该区域已经没有重要的打击目标,臼炮艇的状况又十分堪忧,因此邓达斯希望黎明时海军停止作战行动。彭瑙德在深思熟虑之后,欣然同意邓达斯的决定。[79]到目前为止,虽然有许多炮台尚存,仍有能力射击射程内的联军,但事实上,俄军的反击基本已经停止了。而"默林"号也终于在下午1时30分出浅。

此次行动取得显赫战果,俄军军火库被摧毁,联军方面损失轻微。邓达斯和彭瑙德当晚通过通报舰"鹈鹕"(Pelican)号向基地发送电报。次日,两个人又乘坐小型汽船"闪电"号在附近海域评估俄军损失情况。晚上,一艘英国快艇在不经意间也加入了观察者的行列,这是许阁森牧师的"小宠物"号。由于离岸太近,它遭到了俄军岸炮狂风骤雨般的"欢迎"。虽然这位愚蠢的教士幸运地全身而退,但他的窘态却被"欧律阿罗斯"号的舰长拉姆塞看在了眼里。据拉姆塞所言:"俄军要塞向近海巡游的家伙开火,并派出了风帆战船。"[80]"在停火后的很长一段时间里,俄军的军火库仍在燃烧,而8月12日午夜过后,华根岛中部仍包裹在一团狂暴的火焰当中。"

撤退及战后反响

虽然邓达斯很少在公开场合赞美别人,但他还是夸赞苏利文说:"每个人都深知,此役元勋非你莫属。"[81]这是理所当然的:在1855年的战役中,一切有价值的行动都是苏利文负责指挥,而邓达斯的贡献则并不突出。此次炮击行动摧毁了俄军3/4的军火库,同时也使联军避免了重大人员损失。虽然苏利文和威姆斯还意犹未尽,但其成果确已超过了所有预期。在邓达斯的战果汇报公布之前,英国皇家海军委员会已将所有臼炮事故记录尽数删除。在此之前,彭瑙德曾一度头脑发热,他向邓达斯提出了各种各样的疯狂计划,包括直接攻击俄国军港和炮轰赫尔辛基等。苏利文对此早有预料,于是报告说赫尔辛基的市民已被疏散,消防准备也已就

第五章　在不列颠的铁蹄下：炮击斯维堡（1855年8月9日至11日）

绪。幸运的是，一是出于人道主义精神，二是因为英国臼炮艇数量不足，进攻计划终被放弃。[82]8月13日清晨，联军舰队和臼炮艇编队正式起航，接着穿过拿根湾，在中午之前返回本方基地。当日晚些时候，彭瑙德报道说，俄军18艘战舰在基地被击毁，2 000余人丧生，军火库遭到严重破坏。战后，俄方承认损失了6艘战列舰、2艘护卫舰和一艘武装快艇，约250人伤亡，但却没有公布基地的受损情况。[83]

炮袭斯维堡是小规模兵力恰当运用的典型战例，以极小代价换取了较大战果。正如库珀·基所看到的那样："除一些大型建筑物外，包括堡垒在内的整个要塞毁于一旦。当我们离开斯维堡时……壁垒森严的敌军阵地已是面目全非。"[84]《泰晤士报》战地记者的喜悦之情更是溢于言表："这场'飓风'……将对俄国带来严重影响，俄国人凭险固守的决心土崩瓦解，其海岸线上的每座市镇都禁不住瑟瑟战栗。"[85]斯维堡战役不仅是一次卓有成效的行动，同时也在战争的关键时刻鼓舞了英国人的士气。黑海舰队司令埃德蒙·里昂爵士在一份报告中说，这个消息"使我们每个人欢欣鼓舞"[86]。伍德对此次胜利也十分满意："我承认，它大大超出了我的预期……我已无法提出更高要求……它以最小的代价重创敌人。"[87]指派邓达斯指挥行动的詹姆斯·格雷厄姆爵士在祝贺他获胜的一封信中，透露了任命其为指挥官的原因："你的审慎策划和杰出成就令人瞩目，不负众望，不辱使命。"[88]

虽然邓达斯在8月11日的电报中宣告战斗胜利，但9天之后，臼炮艇事故的消息还是传到了伦敦。在8月13日上午返回拿根后，邓达斯准备让这些臼炮艇返回英国。它们在3艘巡洋舰的护卫下，分别于8月17日及18日离开港口。一旦平安地驶过海湾，它们就将独自开往埃尔西诺，在那里，1艘巡洋舰和1艘运输船将协助臼炮艇穿过斯卡角（Skaw）。然而，对此事一无所知的英国海军部却指派蒸汽战舰"盖世无双"号装载8艘新的臼炮艇前来助战，另外2艘汽船则负责运载弹药。次日，他们又命令"盖世无双"号拆卸甲板下层火炮，以腾出空间运载16艘臼炮艇。伍德此时已经下定决心，在他看来，如果邓达斯因缺乏装备而错失良机，那么必然得不偿失。在此之前，伍德的策略仅限于封锁敌港，而斯维堡之胜激励了他的斗志，他积极地要求实施另一次炮袭行动。8月24日，邓达斯接到上司电报，要求他继续保留臼炮艇，并等待"盖世无双"号抵达。邓达斯回电报告，臼炮艇编队已经返程，新炮艇的加入也只是徒增烦恼，调度时还要分兵保护。他同时声明，虽然臼炮口碑颇佳，但实际上其底座存在缺陷。幸运的是，伍德更关心海军对喀琅施塔得的进攻准备，并不想与邓达斯做无益的口水之争。[89]

炮击斯维堡是英国皇家海军最大规模使用臼炮的行动，同时也是最后一次。随着线膛炮的发展，在塞瓦斯托波尔和美国内战中发挥了关键作用的臼炮逐渐淡出了人们的视线。[90]在炮击塞瓦斯托波尔的行动中，英国使用了 8 英寸和 10 英寸口径的陆军臼炮、轻型臼炮以及 13 英寸口径的海军臼炮。从 1855 年 4 月初至 8 月 9 日，仅 13 英寸臼炮就发射了共计 40 000 枚炮弹，平均每日发射 2 500 枚。在此期间，平均每门炮都射出了 3 000 多枚炮弹，只有一门老旧的陆军炮发生炸膛。[91]大量炮弹对这座俄国城市造成了严重破坏。特别是对那些前线附近用来收容大量兵员且深藏地下的防爆避难所，臼炮的打击效果极其显著。

在斯维堡战役中，这种可怕的毁灭性武器表现出色。共计有 3 141 枚炮弹飞向了俄军阵地。100 吨火药为 1 000 吨炮弹提供了击发能量。法国人发射了 2 828 枚炮弹，而"蹂躏"号上装备的火炮只使用了 94 次，"咆哮者"号的火炮使用达到 355 次。但是，16 门臼炮中有 9 门只发射了不到 200 枚炮弹，只有 2 门发射了 300 多枚。11 门臼炮经过修复，其中有几门还修复了不止一次。"咆哮者"号无需维修，这显示了这艘服役期将尽的臼炮艇的确质量出色。其他臼炮的故障反映了其在铸造及钻孔方面存在缺陷。罗伯茨上校设计的悬挂装置投入了实践，它使臼炮不必固定在炮座上，用以减缓后坐力，在战斗中经受了检验。采用了悬挂装置的"咆哮者"号，在战斗行动中达到了最高的射击效率。而"乖戾"（Surly）号和"德雷克"（Drake）号的悬挂系统，在战斗第一天就出了故障，"蹂躏"号也在射击 90 多次之后发生损坏。虽然罗伯茨的改进具有进步性，但威姆斯注意到，它使炮管更换变得更加困难。为 1856 年战役所定制的几艘臼炮艇正是基于罗伯茨的设计。苏利文和威姆斯一致认为臼炮艇是一种易损耗的装备，应该被常用武器所取代。[92]

在斯维堡，炮船的表现同样可圈可点。"喜鹊"号报告说，两日内打出了 534 枚炮弹，其中 10 英寸炮打出 360 枚，68 磅炮打出 174 枚。[93]配备相似武器的"狂怒"号发射炮弹 270 枚。[94]但是，这些炮船也有不尽如人意之处。在1855年,每艘炮船都要配属一艘大型战舰。而1856年时,随着炮船队伍由20艘扩展至200艘,新的作战体制呼之欲出。炮船队被划分为4个小队,由一名高级军官负责指挥,它们作为蒸汽舰队的一部分参与军事行动,被用作小型舰艇的母舰及弹药补给船。[95]

斯维堡之役后,英国人将目光转向了喀琅施塔得。英国皇家海军集结在芬兰湾,准备在下一季度发动一场大规模攻势。"爱丁堡"号留下巡视周边海岸。根据当地报纸报道:俄国人试图淡化英军炮击行动的意义,但芬兰人则走向了另一个极端。[96]邓达斯刚说服伍德召回臼炮艇,彭瑙德就制造出了攻击瑞威尔的远程火箭炮。幸运的是,军方的特别命令及时到达,限制其在喀琅施塔得的使用。[97]

邓达斯推测,是铸炮金属的品质问题导致臼炮艇事故频发。在此之后,英国首相帕麦斯顿呼吁对博玛尔森德的老式俄国火炮进行翻新和重铸。同时,英国也向瑞典多次交涉,希望该国能够供应更多的铁矿石和臼炮。[98]为确保1855年的问题不会再次出现,1856年,英国军械署奉命订购200门13英寸口径臼炮,而用作炮击平台的新臼炮艇和铁壳船也在建造之中。[99]对于铸造射程更远的线膛臼炮,英国军方也着手进行研究。另外,一系列科学研究也轰轰烈烈地展开,以寻找更合适的铸炮金属。[100]在帕麦斯顿勋爵的热情支持下,罗伯特·马利特设计的能发射2 500磅炮弹的36英寸口径臼炮已经获得了订单。然而,由于这型臼炮没有及时交付,因此没能在1856年年初的战役中崭露头角。[101]在1856年,支援臼炮艇编队作战的,是装备90门火炮的"伦敦"号和"罗德尼"号大型战舰,它们作为臼炮艇的补给舰,随时准备为其提供弹药物资,进行装备维修、更换等工程支持。[102]

斯维堡战役结束后,苏利文几乎无事可做。他于10月下旬离开了波罗的海,为海军毫无意义地攻击不设防的目标而愤懑不已。回到英国之后,军方对1856年战役的讨论使苏利文的热情很快重新燃烧起来。当黑海舰队于10月17日成功炮击金伯恩的消息传来时,更引燃了苏利文原本炽热的情绪。英国海军在这次行动中动用了铁甲舰、臼炮艇、炮船、战舰及陆战部队,摧毁了大量俄军炮台,并占领了这个要塞。[103]11月6日,伍德和苏利文一致认为,浮动炮台将在攻击喀琅施塔得的行动中扮演至关重要的角色。11月30日,在基尔与法国元帅康罗贝尔(Canrobert)会晤之后,邓达斯得知法国人欲在 1856 年将大批军队派往波罗的海。但他仍然相信俄国人可能会死守喀琅施塔得。[104]出于对俄国蒸汽炮船的恐惧，邓达斯呼吁建造更多舰艇，包括搭载远程火炮和臼炮的浮动炮台，再加上 12 艘一级战列舰。

无论对英国人还是俄国人来说，斯维堡的教训都十分深刻。使用炮击舰队进攻海岸堡垒的战术已经得到实战验证，通往喀琅施塔得的大门业已打开。作为对象，斯维堡与和喀琅施塔得两地的本质区别，在于攻击的规模和目标。在斯维堡，海军主要战略目标是摧毁敌方军火库、兵工厂及其附属设施，所以海岸炮台被置于次要位置。1855 年的炮击将作为俄国海军基地的斯维堡焚毁殆尽，同时也摧毁了军火库中的许多战舰和船舶。然而，苏利文、邓达斯和伍德一直心知肚明的是，在帕麦斯顿和英国女王看来，斯维堡对俄国其实并不那么重要。在炮击斯维堡之前，英国进攻赫尔辛基的道路已是畅通无阻，军队的铁蹄随时可以践踏芬兰的每个角落，与俄军海岸炮台过多纠缠不仅徒劳无益，还可能会得不偿失。相比之下，喀琅施塔得的炮台却据险扼要，锁住了通往圣彼得堡的关键水道。海军必须摧毁炮台以打开通往俄国首都的门户，同时还需要应对俄国舰队的纠缠。

要摧毁喀琅施塔得，英、法舰队就不得不面对数个由花岗岩筑成的巨型堡垒，这就需要依靠持续的臼炮轰击，此后还要在近距离集中火力，进行猛烈打击。炮击舰队及装甲舰队的力量被大大扩充了，为来年的进攻做准备，苏利文也因此而信心十足。在他看来，这支舰队足以消灭岛屿北部岸炮，摧毁敌军军火库，继而依靠臼炮艇逐个扫除火力有限的圆形岸防堡垒。[105]喀琅施塔得一旦沦陷，就意味着俄国首都的大门洞开，这对俄国国家威望也将造成重创。而 1855 年英国集结的海军力量，即便算上臼炮艇及法军部队，也不足以攻下喀琅施塔得。如果打击力度不够，不能一击制胜，那么结果可能会适得其反——攻击反而向俄方指明了防守的薄弱之处，只要一个冬天，俄军就可恢复元气。

1855 年，英国在波罗的海的行动没有产生决定性的结果，只是实现了几个重要战略目标。首先，它迫使俄国人进行战略调整，俄方不得不在海岸沿线维持约 30 万人的庞大军队。其次，小规模打击行动使英国占据了道德上的优势，同时也打击了敌人的士气。最后，斯维堡之役的经验教训为日后进攻喀琅施塔得指明了方向，战斗中暴露出的种种缺陷在下一季度到

第五章 在不列颠的铁蹄下：炮击斯维堡（1855年8月9日至11日）

来前得到及时纠正。对斯维堡的攻击动摇了俄国人的信心，使他们相信喀琅施塔得同样不堪一击。滨海武力投射的新战术与1855年年末的外交活动和战略发展默契配合，这所有的一切都是为了来年在波罗的海打好决定性的一仗，最终依靠强大的武力后盾逼迫俄国走到谈判桌前，逼迫其接受联军的条件，彻底结束战争。在1854年和1855年，由于臼炮艇、武器和军队严重短缺，英国皇家海军的打击能力受到了严重限制，尽管如此，波罗的海的作战行动也重创了俄国经济，并迫使其抽调大量人力和物资捍卫它的北部海岸。1856年3月，英国海军进行了一次行动，军方预期保守却战果显著。这预示着当年必将取得丰硕成果。

《巴黎条约》于1856年3月30日签署，随后，英国为庆祝圣乔治日（St. George's Day）组织了一次规模庞大的舰队检阅活动。波罗的海舰队围绕锚泊地列队游行，并对朴次茅斯的南海城堡进行了模拟炮击。其目的是向现场的联军、中立国及前敌国军事代表们展示皇家海军的强大威力，借以威慑诸国。[106]根据《泰晤士报》报道：

"一个全新的海战体系已经建立起来……我们现在能够发动真正的进攻性战争，不仅是针对敌国舰队，还包括港口、堡垒和河流在内的所有据点；不仅依靠封锁手段，还能够将矛头直插敌方的心脏地带。"[107]

在应对19世纪40年代法国舰队带来的特殊威胁时，英国形成了一套自己的战略思维框架，这种思维在战斗实践中逐渐成熟，并已发展成为一种灵活的作战或防御手段，可以应付任何海上威胁，维护英国海洋利益。威姆斯认为：

"海上垂直打击的技术日臻成熟，对掌控海权的强国而言，它的作用无可替代。事实很可能是，这个强国仍是我们的国家！"[108]

道格拉斯·霍华德爵士依然确信，升级为线膛火炮的臼炮是海战制胜的关键。配备足够臼炮和线膛炮的蒸汽舰队可以摧毁任何敌军工事，同时还可以有效地保存自身。[109]尽管1855年炮击斯维堡是英国军方采取的唯一行动，但是，在19世纪结束之前，他们曾三次计划故伎重演。1863年、1878年和1885年分别发生在波兰、土耳其和阿富汗的军事危机，为英国的军事解决提供了可能性。在三次危机中，英国军方都曾向苏利文寻求建议。1878年，库珀·基升为波罗的海舰队指挥官，到1885年时，他已成为海军大臣。[110]俄国政府也通过加强斯维堡、喀琅施塔得和芬兰海湾地区的防御能力来应对英国的威胁。在近一个世纪的时期里,这种全球军事投射和威慑能力使大英帝国极大受益。不仅是斯维堡,在喀琅施塔得、瑟堡、土伦、布雷斯特、纽约、波士顿、查尔斯顿、威廉港和基尔等各地的石头上,都铭刻着不列颠的卓越战绩,这些都是其战略成功的最有说服力的证据。在特拉法尔加战役和第一次世界大战期间,每个拥有海岸线的海洋强国无不对英国皇家海军的力量心怀敬畏。斯维堡的炮击就是其力量的最有力示范,虽然这仅是全面进攻喀琅施塔得计划实施之前的一个"热身赛"。

附:

臼炮艇定购/改装情况

定购/改装日期:	具体情况
1854年10月	2艘臼炮艇("德雷克"号和"辛巴达"号)由轻型船只改装而成。定购10艘臼炮艇
1854年11—12月	定购44艘臼炮艇
1855年11月	定购50艘臼炮艇

参与斯维堡行动的盟国舰队

英国舰队

战舰		
"威灵顿公爵"号	131门炮	海军少将邓达斯的旗舰
"埃克斯茅斯"号	91门炮	海军少将西摩的旗舰
"安菲翁"号	40门炮	快速战舰　舰长库珀·基
"傲慢"号	49门炮	快速战舰　舰长耶尔弗顿
"欧律阿罗斯"号	51门炮	快速战舰　舰长拉姆塞
"康沃利斯"号	60门炮	封锁舰　舰长韦尔兹利
"爱丁堡"号	60门炮	封锁舰　舰长休利特
"黑斯廷斯"号	60门炮	封锁舰　舰长卡芬
"彭布罗克"号	60门炮	封锁舰　舰长西摩

第五章　在不列颠的铁蹄下：炮击斯维堡（1855年8月9日至11日）

巡洋舰

"暴龙"号	舰长斯图尔特
"魔术师"号	舰长范西塔特
"巡洋"号	舰长道格拉斯
"哥萨克"号	舰长范肖
"秃鹰"号	舰长格拉斯

小型辅助舰艇

"默林"号	测量船	船长、测量官苏利文，指挥官迪尤
"喷泉"号		
"蚱蜢"号		
"闪电"号		
"火山"号	维修船（1855年8月10日抵达）	
"拜耳艾"号	医院船	
"爱丽斯公主"号	运输船	
"加尔各答"号	弹药补给船	
"埃俄罗斯"号	弹药补给船	

臼炮艇：

"烽火"号、"布莱泽"号、"卡伦"号、"德雷克"号、"抓斗"号、"咆哮者"号、"蹂躏"号、"曼利"号、"獒犬"号、"皮克尔"号、"海豚"号、"敏捷"号、"知更鸟"号、"火箭"号、"辛巴达"号、"乖戾"号

武装炮船：

"獾"号、"欺诈者"号、"达珀"号、"拾穗者"号、"云雀"号、"喜鹊"号、"狂怒"号、"平彻"号、"红翼鸫"号、"云雀"号、"斯奈普"号、"鲷鱼"号、"斯塔林"号、"鹬"号、"西斯尔"号、"韦斯"号

法国舰队		
战舰		
"图维尔"号	91门炮	海军少将彭瑙德的旗舰
"奥斯特里茨"号	91门炮	
"杜肯"号	91门炮	

通报舰：

"艾格勒"号、"鹈鹕"号、"托内尔"号

臼炮艇（配备2门12英寸口径臼炮）：

"警戒"号、"烈火"号、"旋风"号、"火炬"号、"炸弹"号

武装炮船：

4艘装备2门火炮："白鹭"号、"雪崩"号、"龙狮"号、"爆发"号

2艘装备1门火炮："暴风"号、"飓风"号

注释

1. 本章出现的地名依然采用英国人在1854—1855年所用称谓。本文的观点主要基于1998年8月14日在芬兰堡发表的一篇论文，该文原是为纪念芬兰堡建立250周年而撰写的。在英国、俄国等国进攻、占领该地的原因问题上，一些研究者和组织机构的帮助使笔者颇多收益。

2. 参见 M Battesti.*La Marine de Napleon III*,2 vols(Paris 1997),Vol II,pp564-72.

3. 参见 A D Lambert. The Cherbourg Strategy' Unpub. Paper dehvered in 1995.

4. 参见 A D Lambert. *The Crimean war：British Grand Strategy against Russia 1853—1856* (Manchester1990), pp28-36.

5. 参见 A D Lambert. 'Aland. Bomarsund and Anglo-Russian Relations.1815—1856' in C Ericsson and K Montin (eds).I *Vedlast Over Skiftet Och Alands Hav*(Abo 1993)：B Greenhill and A Giffard.*The British Assault on Finland 1854—1855；A Forgotten Naval war* (London 1988).

6. 参见 Napier's archive contains numcrous plans and brawings of Sweaborg. PRO MFQ 37/1&2.

7. 参见 G B Earp.*Sir Charles Napier's Campaign in the Baltic* (London 1857), pp264.530.

8. 参见 J C Hoseason.*Remarks on the late war with Russia, together with plans for the attack on Cronstadt Sweaborg and Helsingfors* (London 1857), pp3-4.

9. 同上,p32.

10. 参见 Greenhill and Gifffard.pp325-9.

11. 参见 O af. Hallstrom. *Suonmelnna/Sweaborg* (Espoo 1988)；E Fraser and L G Carr Laughton. *The Royal.Marine Artillery 1804—1923* (London 1930),Vol 1 p441.

第五章　在不列颠的铁蹄下：炮击斯维堡（1855年8月9日至11日）

12. 参见 Lambert, *Crimean War*.pp197-9.
13. 同上, pp200-1；H N Sulivan. *Life and Letters of Admiral sir B.j. Sulivan* (London 1896)：D Bonner-Smith(ed). *The Russian War; Baltic 1855*. Londdon Navy Records Society 1944. (henceforth NRS) This volume reproduces the Cabinet Confidential print of Correspondence between the C-in-C and the Admiralty.Sulivan's Memorandum is printed at pp382-98.
14. 参见 Lambert. *Crimean war*. pp274-5.
15. 参见 Dundas to his sister jane Dunbas 2 jul 1855 Scottish Record Offce General Documents (henceforth GD)GD 51/8/4 f142.
16. 参见 Dundas to Admiralty 27 Jun and 9.& 16 Jul 1855 no. 242,247：Public Record Office Admiralty (henceforth ADM) ADM 1/5647：Dundas to Wood 2 Jul 1855：British Library Additional Manuscripts(henceforth Add).49,533 f86-90 wood to Dundas 3 Jul 1855：Add. 49,563 f40.
17. 参见 Dundas to Wood 9 Jul 1855：Add.49,533 f97-104.
18. 参见 Dundas's conversation with Cooper-key reported in Key's letter of 3 Jul 1855：P Colomb, *Memoirs of Sir A Cooper-Key*(London 1898),P259.
19. 参见 Wood to Dundas 10,17, & 24 Jul 1855：Add.49,563 f53,64,73.
20. 参见 W G Don,*Reminiscences of the Baltic Fleet of 1855* (Brechin 1894),p83.
21. 参见 Dundas to Wood 17 Jul 1855：Add.49, 533 f106-110：J p Baxter, *The lnroduction of the lronclad* Warship(Cambridge Mass. 1933),p82.
22. 参见 Sulivan.P275.
23. 同上。
24. 参见 Dundas to Admiralty 24 Jul.rec. 6 Aug 1855 no. 307：ADM 1/5647.
25. 参见 Dundas to Admiralty 30,31 Jul 1855：no. 335,337, ibid.
26. 参见 Dundas to Wood 31 Jul & 6 Aug 1855：Add.49,533 f122-3,129.
27. 参见 Dundas to Viscount Melville 31 Jul 1855：GD51/8/7/63 f17x.
28. 参见 The Queen to Wood 4 Aug 1855：Borthwick lnstitute.York.Halifax Papers (henceforth Halifax) A4/73.
29. 参见 Sulivan. pp274-5.
30. 参见 Wood to Dundas 7 Aug 1855：Add.49,563 f100.
31. 参见 Wood to Dundas 14 Aug 1855：Add.49,563 f114.
32. 参见 C Ware, *The Bomb Vessel；Shore Bombardment Ships of the Age of Sail*(London 1994). pp68-75：D KBrown, *Before the lronclad；The Development of Ship Design Armament and Propulsion in the Royal Navy. 1815—1860* (London 1990),pp154-6.
33. 参见 Fraser,PP330-69；Ware,PP54-76.

34. 参见 Sir H Douglas, *A Treatise on Naval Gunnery* (4th edn.London 1855), PP174-6.

35. 同上, p355.

36. 同上, p594.

37. 参见 Fraser and Laughon.Vol 1, Ch 1.

38. 参见 Wemyss to Sulivan 7 Jan 1857; Sulivan.P342.

39. 参见 Colomb.pp256-9.

40. 参见 Fraser and Laughton, P441.41 Ibid, PP442-3.

41. 同上, pp442-3.

42. 参见 Logs of HMS *Magpie*, *Pelter*, *Stork*.

43. 参见 Dundas to Admiralty 6 rec. 13 Aug 1855 no. 358 ADM 1/5648.Dundas to Wood 6 Aug 1855; Add.49533 f.129.

44. 参见 Don, p90.

45. 参见 Dundas to Admiralty 13 rec. 27 Aug 1855 no. 367; ADM 1/5647.

46. 参见 Sulivan, pp320-1.

47. 参见 Commodore Pelhams' Journal, 6 Aug 1855; ADM 50/339.

48. 参见 Sulivan, p275.

49. 同上, pp322-3.

50. 同上, p324.

51. 参见 Report dated 9 Aug 1855 in A Lambert and S Badsey, *The War Correspondents: the Crimean War.* (Gloucester 1994), pp298-300.

52. 参见 Log of HMS *Duke of Wellington* 8 Aug 1855; ADM 53/5587.Log of HMS *Magpie* 8 Aug 1855; ADM 53/5313.

53. 参见 Log of HMS *Merlin* 4.30 am 9 Aug 1855; ADM 53/5129.

54. 参见 Log of HMS *Magpie* 8.25 am 9 Aug 1855; ADM 53/5313. Log of HMS *Pelter* 9 Aug 1855; ADM 53/5286.

55. 参见 Log of HMS *Duke of Wellington* 9 Aug 1855. 旗舰并未参与战斗,这为舰上的军官记录风向和海况提供了更好的机会,与其他舰船相比,该舰记录更具准确性。ADM 53/5587.

56. 参见 Fraer, p443.

57. 参见 Don, p98.

58. 参见 Log of HMS *Magpie* 9 Aug 1855; ADM 53/5313.

59. 参见 Log of HMS *Cornwallis* 7 Aug 1855; ADM 53/5211.

60. 参见 Log of HMS *Hastings* 9 Aug 1855; ADM 53/4939.

61. 同上,并参见 Log of HMS *Amphion* 9 Aug 1855; ADM 53/5500.

第五章 在不列颠的铁蹄下：炮击斯维堡（1855 年 8 月 9 日至 11 日）

62. 参见 Dundas to Admiralty 13 Aug 1855 no. 367；ADM 1/5647.
63. 参见 Log of HMS *Arrogant* 9-10 Aug 1855；ADM 53/5534.
64. 参见 Don，p97.
65. 参见 Fraser，p446.
66. 参见 Log of HMS *Euryalus* 9 Aug 1855 gives details of the movement 0f the mortar vessels；ADM 53/5597.
67. 参见 Commodore pelham's journal 10 Aug 1855；ADM 50/339.
68. 参见 Log of HMS *Duke of Wellington* 9 Aug 1855；ADM 53/5587.
69. 参见 Log of HMS *Hastings* 9-10 Aug 1855；ADM 53/4939.
70. 参见 Log of HMS *Magpie* 5.30 am 10 AUG 185；ADM 53/5313.
71. 参见 Log of HMS *stork* 10 Aug 1855；ADM 53/5372.
72. 参见 Log of HMS *Duke* of Wellington 10 Aug 1855；ADM 53/5587.
73. 参见 Log of HMS *Merlin* 8.30 pm 10 Aug 1855；ADM 53/5130.
74. 参见 Log of HMS *Euryalus* 9.30 pm 10 Aug 1855；ADM 53/5597.
75. 参见 Commodore Pelham's Jounrnal 10 Aug 1855；ADM 50/339.
76. 参见 Fraser，p448.
77. 参见 Log of HMS *Volcano* 10 Aug 1855；ADM 53/4980.D Evans.'The Royal Navy and the Development of Mobile Logistics.1851—1894'.The *Mariner's Mirror*.Vol.83（1997），pp318-27.
78. 参见 Log of HMS *Euryalus* 3.45 am. 11 Aug 1855；ADM 53/5597.
79. 参见 Dundas to wood 21 Aug 1855；Add.49,533 f137-40.
80. 参见 Log of HMS *Euryalus* 8.45 pm 12 Aug 1855；ADM 53/5597.
81. 参见 Colomb,p261；Sulivan,p338.
82. 参见 Sulivan,p337.
83. 参见 Battesti.*La Marine de Napoleon* Ⅲ.Vol 1 p132.citing penaud's dispatches of 11. 14 & 28 August 1855 and C L Bazancourt，*L'éxpedition de Crimée*：*La Marine Francais dans la Mer Noire et la Baltique* 2 vols（Paris 1858）.P373；Greenhill and Giffard,pp332-6.
84. 参见 Colomb,p260.
85. 参见 Report of 11 Aug 1855 in Lambert and Badsey.pp300-2.
86. 参见 Lyons to Wood.18 Aug 1855；Add.49,536 f36.
87. 参见 Wood to Dundas 21 Aug 1855；Add.49,564 f2.
88. 参见 Graham to Dundas 23 Aug 1855；GD 51/1008/43 authors' italics.
89. 参见 Admiral to Sheerness Dockyard 20 Aug 1855；ADM 2/1570；Admiral to Board of Ordnance.20.21.8.1855；ADM 2/2681；Wood to Dundas 21,28 Aug 1855；Add.49,564 f2,11；

Admiralty to Consuls at Kiel, Elsinore and Dantzig 21,24, 27 Aug 1853: NRS pp.240-1; Dundas to Admiralty 27 Aug 1855 no. 421: ADM 1/5647; Dundas to Wood 28,29 Aug 1855: Add.49,533 f142-8;Deptford Dockyard to Surveyor 8 Oct 1855: ADM 87/55 f5430.

90.参见 Lambert, *Crimean War*,pp241—8.The success of these operations, and those at Kinburn convinced Lieutenant David Dixon Porter USN to recommend mortar vessels be used in the attack on New Orleans. See C. G. Hearn, *The Capture of New Orleans*, *1862* (Baton Rouge 1995), pp98-100 etc.

91.参见 Capt W E Reilly,R A, *Artillery Operations conducted by the Royal Artillery and Royal Naval Brigade before Sevastopol in 1854* (London 1859), pp218-23.

92.参见 The 13 in sea service mortar in the Royal Armouries collection was cast in 1856 at Low Moor Foundry. It weighs 104 cwt 2lb and 14oz.

93.参见 Log of HMS Magpie 10 Aug 1855:ADM 53/5313.

94.参见 Log of HMS *Pelter* 9-11 Aug 1855:ADM 53/5286.

95.参见 Wood to Captain Henry Keppel 30 Nov 1855:Add.49, 565 f18; Admiralty to Medical Director 24 Jan 1856: ADM1/5648 enclosing Hewlett to Dundas 7 Sep 1855.

96.参见 Dundas to Admiralty 10 rec., 17 Sep 1855 no. 494: ADM 1/ 5648 enclosing Hewlett to Dundas 7 Step 1855.

97.参见 F. H. Winter,*The First Golden Age of Rocketry*(Washington 1990),pp111-12.

98.参见 Wood to Palmerston 21 Sep 1855:Bdlds.GC/WO f58; Dundas to Wood 25 Sep &14, 23 Oct 1855: Add. 49, 533 f162,171—4; Dundas to Admiralty 3, 8 rec.15 Oct 1855 no. 573, 582: ADM 1/5648.

99.参见 Admiralty to Board of Ordnance 13 & 29 Sep 1855: ADM 2/1681 pp313,453;Admiralty to Surveyor 18 Oct 1855: ADM 87/55 f5646; Admiralty to War Department 3 Nov 1855: ADM 2/1682,p15.

100.参见 Admiralty to Ordnance 11, 18 Oct 1855,to War Department 22 Dec 1855: ADM 2/ 1681 pp390,406: ADM 2/1692 p189;Admiralty to War Department 31 Oct 1855:ADM 2/ 1682 pp2-3.

101.参见 Palmerston to General Sir Hugh Ross 1 May 1855: Add.48,579,f11. See O. F. G. Hogg: *The Royal Arsenal*:Its Background, Origin and Subsequent History 2 vols (Oxford 1963), Vol II. pp756-60 for an account of this weapon. Further trials were conducted when Palmerston returned to office in 1859.

102.参见 Admiralty to War Department 19 Jan 1856: ADM 2 p/309.

103.参见 Lambert,pp254-63.

104.参见 Wood to Dundas 1318,26 Nov 1855: Add. 49,5656 f2,17; Dundas to Admiralty 6,

第五章 在不列颠的铁蹄下：炮击斯维堡（1855年8月9日至11日）

15,20 Nov 1855 & 10 Dec 1855 no. 676,686,697,759；ADM 1/5649；Dundas to Wood 15,28 Nov 1855；Add.49,534 f4, 9-12,14-6.

105. 参见 Sulivan. pp273-4,367, 404-10.
106. 参见 Lambert, pp335-7.
107. 参见 *The Times* Editorial of 24 Apr 1856：Lambert & Badsey, pp304-5.
108. 参见 Wemyss to Sulivan 7 Jan 1857；Sulivan, p342.
109. 参见 Sir H Douglas, *Observations on Modern Systems of Fortification*（London 1859）,p191.
110. 参见 A D Lambert, "'Part of a Long Line of Circumvallation to confine the future expansion of Russia'：Great Britain and the Baltic of 1809—1890" in G Rystad, K-R Bohme, and W M Carlgren(eds)：*In Quest of Trade and Security：The Baltic in Power Politics, 1500—1890*（Liund 1994）,pp297-334,esp. pp321-30.
111. 参见 Hallstrom, pp21-2；Fuller, W. *Strategy and Power in Russia, 1600—1914*（New York 1992）,pp279,286-9,330-5.

第六章　向印度挺进：勒克瑙救援（1857—1859年）

理查德·布鲁克斯

1857年11月的勒克瑙救援是英国维多利亚时代的一个历史片段。事件的每一幕都充满了戏剧般的色彩：可歌可泣的绝望抗争；无辜妇孺受到强敌胁迫；身着方格呢短裙，头戴民族帽，具有异域风情的苏格兰士兵以及英国海员们冒着枪林弹雨，推着沉重火炮投入战斗。当东印度公司雇用的孟加拉①军队屠杀了欧洲官员，并宣布终结英国在印度的统治之时，勒克瑙步德里后尘，成为新的印度叛乱②风暴中心。然而，关于勒克瑙事件的有限记载很容易将人引入歧途，使人们对英国皇家海军在恢复孟加拉和平的行动中所扮演的角色认识不清。1857年夏天，印度士兵的叛乱事件展示了英国皇家海军在紧急形势下的快速反应能力，也为日后海军在新西兰和非洲的登陆行动打下了铺垫。

海军陆战旅官兵分乘2艘船只而来，协助英国当局镇压叛乱。"香农"号战舰负责为部队提供军火补给。在1857年11月的勒克瑙战役及1858年3月清理城市残敌的战斗中，大约一半的军事装备都是由"香农"号运送的。来自"珍珠"号战舰的海军陆战队神射手与海军炮手，在廓尔喀人和锡克人组成的令人生畏的平叛大军中扮演了核心角色，在较短的一段时间内，就肃清了格拉河以北的叛乱者。在勒克瑙主战场周边所进行的一系列旨在打击逃亡叛军的游击战争，翻开了海军陆上行动的新篇章，20世纪对抗叛乱的战术形式自此初见端倪。在孟加拉作战的两个海军旅也以不同的形式证明，在维多利亚时代的小规模战争中，资源优势和响应能力能够使

---

① 当时孟加拉为英属印度的一个省。——编者注
② 指1857—1859年发生的印度反抗英国殖民统治的民族起义，由1857年5月的印度士兵兵变引发，起义波及北印度和中印度广大地区。——编者注

第六章　向印度挺进：勒克瑙救援（1857—1859年）

海军部队在战场发挥惊人的作用。

对英国人而言，19世纪50年代的印度叛乱是帝国安全领域的一次突发事件。相对国防军事，英国的政客们更喜欢争论税收改革、城市排水及神学之类的问题，同时还极力削减军备。尽管孟加拉兵团臭名昭著且难以信赖，但驻印的英国军队仍被抽调出来派往其他地方填补空缺，这给反政府武装提供了良机。印度兵变发生在大英帝国的战略核心，印度次大陆殖民地不仅为英国带来了巨大的财富，还保障了它的强国地位。也就是说，印度发生的这场叛乱对英国在世界的财富和地位构成了双重威胁。

英国当局将准备投入中国战场的军事力量派往印度以应对威胁。其中包括2艘"为获得最大速度而采用了风帆和蒸汽双重动力，包裹着厚重的金属外壳"的新型战舰。这两艘战舰就是上文提到的"香农"号护卫舰（装备51门炮）和"珍珠"号武装快船（装备21门炮）。[1] 对一名有进取心的舰长而言，这些新型战舰要比在操纵、锚泊上耗时费力的传统战舰更具魅力。"香农"号航速可达12节，1857年，该舰从好望角出发，只用了31天就到达了新加坡，平均每天航行213英里，达到了当时的最佳航速。"不列颠治下的和平"通常与"炮舰外交"的表述密切相连，但是只有像"香农"号和"珍珠"号这样既快且大的战舰才能真正地实现英国的全球性战略目标，使维多利亚时代的海军能够及时应对各类危机，如19世纪60年代的新西兰危机（"尼日尔"号和"罗盘"号参战）、1879年的祖鲁战争（"活跃"号、"沙阿"号和"博阿迪西亚"号参战）和1885年的缅甸战事（"森林云雀"号和"绿松石"号参战）。"珍珠"号被派往中国之前一直在太平洋舰队服役，它和"香农"号在中英广州之战中皆没有多大作为。1857年7月15日，坎普尔的400名欧洲妇孺遭到残酷屠杀。次日，两舰接到命令，紧急前往加尔各答。在紧迫关头，这种拥有空余舱位的战舰也被当作了运输船使用，"香农"号搭载了来自香港的300名皇家海军陆战队员，而"珍珠"号则负责运输英国驻新加坡第90轻步兵团的3个连队。

"香农"号在竞速战中获胜，于8月8日抵达加尔各答，惊魂未定的欧洲人举手相庆。自8月中旬便一直留在孟加拉任总司令的科林·坎贝尔爵士认为，"香农"号和"珍珠"号可以说是军队的左膀右臂。英军用重炮对城市施以威慑，与此同时，来自香港的海军陆战队也守住了要塞。[2] 在航行中，这些英军就收到小道消息，说他们的攻势不会仅局限于加尔各答，他们因此备受鼓舞，磨刀霍霍。"香农"号舰长威廉·皮尔在克里米亚战争中就曾指挥海军旅作战，并树立了自己的名望。现在，他再次领军出征，为陷入困境中的印度殖民政府提供支援。"珍珠"号舰长爱德华·索斯比曾回忆了一次晚宴上与皮尔及总督进行的会谈：

"'皮尔舰长，我听说，你的"香农"号上的军乐队正在演奏《塞瓦斯托波尔进行曲》。''不，尊贵的阁下，'皮尔回答说，'现在正在演奏《德里进行曲》。'随后，总督对皮尔说：'晚饭之后你能来我的私人房间吗？'在这个房间里，他们计划派遣一个海军旅向德里进军。制订计划后的三四天，'香农'号上的海军旅约500官兵，携带4门68磅炮开始踏上征途，前往平叛。总督问我是否也能如此作为。几天之后，我就组织了一支250人左右，配备轻武器的小规模部队。"[3]

阿尔玛之战（1854年），发生于克里米亚战争期间。威廉·皮尔站在海滩上指挥，他正是在此役获得了维多利亚勋章。随他一道登岸的，是一支精锐的海员队伍——他们正在同心协力地为法国盟军架设桥梁。 （国家海事博物馆，伦敦，编号：PX9230）

1857年8月18日，"香农"号上的海军旅官兵拥上了一艘蒸汽船，船后拖曳着覆有茅草的平底铁驳船，上面同样挤满了士兵。他们身着平常的军装，但宽檐军帽却都罩上了白色棉布，以保护后颈免遭阳光灼伤。不

第六章 向印度挺进：勒克瑙救援（1857—1859 年）

久，长筒防水靴及背袋也成了急需之物。最为紧缺的是轻武器，海军陆战队员配备有"米尼"步枪（Minie rifles），但"珍珠"号的船员们却都肩扛旧式滑膛枪，来自"香农"号的一个轻装连队甚至只携带着弯刀做武器。大约在战斗打响的 3 个月前，一路勇猛突进到加尔各答的英军却显得有些情绪低落。尽管"珍珠"号上的官兵尽量减少了负重，他们在 19 世纪的这场战争中还是显得"漫不经心"和"从容不迫"。

"我们每人只携带一个睡袋和一条毯子，也没有本地的差役。在没有当地人帮忙的情况下，所有人都对前景灰心丧气。我们曾对他们寄予了厚望，但现在，我们只能完全依赖自身的资源。"[4]

同时，在阳光并不那么炙热时，海军旅官兵在甲板上抓紧训练，有人还向河岸边的印度人开枪射击。士兵们的脚板已经发硬，军靴变得不甚合脚，这使得他们在长途行军中感到痛苦不堪。训练和行军成为他们军事生活的两个重要部分。勒克瑙救援行动后，皮尔的海军旅仍然每天坚持进行一个小时的列队训练[5]：

"海员们编成战斗队形，进行艰苦训练，无论清晨、中午还是晚上，训练未有停歇。严格的训练使他们掌握了陆战的法则与技巧，进而将英国水手变成一名真正意义上的士兵。"[6]

海员们轻而易举地学会了操作步枪，但都不熟悉驾驭马匹，而依靠马匹拖曳野战炮是陆上行军的常用手段。能找到的马匹都未经驯化，海员们不得不即兴发挥，用船上的缆绳做成挽具。索斯比构筑了一个野战炮位，安置了 4 门从陆军借来的 12 磅黄铜榴弹炮，为此，他还动用了 46 名吃苦耐劳的海员。其中一位海员写道：

"（我们）忙着给马匹配备合适的挽具，将它们同炮车连在一起。我们的工作取得了良好成果，在离开此地之前，我们已能够对这种畜力炮车进行各种形式的改进。"[7]

真正的军用车辆十分稀少，两个旅都使用当地的畜力车。用绳索连在一起的小公牛，在皮鞭的抽打之下，能够以每小时 2 英里的速度拖着双轮牛车前进。在战役后期，"珍珠"号上的木匠可以将缴获的车轴物尽其用。"这个例子说明，一个水手优于他人之处在于能够轻松地驾驭形势，并使自己迅速摆脱困境。"[8] "香农"号上的陆旅队找不到坚固的车辆拖曳 68 磅火炮，所以只能重新换装了标准的攻城武器：6 门 24 磅炮，2 门 8 英寸口径榴弹炮，一些由火箭筒制作的"地狱火战车"也被系上了牛车。

总司令科林·坎贝尔爵士的第一项任务，是拯救在奥德邦首府勒克瑙陷入困境的英国驻军。他拥有4500名士兵，实力较叛军占优。然而，叛军虽然人数只有英军的1/8，但却装备着精良的火炮，并拥有坚固的防御阵地。如果科林爵士不想遭受严重损失，就只能充分利用海军炮为他的步兵开辟道路。

在步兵与炮兵的联合行动中，高精度的射击和军种之间的密切配合必不可少。步兵团在火炮后面列队，同时炮兵向敌人阵地进行远距离射击。最后一次齐射之后，步兵们越过炮位，冲向敌阵。当第93高地步兵团勇猛扑向敌阵时，突然发生了意想不到的情况：

"一门火炮突然爆炸，一个水兵炮手当场死亡，2人受伤。第93高地步兵团也有一名士兵受伤。当时似乎是炮口出现了堵塞，在一团混乱和浓烟之中，一些士兵前往炮口处查看，却不想随后发生了爆炸。临近的三号火炮被毁，四号火炮受损，还造成了一些人员伤亡。"[9]

无论如何，高地步兵团最终实现了目标，此外，他们还与海军旅建立起亲密的合作关系。在对沙阿纳吉夫清真寺及塞茨德巴格（Secunderbagh）等地的后续攻势中，士兵们将炮身系上绳索，在枪林弹雨中拖着它们匆匆前行。一位皇家海军陆战队的老兵还记得皮尔的命令："除非我们离得很近，否则大炮全无用处。我们必须把整个地区置于火力之下，继而与其短兵相接。"[10]科林·坎贝尔爵士认为这是一次史无前例的行动，皮尔舰长的做法就好像将"香农"号置于敌军护卫舰旁边。不过，只有当英军动用"地狱火战车"，向敌军工事倾泻了密集的火箭弹后，沙阿纳吉夫才终被攻克。皮尔认为，如果步兵对炮兵火力的敬畏胜过了对敌人的恐惧，那么今晚就不会有叛军活着离开勒克瑙。

1857年11月17日，坎贝尔的人马与被困英军取得了联系。但是，他们却没有足够的力量来击败剩余叛军，并帮助众多平民撤离。坎贝尔最终退回到坎普尔。然而在这里，海军旅却寻找到另一个机会来展示其新学会的巷战技巧。坦提业·托比（Tantia Topi），这位唯一拥有军事才能的叛军领袖，率军突袭了掩护坎贝尔部队交通线的一小股英军，将他们困在了战壕之中。与此同时，叛军的炮弹也十分精准地射向英军营帐，使士兵们感到惶恐不安。因此，皮尔于11月29日下午返回大营以加强防卫。海军旅

第六章 向印度挺进：勒克瑙救援（1857—1859年）

1857年，皮尔率领海军旅投入勒克瑙行动。（国家海事博物馆，伦敦，编号：PZ500）

立即着手对付敌人炮兵，士兵们特地将3门24磅炮运至坎普尔与叛军对射，而通常情况下，人数处于劣势的炮手多用野战炮对付敌人。一阵密集的弹幕飞过，40名炮兵操纵的24磅炮率先击中了300码处街道尽头的敌军炮位，仅4个回合，敌军火炮便杳无声息了。这种激进的战术也并非没有风险。一发炮弹夺走了两名士兵双腿，并造成另一人轻伤。然而不得不说，身着红色军装的海军神射手们表现得十分出色。

在12月6日坎普尔外围的坦提亚战斗中，坎贝尔取得了决定性胜利，而海军炮兵同样扮演了独一无二的角色。炮兵们要随小股部队前进到距敌800码处的开火位置，此处与己方主力部队相距数百码之遥。于是士兵们采用人力和畜力结合的办法拖拉火炮，"英军运用此种方式得心应手，却令驭牛的印度土著憎恶不已"。叛军的火力十分微弱，"似乎被我们拖着重炮、一马当先的举动惊得呆若木鸡"[11]。几名海员被炮弹击中，他们的战友随即变得烦躁不安起来，大声叫嚷道："这些该死的牲畜（即拉车的公牛队伍），它们太慢了！第93团的人，帮我们拉一下绳子，就像当初在勒克瑙那样!"[12]

此时此刻,火炮两侧的海军和步兵团士兵也用步枪向敌军持续开火。很快,徐徐推进的海军炮令敌军愈发惊恐不安,他们再也无法忍受这种威胁与震慑,于是纷纷逃离了阵地。这场战斗保障了坎贝尔部队的运输要道,免除了他的后顾之忧,使他能够放心大胆地应付勒克瑙的叛军。海军旅再次提供近距离火力支援,这次,他们的武器已升级为68磅火炮,海军木匠将它安装在东印度公司的拖曳炮架上运送而来。海军旅现在达到了火力巅峰状态:8门24磅炮,6门68磅炮,还有2门8英寸口径榴弹炮和8个火箭筒。每门炮都备有100枚炮弹,装在牛车上,此外还有400枚储备弹药。皮尔原本十分忧虑,担心重达3吨的68磅炮太过笨重,机动不便。但好在它们配有可拖曳的炮架,安装和运输简单便捷,几乎与24磅炮别无二致。一直以来,还未曾有人将8英寸口径火炮应用于陆战,但是24人的海军分遣队将它们运用自如。"水手拥有快速的反应能力",皮尔相信,"英国的海员们在陆地上同样可以'如鱼得水'"[13]。

对勒克瑙的第二次攻势(1858年3月3日至16日)遵循了既定的模式,海军旅有条不紊地瓦解叛军的防御,为步兵开辟道路。海军的68磅炮战功卓著,当炮弹射入建筑物内部时,所有印度叛军无一生存。"莫逊弹"是一种新型爆破弹,它能够摧毁那些常规炮弹无法穿透的坚固泥墙。在坎普尔,英军小分队拖着火炮沿街道前进,士兵们不顾叛军轻武器的袭扰,一个接一个地破坏敌人的路障。印度工兵有时会为他们扫清道路,但在某些情况下,船员自己也会身先士卒。他们利用撬棍和鹤嘴锄在围墙上挖出洞来,对敌人侧翼进行偷袭。最后一股叛军的抵抗力量于3月17日撤离了勒克瑙。商人们提出赎回城市。于是,"香农"号的海军旅将他们的火炮移交给皇家炮兵团,然后撤离了勒克瑙。皮尔舰长被一名叛军狙击手射伤了大腿,但坚持坐在帆布担架上与部队随行。他的伤口并不严重,却因感染了天花在坎普尔撒手人寰。皮尔是"香农"号海军旅的核心支柱,海军旅的官兵们也为有皮尔这样的统帅而深感自豪。现代的平等思想与传统的勇敢精神在皮尔身上合二为一,彰显得淋漓尽致。一位海军陆战队员回忆起了他在克里米亚战争中所说的一句话:"每个人都必须竭尽全力,在紧急情况下,无论什么军衔、何种身份,都要一体同心,携手共进。"这种态度让他深得普通船员爱戴。[14]

第六章 向印度挺进：勒克瑙救援（1857—1859年）

在卡利纳地，皮尔麾下的海员们用火炮与敌军交火。图画中的68磅炮此时还未装备部队。他们的武器应该是马车运载的24磅步兵炮。（国家海事博物馆，伦敦，编号：A2423）

"珍珠"号上的海军旅则有着截然不同的经历。在索斯比舰长与敌人遭遇的几个月前，许多海员因找不到叛军而灰心丧气。由于被格拉河挡在了战场之外，官兵们觉得自己像被抛弃在后方，没有机会上阵击敌，终日无所作为。与"香农"号相同的是，"珍珠"号海军旅的成功很大程度上依赖于步兵、炮兵的巧妙配合。在与罗克罗夫特（Rowcroft）指挥的萨兰野战军组成的陆海联军中，海军旅无疑是核心力量。索斯比的海员们既扮演了重装陆战队的角色，也担负着轻装步兵的职责，同时，军中另有450名廓尔喀人充当炮兵，还有之前被海军突击队从暴徒手中营救出的50名锡克警察。海军旅的第一次战斗发生在索普尔（1857年12月26日）。面对压倒性数量的叛军，罗克罗夫特毅然决然地发动进攻，在装备滑膛枪的叛军抵近之前，陆战队员的步枪子弹和海员炮手的精准射击就将他们的队伍打得支离破碎。野战军士兵排成松散的队列，正中间是由海员炮手操作的4门12磅榴弹炮，一个廓尔喀营分列两翼。陆战队和锡克人手持步枪排在前列，还有一部分廓尔喀人被留作预备队。列阵之后，进攻随之展开。这次行动为日后的战斗提供了范本：

"10时，敌人向我军前卫开火，战斗正式打响。在猛烈的弹雨中，敌人跳出了阵地，试图迂回包抄我军侧翼。我们紧紧跟着敌军后面，径直穿过树林和索普尔镇，一直将他们赶到苏勒姆普尔。就在这里，我们缴获了一门火炮……如果我们行动更快些的话，或许已经全歼了这伙叛匪。"[15]

海军候补军官蒙塔古以索斯比副官的身份参加了行动。在他看来，索普尔之战并不具有很高的战略价值：

"事实上，这些特殊地区的叛军武装只是散兵游勇，既没有领袖，也缺乏组织。他们企图依靠人数优势压倒我军，袭扰我军交通线，令人恼火不已。"[16]

1858年3月5日，"珍珠"号上的海军旅又在埃莫哈（Amorha）大败敌军。此战歼灭了敌人大量有生力量，以至于叛军只能转而利用游击战术抵抗英军。当时，大量叛军聚集在埃莫哈地区，在敌众我寡的形势下，罗克罗夫特不得不让他的部队排成一条长长的横列，横在宽阔的前沿阵线上。

"我们首先进行试探性的炮击，炮击过后，队伍就向前推进一段距离。然后再开火，继而再次前进。敌人开火了，但很快遭到回击，之后队伍继续前行。敌军武装分布极其广泛，而我军始终保持着'一'字形横列队形，在敌人有所动作时便巧妙开火射击。我军的炮弹给敌人造成了巨大伤亡，很快，他们就拖着伤员和同伴的尸体开始撤退。海军旅和廓尔喀人随即发起了总攻，他们在一团混乱中落荒而逃，而我们的炮兵也使出浑身解数，尽可能快地将炮弹射向逃敌，力图扩大战果。"[17]

这一次，英军的两翼均部署了骑兵，这支快速部队一路追击叛军，将他们赶至7英里之外的地方。英方在此战中损失轻微，只有一位名叫福克的军士不幸阵亡，而叛军损失了500多人，还丢掉了大量军火武器。在埃莫哈一战之后，他们再无力纠集大规模的力量对抗英军。格拉以北地区的残敌只得将希望寄托于游击战。他们像幽灵一般消失在茂密的丛林里，企图依靠当地严酷的环境消磨英军斗志。此刻天气十分炎热，温度已飙升至47.2摄氏度。海军的医院里人满为患：

"我们为士兵们采取了一切防晒措施，但是对瘴气蒸腾的沼泽毫无办法——叛军不会坐以待毙，他们会频频出击，袭扰我军。因此，士兵们长途跋涉追击敌众,已是常有之事。"[18]

海军旅有时会化整为零,分散行动。"珍珠"号上的4名海员正在阻击人数众多的叛军部队。(图片为作者本人收集)

7月的雨季带来了凉爽天气,但也使道路变得泥泞不堪。为防止反对派在村庄建立据点,海军突击队常常前往探察。这时,海员们就要将枪支武器捆扎起来,乘坐大象在几乎齐腰深的泥浆中穿行,士兵们戏称应该将他们的战舰开到此处。这是一场残酷的战争,战斗双方都对自己的对手毫不留情:"在我们近旁,总会有一个绞刑架。每当我们安营扎寨,它便会快速矗立起来。在这里,叛乱者们得到了应得的下场。"在之后的平叛战斗中,赢得周边农村居民的支持成了获胜的关键因素。他们对印度叛军偷窃粮食的行为深恶痛绝,而叛军士兵对向英军出售食物的居民及"叛徒"也绝不手软:

"每每在当地村庄驻留时,我们给居民带来的不是安全而是恐惧。尽管他们知道我们会为开销支付报酬,也知道我们会为他们提供安全保障。然而,一旦我们离开,他们就将暴露在愤怒叛军的屠刀之下。"[19]

不过,在临近的村镇中,海军旅的威望很快便恢复了:

"人们蜂拥到此,寻求一块安全的落脚点。其中还夹杂着大批来自印度各地的商人,他们多是受到利益驱动,想与我军进行贸易。"[20]

秋季干燥的天气恢复了军队的机动性。已前进至戈勒克布尔的英军，现在需要派出双倍人数的突进队去追击那些被驱离奥德邦，企图孤注一掷的亡命之徒。叛军行动迅速，英国人很难进行堵截："他们精力充沛，且不会为辎重所累。"[21]曾在勒克瑙与"香农"号的海军旅并肩作战的锡克部队加入了索斯比的队伍，大大增强了他们的实力。同年11月的战斗中，索斯比的部下重新承担起炮兵的本职，并展现了出色的灵活性，甚至连陆战队员也都留在了火炮阵地。1858年圣诞节的前两天，在图尔西普尔，"珍珠"号的炮兵再次投身于激烈的战斗，但这是他们最后一次参战了。在团队协作和武器应用方面，这些海员都表现出色，他们奋不顾身，无愧誓言。随军牧师喃喃低语，相信这些海员在未来可以无所不能。1859年新年到来之际，索斯比接到命令，率部返回。到目前为止，他们已在印度连续驻留了16个月，参加大小规模的战斗26场。

若论及18世纪以来的海陆联合行动，"香农"号的重炮颇具代表意义。但在镇压印度叛乱的战斗中，海军旅的贡献并非只是为部队提供额外的火力支援，或偶尔在一线作战。英国皇家海军的丰富经验和良好训练使海员们能够承担多种职责，他们可被用作炮兵、步枪手、侦察兵，是战场上的多面手。埃德蒙·弗尼曾注意到，只要配备一些侦察骑兵，"香农"号的海军旅就能被派往各个地方。而一个步兵团则需要炮兵与工兵的密切配合。

轻步兵团面对损坏的测试杆无能为力，只好委托"香农"号的海军木工协助修理。驻守坎普尔要塞的炮兵缺乏射击瞄具，因此海军分遣队便从卡尔皮公路边找来一些木块，将其巧妙地加工安装，解决了这一难题。最著名的例子当属"珍珠"号的海军旅在格拉河上架设桥梁，帮助廓尔喀人渡河，进军勒克瑙。戈帕尔普尔那里有大量河船，因而可以用它们来建造浮桥。但是，由于叛军爪牙在防卫空虚的河堤上徘徊游弋，架桥工作面临着极大风险。索斯比部下们的任务就是将50艘船舶串联起来，在河流上游为廓尔喀人架桥，以谨慎著称的陆战队员们受命从一艘封锁船上监视杂草丛生的河岸。在这样的环境中，他们的优势可以得到发挥，"一旦遭遇危险，毫无疑问能够迅速摆脱困境"[22]。海军旅官兵顺利到达了指定地点，快速清理了周边的叛军，然后摇身一变，成了架桥的工程师。

一些批评人士反对以如此方式利用海军力量。1903年，莱尔德·克莱

第六章 向印度挺进：勒克瑙救援（1857—1859 年）

斯声称陆军力量的短缺迫使海军承担许多额外职责，对其本职工作造成了影响。在围攻塞瓦斯托波尔的战役中，海军部明确反对海员被派往陆地作战，但在孟加拉战事的紧急情况下，也勉强接受了海军上岸参战。海军委员会祝贺"香农"号海军旅在英印帝国的各项战争事务中不畏艰险，战绩显赫。[23] 索斯比船长在镇压叛乱的斗争中无疑居功至伟：

"当我们初到之时，德里、勒克瑙及大部分主要城镇都掌控在叛军手中。在我们离开之前，我们为和平的降临感到满心欢悦。尽管我们承担的所有任务都充满硝烟弹雨，但我们不辱使命，口碑载道……我军的工作方式和武器运用颇受称赞。他们总是疲惫不堪，却兢兢业业，以船为家。"[24]

"珍珠"号上的牧师对海员们在战场上表现出的良好适应能力印象深刻：

"海员们拥有较好的适应性和服从性，可以很容易地适应任何环境。他们不用花费时间在港口练习白刃格斗或操帆技能，他们对此已是轻车熟路，游刃有余。无论是操控火炮，还是在距港口 500 英里外的战场搏杀，海员们的战斗素质都远胜于敌。他们的贡献难以估量……"[25]

镇压印度叛乱期间，英国海员炮手正在操作一门 24 磅炮。（国家海事博物馆，伦敦，编号：PAD5908）

莱尔德·克莱斯不遗余力地批评海军当局的时候，也正是20世纪早期世界局势风云变幻，不列颠岛周边海域强敌环伺之际。迫于形势，英国皇家海军进行了一系列战略收缩。而在19世纪50年代，这种紧张局面尚未出现。"香农"号和"珍珠"号之类的普通战舰因此能够较自由地派往海外，以灵活多样的方式应对印度叛乱之类的种种危机。从常规的海军活动，例如紧急投送或火力威慑，到更具操作性的岸上行动，海员们承担的任务多种多样。传统的海军重炮也成了围城战中的重要武器。海军旅在印度的表现证明，大型军舰的海员可以极好地承担陆战队的角色。皮尔舰长作风勇猛，在其领导下，"香农"号上的炮兵分遣队也作为进攻部队参加了战斗，对敌人进行近距离打击。"珍珠"号上的海军旅不仅作为常规炮兵和轻步兵作战，还承担了架设桥梁等后勤工作。叛军的游击战使他们饱受折磨，而在后世的战争中，英国士兵和海员也同样会深陷其中，难以自拔。两艘舰上的海员都学会使用当地牲畜运输物资，与印度士兵建立了密切的合作关系。如果说"珍珠"号牧师所说的"他们（海员）的贡献难以估量"确有夸张之嫌，他对海员良好适应性的评价则是不容否定的真理。

注释

1. 参见 Lieutenant Edmund Verney, *The Shannon's Brigade in india* (London 1862), p1.
2. 参见 Rear-Admiral V A Montagu, A Middy's Recollections 1853—1860 (London 1900), p148.
3. 参见 RNM 1900/143（1）Captain Edward Sotheby: Anecdotes. 上岸的军队包括："香农"号24名军官，500名海员，携带10门65英担的8英寸口径火炮，8门火箭炮（4门24磅火箭炮，4门12磅火箭炮），1门6磅野战炮，1门24磅榴弹炮。"珍珠"号19名军官，200名海员，39名陆战队员，携带2门12磅榴弹炮及1门24磅榴弹炮。
4. 参见 Commanger W D Rowbotham, *The Naval Brigades in the Indian Mutiny 1857—58* (Navy Records Society 1947), p264: Lt Nowell Salmon 16 Aug 1857.
5. 参见 Midshipman E S Waatson, *A Naval Cadet with HMS Shannon's Brigade in india* (London 1988), p52.
6. 参见 Montagu, p155.
7. 参见 RNM 1985/291 James Chppell. *Diary of Commission of HMS Pearl 1856—59* (undated

第六章 向印度挺进：勒克瑙救援（1857—1859年）

entry）.

8. 参见 Reverend E A Williams, *The Cruise of the Pearl round the World with an Account of the Operations of the Naval Brigade in India*（London 1859）.p98.

9. 参见 NMM JOD/154/1－2 Ordinary Seaman J P Hoskins, *Journal of HMS Shannon's Brigade in the Indian Mutiny* 14 Nov 1857.

10. 参见 Private Henry Derry RMLI in *Globe ε Laurel ix*（1902）,p17.

11. 参见 Watson,P57.

12. 参见 Sergeat W Forbes Mitchell, *The Relief of Lucknow*（London 1962）.P89-first published 1893 as *Reminiscences of the Great Mutiny*.

13. 参见 See Rowbotham, P149：Peel-Sir Michael Seymour 1 Mar 1858, and Hoskins 17 and 23 Feb 1858.

14. 参见 Sergeant WilliamTurner RMLI,*Globe ε Laurel xv*（1908）,p27.

15. 参见 RNM 1990/143（1）Sotheby, *HMS Pearl in the Indian Mutiny* 26 Dec 1857.

16. 参见 Montagu,P165.

17. 参见 Chappell（undated entry re Amorha）.

18. 参见 RNM 1990/143（6）Sotheby：Journal 1826—1864 10 May 1858.

19. 参见 Chappell,23 May 1858.

20. 参见 Chappell, 1 Jul 1858.

21. 参见 RNM 1990/143（6）Sotheby 2 Sep 1858.

22. 参见 Williams,p111.

23. 参见 Rowbotham. p145：Admiralty minute 25 Dec 1857.

24. 参见 RNM 1990/143（6）Sotheby Jan 1859.

25. 参见 Williams, P298.

第七章 海军的"长臂":英日战争
(1863—1864年)

科林·怀特

1863年8月11日下午,一支由7艘舰船组成的英国小型舰队抵达了日本西南部大峡湾中的鹿儿岛城附近。驶在最前面的是英国皇家海军的小型炮舰"科凯特"(Coquette)号,它在近岸的深水中进行探测,试图寻找一个安全的锚地。跟在它后面的是几艘轻巡洋舰和单桅帆船,还有一艘大型蒸汽护卫舰"欧律阿罗斯"号,这便是海军少将奥古斯都·库珀的旗舰。[1]

库珀当时只有54岁,那个年代能够以此年纪身兼大任,在威震全球的英国皇家海军中担任海外舰队指挥官,实在难得。库珀拥有德国血统,他在威廉四世的推荐下加入英国皇家海军,并参加了1840—1842年的中英鸦片战争及18世纪50年代的克里米亚战争,拥有丰富的两栖及河流作战经验。现在,他是英属东印度及中国战区的英军海上总指挥,控制着西起红海,东到鄂霍次克海的广大海域,印度、缅甸、马来半岛、婆罗洲和中国皆包括在内。[2]为了控制这片庞大海域,库珀拥有一支由50多艘舰船组成的庞大舰队,其中大多数舰船都在1 000吨以下。通常情况下,它们分散于英国在亚洲的各处基地,而现在,库珀下令将尽可能多的船只集中在日本海域待命。

自从19世纪50年代中期西方商人抵达日本之后,美国海军准将佩里的舰队于1853年紧随而至。日本统治者思想保守,他们极力反对日本开放门口,仇视西方势力,这使得美日之间一度关系紧张。日本人在横滨划出特定区域,将西方人赶到此处。但即便在这里,西方人也会频繁遭到攻击。1862年9月14日,一群正在观光的英国人与萨摩藩一名位高权重的

第七章 海军的"长臂":英日战争(1863—1864年)

日本大名①发生口角,一位名叫查尔斯·理查森的年轻商人被杀,一位女士的时髦发髻被利剑削断。英国要求日方支付25 000英镑赔款并交出杀害理查森的凶手。萨摩藩一向主张抵制西方,是日本保守派阵营中的核心力量,因此这位大名决定与这些讨厌的外国人对抗到底。在这种形势下,库珀率军来到了萨摩藩的大本营鹿儿岛,爱德华·尼尔中校以英国使节身份随同前来。他们决定用武力让萨摩统治者回心转意。

三天的谈判无果而终。这位大名甚至拒绝亲自与英国人会面。他一直待在山上的避暑别墅,命令特使前往谈判。与此同时,库珀的舰队已经开到了鹿儿岛附近,停泊在距海岸约1 200码的地方。"欧律阿罗斯"号的军官威廉·巴克尔受命前往侦察,测量目标城镇距离并收集海岸防御情报。日本方面则用拖延策略争取的时间加固炮台。这种紧张局势一直持续,直到尼尔意识到谈判只是英方一厢情愿。因此,在8月14日晚,尼尔向库珀提议直接采取行动。第二天一大早,库珀派遣几艘战船俘虏了萨摩藩的3艘汽船,将它们拖到锚地,企图以此作为向大名讨价还价的筹码。从两天前开始,海上气压就已持续下降。现在,强风已从东方吹来,大约中午时分,舰队便卷入了骤然而起的风暴之中。就在那一刻,设在城镇最东端的日军炮台向"欧律阿罗斯"号开火了,这艘战舰此时刚好处于守军的火力范围之内。[3]

库珀陷入了两难境地,舰队中的3艘舰船仍与那3个"战利品"连在一起,因而他只有4艘军舰来应对敌人的进攻。萨摩藩的岸防力量十分强大,英军若不投入全力,也着实难以招架。鹿儿岛正面海岸沿线建有两座相连的军事堡垒,5个小型炮台为其提供火力支援。西南方朝向英舰锚地的岬角上另有一座敌堡,安放着11门火炮;而东部水道的防御更加严密:战略位置较为重要的樱花岛上设有两座堡垒,边缘处的乌鸦岛上也建有一座炮台。这些海防工事与当时西方的大同小异,基本没有针对炮手及弹药的防护设施。但多达76门的火炮——其中还有几门32磅炮和10英寸口径臼炮——完全有可能重创英国船只。此际,台风眼看就要到来,这使英军的局面进一步恶化,库珀将军陷入两难境地。

---

① 日本旧时封建制度下,对统领大片领地的封建武装领主的称呼,类似中国古代的诸侯。——编者注

即使如此，库珀依然决定立刻展开行动。海岸守军炮火齐鸣，炮弹从英舰桅杆之间呼啸而过。库珀向"科凯特"号、"百眼巨人"号、"赛马"号发出信号，命它们放弃并烧毁俘获的船只。战后，库珀在一封书信中这样写道：

"我认为推迟对日本的进攻是不明智的，我们应该马上对萨摩统治者的暴行施以惩戒，以维护我国的荣誉。"4

中午12时55分，英舰收到了库珀的信号：起锚列队，准备作战。然而，直到2个小时之后，舰队才做好战斗准备。应当承认，这个年代的备战工作要比纳尔逊时代更加复杂，但即使这样，在危急关头花费这样长的时间，也确实不合情理。为缓解当前的混乱状况，库珀于12时20分就命令"珀尔修斯"号投入战斗，以吸引炮台火力。于是，"珀尔修斯"号的指挥官奥古斯都·金斯敦用了近一个小时时间，将这艘装备17门炮的单桅帆船开到了鹿儿岛北部海岸一座最大的敌堡近旁。下午2时15分时，库珀命令该舰撤回，加入已经排列整齐的战舰队列。此刻，它们正处于东北方敌军火力的重压之下。海面风急浪高，波涛汹涌，翻滚的巨浪不断冲刷着战舰的甲板。战舰喷吐着蒸汽，列成纵队缓缓靠近鹿儿岛海岸线。舰炮轰鸣，连续不断地向相距500码的敌军炮台喷出烈焰。

"欧律阿罗斯"号排在队伍之首，掌船的威廉·帕克凭借一张老旧的海图，将旗舰尽可能地靠近海岸。然而，库珀仍不满意，他在驾驶室栏杆前俯下身去，大声喊道："再近点！帕克，再近点！"此刻海上巨浪滔天，暴雨倾盆，一片昏天黑地，但随着最后一艘舰船加入队列，英军的炮弹依然准确地飞向目标。英国人发现，在排头战舰的火力压制之下，北部炮台守军的炮火已逐渐减弱。但是好景不长，仅短短10分钟，一系列灾难便席卷了"欧律阿罗斯"号。此时，这艘旗舰已加足马力，一马当先地驶向前来，将其他舰只甩在了后面，与排在第二位的"珍珠"号拉开了很大距离。

最具威力的炮台都集中在鹿儿岛城的最南端。下午3时，"欧律阿罗斯"号进入了守军火力范围内。这艘战舰被数枚炮弹击中，其中还有一些10英寸臼炮炮弹。站在库珀身边的约翰·乔斯林上校和爱德华·威尔莫特中校被一枚炮弹夺去了生命，另一枚炮弹击中了甲板上的三号火炮炮门，导致7名水手丧生，12人重伤。舰只右舷悬吊的小艇——与之前战争不同

第七章 海军的"长臂":英日战争(1863—1864年)

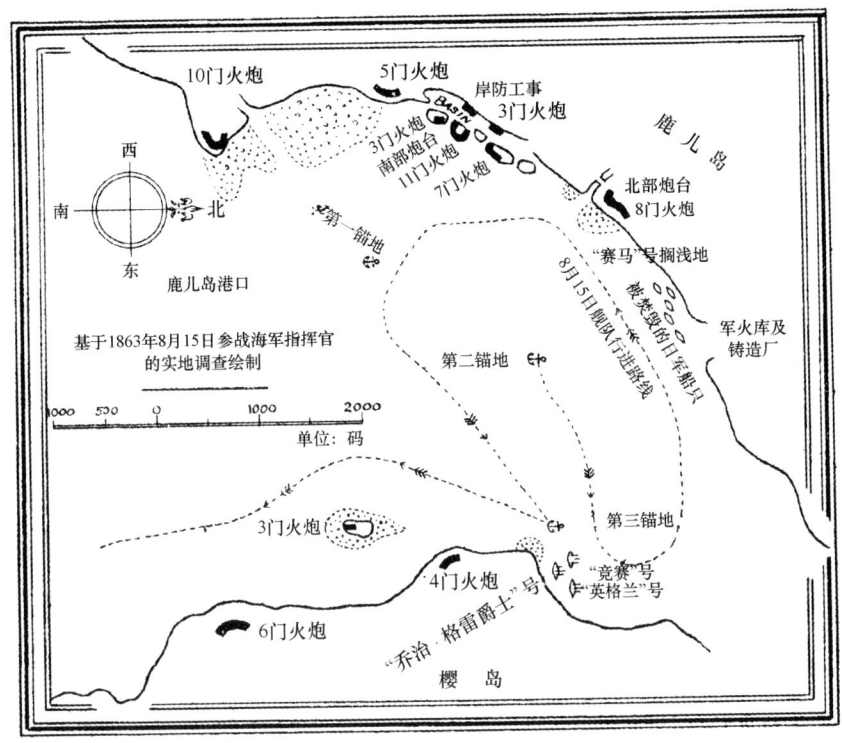

1863年8月15日,英国皇家海军鹿儿岛作战图。(图片来自威廉·莱尔德·克洛斯的著作《皇家海军历史》,Ⅶ卷)

的是,舰载艇并未被拖曳前行——被敌军炮弹打得粉碎,溅起的木片杀死了2名水手,另有4人受伤。最严重的是一次意外事故,对士气造成了沉重打击:位于舯部的7英寸"阿姆斯特朗"后膛炮发生了炸膛,巨大的冲击波将船员们震倒在地,所有人都对此惊惧不已。一份官方的研究报告显示,"欧律阿罗斯"号驶入了日本人布设过校射浮标的水域,因此招致了猛烈的炮击。然而,当时的相关文献并没有关于浮标的记录,也没有其他舰只像"欧律阿罗斯"号一样遭此劫难。试想,如此庞大的目标,冒着腾腾蒸汽独自靠近海岸,距敌军岸炮仅有400码左右,或许它的不幸恰恰是因为太过惹眼。

与此同时,排在队列后面的"赛马"号引擎突然熄火。下午3时10分,在强烈海风的驱动下,它无助地漂到了北岸敌堡的炮口之下,幸运的是,这座堡垒在前排重型战舰的猛烈攻势下已经丧失了战斗力,几乎沉默无声地矗立着。即便如此，在下午6时，当"百眼巨人"号带着"科凯特"号赶来搭救同伴时，还是被一枚炮弹打中了主桅。"赛马"号很快脱浅。最后一艘战舰紧随"欧律阿罗斯"号，在战线最南端掉头，驶向了北边的樱花岛，在敌军射程之外停泊下来。

尽管其他舰只没有像旗舰一样遭受重创，但除"蹂躏"号外，都有不同程度的损伤。战后统计结果显示，英国皇家海军有11名官兵阵亡，52人受伤，有2名伤重不治身亡——在如此小规模的行动中，伤亡人数如此之高，实在令人咋舌。日方的损失不详，但无疑也十分严重。日军的大部分炮台根本没有防御设施，而且随着船舶在浪涛中颠簸起伏，英军的很多炮弹都落到了后方的城市中，造成了无辜市民伤亡并引发了火灾。鹿儿岛的房屋多是用木料和纸建造，火势很快在城中蔓延开来。到下午6时30分左右，鹿儿岛已陷入了一片火海之中。此时风力几乎到达了顶点，在强风的助力下，通天大火彻夜未熄。

8月16日星期天，战斗次日的清晨，英国皇家海军为阵亡的战友举行了葬礼。下午2时30分左右，官兵们看见日本人正忙着在樱花岛上建造新的火炮阵地，目标直指英国舰队锚地。于是，他们准备再对日军发动一次攻势，但指挥官库珀却犹豫不决。到下午3时30分，起锚的命令最终传来，在"欧律阿罗斯"号的引导下，海军舰船依次向海湾出口驶去。与此同时，海军炮手向樱花岛侧翼的炮台开火射击，并将炮弹射向了萨摩统治者的避暑别墅。英国海军炮手依然表现出色，下午4时左右，缓缓向南行驶的战舰射中并引爆了敌军的一座军火库。英国舰队终于离开了鹿儿岛海湾，向横滨驶去。

从外交角度看，鹿儿岛远征是一次失败的行动。诚然，萨摩藩的大名损失了3艘珍贵的汽船，他的财物和别墅也在大火中毁于一旦。但是，日本人已对火灾和地震习以为常，他们的房屋多半是木质结构，所以很容易重新建造。因此当地统治者并未向英国做出让步，而且，当地人对重创英国舰队并迫使他们退出战场感到十分满意。由于日本人看到了西方舰队强大的破坏力，在接下来的几年里，他们便开始自主建设海军——他们对此酝酿已久，可以说鹿儿岛之战促使其最终采取了行动，率先唤起了日本人建立本国海军的意识，但这是后来的事了。1863年8月16日，萨摩藩的官兵们开始为战胜讨厌的外国人举行庆典，库珀和尼尔不得不承认，他们

第七章 海军的"长臂":英日战争(1863—1864年)

远未达到让萨摩藩交付赔款并交出杀害理查森凶手的目的。

从战术上看,这场战斗也招来了颇多批评之声。英国皇家舰队被打了个措手不及,鉴于3日前英、日两国不断升级的紧张关系,英国海军的挫败无疑是火上浇油。很明显,库珀战前没有制定任何合理的攻击方案,他的舰只是在上级的严令之下仓促召集起来并投入行动的。而且,英军将船身较小且脆弱的战舰置于队伍的末端,一旦发生事故,它们就很容易暴露在敌人的火力之下,"赛马"号就是因此而遭遇困境。在此战中,英国军舰队列过于靠近炮台:对于日军的老式滑膛炮和臼炮来说,500码是一个十分理想的火力范围;而先进的英国线膛炮射程却是日军的3倍以上,就连其滑膛炮射距也在1 000码左右。更重要的是,鹿儿岛炮台并未完全被英国舰炮摧毁,英国炮弹仅杀伤了日本炮手,但其武器设施基本完好无损。8月16日早晨,日军在樱花岛上构筑新炮台的行动表明,他们将不择手段,战斗到底。

库珀意识到他的行动遭到挫败。海员的严重伤亡,尤其是威尔莫特及乔斯林的阵亡令库珀大为震惊。[6] 他知道,单凭这支力量有限的舰队,根本无法摧毁日军的海岸防线,而日本守军展现出的决心和勇气同样坚不可摧。8月22日,他首次发出了一封信件,其中有这样的一段话:

"以小规模的海军力量,在有限的范围内,以如此方式完成报复和惩罚的行动。"[7]

8月26日,库珀送出了第二封信件。这一回,他已有充足时间反省失利。在此基础上,库珀对参与此类行动所需的军力做了清晰和准确的评估。他写道:

"这支海上力量势单力微,主要由小型船舶组成,船员们也不能遵循成功先例进行抢滩登陆,这样的舰队在日本毫无建树:只一味地炮击防卫工事,而没有登陆部队后续跟进,扩大并锁定战果,最终只能是毫无意义地葬送宝贵的生命。"[8]

事实上,库珀学到的最重要的一课,对其后海军在日本的一系列行动产生了决定性影响。他深深地认识到,海军行动离不开陆战队的支援。库珀将这条重要的战术格言牢记于心,而维多利亚时代其他海军军官却对此不以为然。在整个19世纪,英国海军炮击敌岸屡见不鲜,但能够取得全面性胜利的却屈指可数。究其原因是缺乏陆战部队的配合。

回到横滨基地之后，库珀发现日本和西方人之间的紧张关系一如既往。长州藩的大名封锁了下关海峡——横滨往来中国的必经航路，禁止西方舰船通行。一支法国舰队试图逼迫大名打开通道，但终被击退。经历一番艰辛磨难，西方人对日军的强大和坚定有了刻骨铭心的认识，他们不断将海军力量调集于此。英国和法国的援军先后赶来，1864年春天，荷兰也派来了4艘战舰，联军力量得以进一步增强。在英国的增援部队中，有风帆-蒸汽混合动力的"征服者"号，还包括一个营的海军陆战队；法国也从中国战场上调来了部分陆军。联军阵营已初具规模。

最终，1864年8月，库珀和他的盟友认为夺取下关海峡的时机已到。8月28日，库珀率领10艘战舰驶出了横滨。9月1日早晨，他们与4艘荷兰战舰和3艘法国战舰在姬岛附近的指定地点会合。中午时分，"彭布罗克"号从上海开来，为联军舰队补充了燃料。[9] 下关海峡的岸防在日本海防体系中最为强大，8座巨大炮台扼守海峡的关键位置，能够以优势火力压制海峡入口处的敌军舰船。这8座炮台每座至少装有20门火炮，其中大部分是32磅炮。日军如此强大的防御工事，欧洲联军还是首次遇见。

然而，日军的防御体系也存在着一些明显的缺陷。首先，尽管海峡两岸山岩陡峭，但却没有一座炮台位于能够鸟瞰整个海峡的高山顶部——它们都设在靠近海岸线的低地上，与入侵的敌船几乎处于同一水平线。更糟的是，其中一些炮台建在峭壁之下，这样一来，舰船射出的炮弹很容易被岩壁反弹，落在炮手中间；如果炮弹击中岩壁后爆炸，雨点般散落的岩石碎片也会对守军造成重大杀伤。此外，尽管炮台能够集中火力打击正面之敌，却都忽视了侧面的防御。因此，如果从侧翼发起袭击，很容易将它们逐个攻陷。最为重要的是，丰前藩正好位于海峡南面，当地统治者拒绝为长州的大名提供支持，这意味着联军舰船能够坐拥海峡南岸，不用担心遭受交叉火力攻击。[10]

库珀将这支庞大的舰队划成3队，快速舰船（或称小型护卫舰）被归为一队，由"鞑靼人"（Tartar）号舰长约翰·海斯负责指挥，其中包括法国的"巴罗萨"号、"豹"号和"迪普莱"号以及荷兰的"金十字"（Metalen Kruis）号和"占碑"号。该队的任务是迅速推进到海峡南侧——在1 000码的中程距离对防御工事进行炮击。与此同时，轻型舰队由"珀尔修斯"号上的奥古斯都·金斯敦中校指挥，带领"科凯特"号、"保

第七章 海军的"长臂":英日战争(1863—1864年)

炮击下关的行动策划。站在中央的是奥古斯都·库珀少将,中间坐在椅子上的是法国舰队指挥官若雷斯。手指地图者为英国公使阿尔科克。(国家海事博物馆,伦敦,编号:C8583/C)

镖"号及荷兰海军的"美杜莎"号、法国的"唐克雷德"(Tancrede)号从北部抵近,夺占侧翼的近岸炮台。重型战舰"欧律阿罗斯"号、"征服者"号及"塞米勒米斯"号(法国海军上将若雷斯的旗舰),留在海峡中央,为轻型战舰提供火力支援。荷兰的"阿姆斯特丹"号和"百眼巨人"号用作后勤支援,随时准备拖出受伤的船只。守军火力一旦受到压制,皇家海军陆战队就立刻登岸,夺取炮台,由一队海军工兵破坏并拆毁日军防御工事。此次行动的每个重要细节——1 000码距离的炮击、舰队的侧翼迂回及强大登陆部队的配合——都显示出库珀对鹿儿岛的失利记忆犹新,他已经从失败中吸取了教训。

备战工作进行得有条不紊。联军选择在9月5日下午2时潮水水位最高时发动进攻。在这一时刻,几乎所有船只都到达了它们的指定位置。"征服者"号前进时两次搁浅在未知浅滩,不得不停留在距目标最远射程

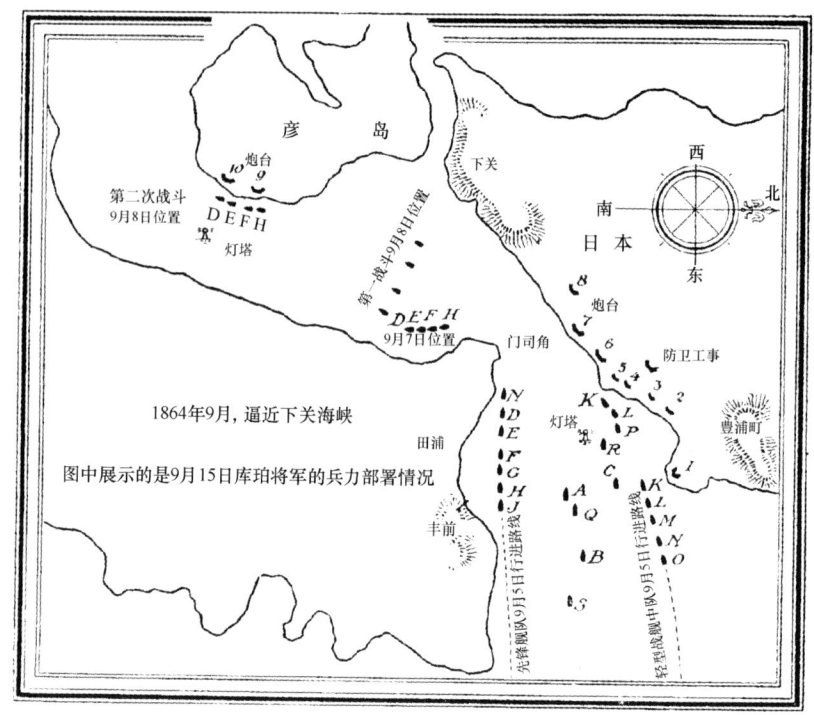

1864年9月,联军舰队迫近下关海峡。(图片来自威廉·莱尔德·克洛斯的著作《皇家海军历史》,Ⅶ卷)

处,尽管如此,它依然能凭借前方宽阔的射界进行卓有成效的炮击,也能够搭载运输海军陆战队员——因此,装备重炮的"征服者"号成为舰队后方的庞大木质壁垒。

尽管海峡南岸的日本守军并不参战,但北侧的炮火仍像鹿儿岛那样准确而猛烈,所有联军战舰都不同程度地受损,即便是距离炮台较远的战舰也不例外。仅法国"巴罗萨"(Barossa)号的后甲板就曾6次中弹,但好在没有人员受伤。实际上,在战斗的第一天,联军的损失并不十分严重,人员伤亡大都出现在次日的登陆行动中。另一方面,由于库珀对战舰进行了精心部署,舰炮猛烈的交叉火力使日军感到力不能支,而日本守军的顽强不屈也同样赢得了联军的钦佩。"百眼巨人"号上的海军军官约翰·莫尔兹比这样写道:

"他们的阵地没有任何防御设施,我军的炮弹呼啸而来,直接在他们

第七章 海军的"长臂":英日战争(1863—1864年)

面前炸开了花。他们在这种恶劣的形势下坚持了如此之久,这使我深感惊讶。"[11]

莫尔兹比因未能亲自上阵感到十分失望。尤其是库珀接掌舰队之后,他一直期待这位老上司可能给他机会去建功立业。考虑到自己与库珀的多年交情,莫尔兹比最终决定向旗舰发去"请求参战"的信号,并幸运地获得了"同意参加海岸分队"的答复。库珀显然认为,日本人的炮火虽然猛烈,但却不太可能对他的舰队造成严重破坏。踌躇半晌后,库珀同样批准"阿姆斯特丹"号加入轻型舰队。这样,下午4时40分左右,库珀又将"科凯特"号调到了轻型舰队的首列。这艘体型较大的战舰在试探了水深之后,便慢慢驶入海峡,前往攻击最西面的炮台。此际,除了8号炮台,日军其他炮台的火力已有所减弱,较小的4号、5号和7号炮台几乎已经停止了射击。但库珀认为,眼下远未达到预期目标,因此不能派遣登陆部队上岸。下午5时35分,他发出了停战的信号。然而,英国的"珀尔修斯"号与荷兰的"美杜莎"号此刻正悄无声息地停泊在近海,船员们清楚地看到,日军的5号炮台已经完全放弃了战斗。因此指挥官金斯顿及德·卡森布鲁特决定违抗库珀的命令,派遣部分士兵上岸突袭炮台。这个勇敢的行动完成得干净利落,登陆部队毫发无损。

第二天早上,日军最大的8号炮台——它在先前的战斗中几乎未受到什么损伤——于5时左右再度开火。炮弹落在了"科凯特"号周围,此时该舰依然位列轻型舰队之首。"鞑靼人"号不幸中弹,8人受伤。[12]随即,海军舰炮再度轰鸣起来。但是这一次,仅过半个小时,日军的炮火便减弱了许多。库珀意识到,这是展开第二阶段攻势的绝佳时机。在发出信号之后,英国舰只便聚集在"欧律阿罗斯"号和海军陆战营周围,此外,还有部分舰船运来了海军陆战队分遣队——由威廉·萨泽上校指挥的小股增援力量。跟在他们后面的是一个装备轻武器的海军旅,主要由"欧律阿罗斯"号和"征服者"号上的海员组成,由约翰·亚历山大上校担任指挥官。英国方面的登陆人数,包括海员和陆战队员总计约有1 000名。与此同时,法国也打算派出350名登陆人员,荷兰派出200人。

运兵船由舰队的轻型驳船拖着前往海岸,登陆地点正好位于被联军攻克的5号炮台脚下。部队顺利上岸并随即展开行动,夺占其他被敌军放弃的炮台,销毁武器及炮架。唯一的事故发生在"珀尔修斯"号上。上午9

时40分左右，在登陆行动进行得如火如荼之时，"珀尔修斯"号被一阵急流冲到了浅滩上，卡在那里动弹不得。直到9月7日晚上，它才在"百眼巨人"号的帮助下脱离了困境。

攻坚行动进展顺利，到下午4时，库珀决定在夜幕降临之前召回上岸军队。法国和荷兰的海员及陆战队已经先行撤退，而此时，英国海军旅刚在工兵的帮助下拆毁3号炮台。在返回途中，他们遭到了附近一支强大日军部队的攻击。袭击者很快被击退，与此同时，萨泽上校也随海军营从西部炮台处赶到。他与指挥官亚历山大一致认为，在登船点附近活跃着数量如此之多的日军，如果置之不理必成心腹之患。因此，他们决定率军追击。日军仓皇退入了一道峡谷，并将峡谷处的一座坚实的防御工事当作了避难所。两位英军指挥官立即决定发动攻击。英国士兵发起了冲锋，由见习军官邓肯·博伊斯高举军旗，水手长托马斯·普赖德紧随其后；二等水手威廉·希利一马当先冲在前列，虽然身负重伤，但仍然坚持不下火线。在一场短兵相接的战斗中，许多日军手持弓箭与英国人对战。最终，日军工事陷落，抵抗者们被驱赶到了临近的群山里。在战斗中，亚历山大的右脚严重受伤，同时有8名英国士兵阵亡，33人挂彩。英勇作战的博伊斯、普赖德和希利受到嘉奖，战后被授予维多利亚十字勋章。

参加陆战的士兵陆续登船。随着夜幕降临，为避免登船部队暴露在危险之中，英国方面决定，先由"百眼巨人"号将部队带离海岸，再将士兵们送往各艘船只。莫尔兹比亲眼目睹了这次艰难的登船行动：

"这是我有生以来承担的最为紧迫的任务，黑暗笼罩，漆黑一片。汹涌的潮水以每小时6海里的速度冲入海峡。我们必须穿越急流，在斜风中向各艘船只靠拢。我舰的甲板上挤满了海员，舰桥上也站着几个舰队的高级军官。军官们好心地提出了各种建议，眼看我们就要克服困难了。但我的神经依然高度紧张，因此不得不请求保持安静。我们撞了大运，完美地完成了任务，没有出现任何意外事故。"[13]

处于低地的所有炮台现已全部落入联军之手，日军部署的火炮已尽被摧毁。现在，只剩下位于福岛的两处炮台有待攻克。9月7日，库珀下令"鞑靼人"号、"迪普莱"号、"占碑"号和"金十字"号向前推进，对其余的日军炮台发起进攻。英舰于下午5时30分到达指定位置。第二天一早，库珀和若雷斯便把他们的将旗转到了"科凯特"号上，加入到攻击舰

第七章 海军的"长臂":英日战争(1863—1864年)

在夺取下关之后,英国海员与皇家陆战队成员在5个炮位前合影。(国家海事博物馆,伦敦,编号:C8583/D)

队的行列之中。9时30分时,英舰开火了,但没有遭到敌人反击。上午11时30分,从下关港方向驶来了一艘日本船只,船上高悬着一面休战旗。船上下来的特使向英军指挥官送来了书信,据说是在大名的授意下书写的,大意是承诺重开海峡。信中强调,这是奉日本天皇和幕府将军之命令行事的。由于没有高级外交官在场,库珀和若雷斯亲自与使者进行了谈判——英军要求大名必须亲笔书写承诺书,并同意签订为期两天的停火协议。因此下午1时40分左右,联军船只升起了休战旗,所有敌对行动暂时停止。

然而,库珀决心摧毁全部日军炮台。9月7日,他就曾派遣一个工兵组上岸,去炸毁敌军军火库并摧毁工事墙。同时,他下令尽可能多地将缴获火炮搬运上船。尽管在休战期间,他还是要求工兵组照常工作。到9月10日入夜,共有62门火炮被搬运上船,其中8门由于严重损坏而被丢弃,其余的54门后来被作为战利品而被盟友瓜分。9月10日,长州藩大名的首席顾问登上了"欧律阿罗斯"号,向库珀递交了大名的信件,再次承诺不再关闭海峡。现在,对敌军军事设施的拆迁工作业已完成,在目标已经达到的情况下,库珀和若雷斯答应日方撤回舰队。当然,库珀也采取了防范措施——停战之后,他的舰队依然在海峡东部停泊了10天之久。在此期间,"珀尔修斯"号提前返回横滨,检查并修理战损。9月20日,整支舰队拔锚起航,向东驶去。只留下"巴罗萨"号、"唐克雷德"号和"占碑"号在此巡逻。

库珀并没有径直回到横滨,他带着船只穿过濑户内海,出现在最东端的大阪附近,其目的是向尽可能多的日本人展示武力。若雷斯决定直接返回,但也同意留下打头的8艘英国蒸汽舰和3艘荷兰护卫舰以及"鹗"号、"保镖"号耀武扬威一番。库珀甚至坚持让"征服者"号留下参加示威巡航,因为它威风凛凛的外观颇为抢眼。然而,在9月22日,该舰却不幸搁浅了。在一切脱浅努力均告失败之后,海员们只得将其甲板上的全部火炮拆卸下来,装载到了"豹"号和"保镖"号上。最后,"征服者"号终于浮了起来。

航行持续了7天,多年之后,海员们在回溯这段往事时皆感慨不已。据莫尔兹比回忆:

"舰队喷吐蒸汽在这片宽阔的内海穿行,有岛屿星罗棋布,其间水道狭窄纵横,错综复杂。当领头的舰船在海岬处转弯时,从船尾角度看来它们好似已经撞到了岸上。"[14]

舰队沿途到达了许多城镇,但库珀严令禁止人员登岸。然而,每到一处,好奇不已的当地民众和具有事业心的商人都从四面八方围拢过来,仔细观看每艘战舰。9月27日,长龙般的舰队最终驶入了大海。10月1日,舰队在"欧律阿罗斯"号的引领下到达横滨停泊。当英国船只驶过旗舰时,船员们一边操纵索具,一边欢呼呐喊。

1863—1864年的英日战争是维多利亚时期英国皇家海军行动的典范之作,同时也是旧式蒸汽巡洋舰、护卫舰与风帆战舰等各类战舰的最后一次联合行动,其中的"半机动、半风帆"式的战舰也十分引人瞩目。"阿姆斯特朗"火炮在使用初期的故障重重引发了颇多关注,致使皇家海军一度放弃了新式后膛火炮,直到20年后才恢复使用。但是在战舰的性能方面,却缺乏相关的比较研究。事实上,蒸汽动力并没有发挥出显著效果。在前

第七章 海军的"长臂":英日战争(1863—1864年)

往鹿儿岛的途中,风帆动力船只要比蒸汽动力的更容易操控。在战斗中,"欧律阿罗斯"号一马当先地冲在前列,却将自己暴露在敌人的猛烈火力之下,因而导致了灾难性后果。同样,在鹿儿岛战斗的关键时刻,"赛马"号的引擎出了故障;而在下关的时候,"珀尔修斯"号也在急流中失控,被冲到了岸边。从战术上说,经典的舰队战术与陆上行动的结合是下关战事的主要亮点,但遗憾的是,英国人事后并未对这场经典之役进行恰当的分析研究。例如,我们可以推测一下,如果英军在1916年的达达尼尔海峡战役中采用了类似的策略,那么会发生什么样的结果。从战略上讲,此役是一个运用海上优势实现国家政治目的的典型战例,几乎可以说是一次无懈可击的行动,无论在当时还是今日,都堪称杰作。

注释

1. 关于英国战舰行动的资料主要来源于海军部所藏的船舶日志档案,库珀将军的电报和日志分别见于海军部档案 1/5824、5825 以及 50/287.
2. 库珀生平资料来源于《伦敦新闻》,1864年2月20日。
3. 日军防御工事情况在库珀将军的电报中有较为全面的描述。(ADM 1/5825).
4. 参见 ADM 1/5825 kuper to Admiralty 22 Aug 1863.
5. 参见 A preston and S Major, *Send a Gunboat* (London 1967),p75.
6. 他在正式电文中三次提及官兵伤亡情况,字里行间流露出忧伤之情。
7. 参见 ADM 1/5825 Kuper to Admiralty 22 Aug 1863.
8. 参见 ADM 1/5825 Kuper to Admiralty 26 Aug 1863.
9. 库珀的电报中对下关行动的描述见于海军部档案 ADM 1/5876,日记见于海军部档案 50/288.
10. 对下关防御工事的分析基于英国皇家海军工兵团的雷少校现场调查报告。见于海军部档案 1/5876.
11. 参见 Moresby, *Two Admirals* (London 1890),p117.
12. 参见 AMD 53/8240 Log of HMS *Tartar*.
13. 参见 Moresby, op. cit. p238.
14. 同上,p239.

参考书目及相关资料

学界对这场英日战争的研究十分有限。学者莱尔德·克罗斯发表在《皇家海军》

第七卷（第 190 页至 200 页）的文章较为完整的呈现了战争全貌，其中还引用了库珀的电报。在克罗斯之后，普勒斯顿和梅杰在合作发表的短文《炮舰出洋》中也进行了叙述。

当今的一些报告和述评大多发表在《泰晤士报》及《伦敦新闻》，述评中关于现场的描述给人留下了深刻的印象。关于此战的更为精彩的个人评述，见于"百眼巨人"号的指挥官约翰·莫尔兹比的《虎贲双将》一书。本文的大多数资料来源于历史档案馆的原始信件及日志记录，在注释中皆有标注。

第八章 贝蒂上将和"褐水海军":苏丹与中国(1896—1900年)

理查德·布鲁克斯

海军元帅戴维·贝蒂伯爵是英国皇家海军历史上声名显赫的人物。第一次世界大战期间,他带领巡洋舰队参加了多格滩和日德兰半岛的军事行动,并于1917年接替约翰爵士担任英国主力舰队总司令之职,指挥这支史上最强大的海军力量。战后,贝蒂成为第一海务大臣,在奉行节俭的历任政府中努力维持海军军力。很少有海军军官像他一样对"一战"的海战形势,或对英国依靠传统方式维持海上强国地位的主张予以完全认同。然而,除"无畏舰"之争外,在贝蒂早期的职业生涯中,还出现过两次额外的插曲。

19世纪晚期的英国皇家海军在小规模战争中发挥着重要作用。皇家军舰遍布各地,为孤立一隅的沿海飞地提供战略纵深,或沿着大河深入内陆,支持英国在非洲、亚洲腹地的军事行动。这两类行动对贝蒂来说都不陌生。1896—1898年,他曾担任尼罗河英军炮艇的指挥官,并于1900年在天津率领巴富勒海军旅镇压"义和团"运动。贝蒂迥然不同的战斗经历,显示了维多利亚时代的海军必须应付各种各样的敌人,需要承担形形色色的任务,官兵们担负着多种多样的职责。

在19世纪中期马赫迪起义之前,苏丹一直是埃及的附属国。马赫迪起义军赶走了埃及驻军,并在喀土穆击毙了担任总督的英国将军查尔斯·戈登。1896年,埃及经济和军事已有所复苏,赫伯特·基奇纳爵士指挥的英埃联军便跃跃欲试,企图夺回先前失去的省份。基奇纳的作战计划是经过深思熟虑的,但随着军队深入,交通通信的限制阻碍了他的脚步。为确保尼罗河运输线的安全,基奇纳下令组建了一支实力雄厚的炮艇队,由英国军官负责指挥,年轻的贝蒂中尉正是其中的一员。1896年9月,在哈菲尔的行动中,尼罗河舰队的指挥官斯坦利·科尔维尔身受重伤。贝蒂极力主张集中一切力量发动进攻,之后,他率领舰队勇猛出击,不辱使命。1896年冬天,由于河流水位过低,贝蒂被迫带领一些舰船离开河道。他于1897年7月重返战场,指挥炮艇队穿过河中急流,封锁栋古拉和阿布汗莫德之间的尼罗河河道。在接下来的一年里,英埃联军的炮艇队成为了阿特巴拉河和喀土穆河间独一无二的霸主,直到1898年8月基奇纳发起最后攻势。贝蒂是经历了整场战役的唯一海军军官,从1896年7月被调往苏丹战场,到1898年9月在喀土穆外围的恩图曼参加最终决战,他在苏丹已奋战了两年多的时间。

2艘"阿布科里"级炮艇在哈菲尔执行任务。贝蒂中尉是其中一艘炮艇的指挥官。(图片为作者本人收集)

在另一个战场上,"义和团"运动虽然持续时间短暂,但轰轰烈烈。海军仅参战数月,但战事却远比在尼罗河更加艰难。那些自称"义和拳"或"义和团"的中国武装人员,占领了北京周边地区和对外贸易中心天津,对欧洲和中国基督徒采取敌对行动。多国海军军舰聚集在海河河口。贝蒂的部队与"巴尔夫勒"号的海军旅被派去保卫天津的租界。他们于1900年6月11日抵达,此时"义和团"还没来得及破坏铁路和电报设施。

第八章　贝蒂上将和"褐水海军"：苏丹与中国（1896—1900年）

狙击和纵火随即开始，当15 000名中国正规军士兵加入到"义和团"行列之后，中英双方便展开激烈战斗。联军增援部队于6月23日进入天津，这使海员们得以解脱出来，动身前往北京以疏散公使馆的外交人员。然而好景不长，他们很快陷入了包围，反而成为了需要救援的被困者。在向北京进发的路上，一个名叫约翰·杰利科的人在与敌人短兵相接时受伤，贝蒂的左臂被2枚子弹打中，但还是随同医疗队救护伤员。在度过了惊心动魄的3周之后，联军在7月13日向天津古城发起攻势，并于当晚占领天津。因此，包括贝蒂在内的海军旅大部分官兵便在7月20日回到了舰船上。贝蒂的伤势十分严重，因此没能参加8月对北京公使馆的解围战。

海军在苏丹战役中还承担了技术顾问的职责。贝蒂是指派到埃及舰队的少数海军人员之一。在每艘船上，英国人的数量都屈指可数，仅有一名海军军官，两名工程师以及一两名担任射击教练的海军军士。其余人员都是在当地招募的，包括埃及的枪手、阿拉伯的水手以及苏丹的司炉。舰队中有三类炮舰，除此便是一些没有武装的轮船。最古老的炮艇当属4艘船尾蒸汽明轮，它们的历史可追溯到1884—1885年的戈登远征时期，艇名也是在同时期的沙漠战役之后拟定的。两种新型炮艇建造于苏丹战役期间，它们是3艘蒸汽炮艇和3艘螺旋桨小艇。后者的吃水很浅，但结构更加复杂，引擎故障率也高。它们都包裹着厚实的铁甲，配备了速射武器。船只的高度适宜，这为海员们监控尼罗河两岸平坦的陆地提供了便利。英国造船厂建造的新炮艇，会先将部件编号，然后尽量通过铁路运输到此，再加以组装，目的是绕开尼罗河的第一瀑布和第二瀑布。1896年8月，考舍（Kosheh）地区的驻军官兵全都聚集在尼罗河岸，观看工兵与海军陆战队员对"扎菲尔"号炮艇进行组装。为此，厂商特意委派贝蒂中尉和另一名工程师前往指导。1897年5月，另一组陆战队员又在柏柏尔附近协助装配双螺旋桨船，承担了安置舰炮、船舶维修、油漆及调试索具等多项工作，好似把一所造船厂迁移到了此处。[1]

驻在天津的海军旅则遵循着完全不同的模式。它们是一支独立的地面部队，由英国皇家海军陆战队、配备轻武器的海员组成，携带野战炮和"马克沁"机枪；还有技术、医务人员和受过急救培训、用来充当担架员的司炉队伍。此外，队伍中还包括来自"奥罗拉"号和"奥兰多"号巡洋舰的430名官兵，他们负责保卫英国人的居住地。[2] 但相比尼罗河舰队的速射炮，中国战场的海军旅在装备上就显得有些自惭形秽：他们只有2门1871年生产的9磅野战炮、3挺"马克沁"机枪、3挺"奥兰多"机枪和1挺手摇机枪。那时，在中国的海军官兵尚未收到新型12磅野战炮——对于这种类型的火炮，现代人已经耳熟能详。

对分别征战于苏丹、中国战场的两支部队来说，二者的指挥层面也截然不同。在苏丹，基奇纳以良好的状态指挥着装备精良的军事机器前进，还得到了一些精明能干的军官助阵。科林·凯珀尔在科尔维尔负伤之后接替了他的工作，中尉沃尔特·考恩对他这样形容：

"最惹人喜爱，也最能鼓舞人心的指挥官，所有水手都甘愿为他效忠。在河上来回航行的生活既刺激又壮观，埃及军队受英军精英们的辖制和指挥，水手们每天都过得充实无比，不断取得各种形式的成就；基奇纳勋爵为军队鼓舞干劲，以最高的标准要求每一个人。"[3]

科尔维尔和凯珀尔都在1885年的戈登远征期间担任海军中尉，拥有丰富的河流作战经验。查尔斯·罗伯森也是参加1886年尼罗河战役的军官之一，他原是东非希洛河上一艘炮艇的指挥官。

天津的海军旅则是另一般模样。1900年，贝蒂接管了英国人居住地的防御工作，而他只有苏丹战役的作战经验。联军的指挥体系十分混乱，贝蒂对此评论道："我们很难控制这些形形色色的部队，也无法令他们协同行动。"[4] 他指出，各国军队间的互不信任使解围行动变得愈加艰难，"一方面是由于准备不足，另一方面就是联军之间的紧张关系。我们自己同样糟糕，也是最缺乏理智的……"[5] 有一位俄国军官"魅力十足，最为抢眼。在外交上理性而坦率。这种性格使他能够很快得到人们的信赖……"[6]

贝蒂能够参与乌姆杜尔曼和天津的战事，得益于维多利亚时代的海军任免权。在1886—1889年"亚历山德拉"号于地中海驻扎时，贝蒂已经在科尔维尔麾下担任当值候补军官，1895年调往"特拉法尔加"号服役，并随即晋升为中尉。当尼罗河舰队需要指挥官时，科尔维尔推荐了贝蒂。在19世纪90年代的相对和平时期，能够得到这样一个实践的机会简直走了大运。特别是，因追求女孩而忽视了本职工作，贝蒂在事业上已经落后于他的同龄同事。科尔维尔和贝蒂都因为在尼罗河的杰出贡献而获得提升。科尔维尔当上了驻扎中国的"巴尔夫勒"号战舰舰长。贝蒂再次回到他的麾下担任指挥官，负责管理船上水手，必要时也要指挥岸上行动。

第八章 贝蒂上将和"褐水海军":苏丹与中国(1896—1900年)

图画中的是英国皇家海军"芬奇"级炮艇,其部件在英国泰晤士河船厂制造,再运至埃及组装起来。(图片为作者本人收集)

从表面上看,"义和团"运动似乎与马赫迪起义十分类似。这两场运动的爆发,皆是源于普通民众对外来元素渗入当地文化和经济的不满之情,他们拿起长矛和刀剑,对抗西方人的步枪、火炮。然而,中国人却是更加危险的敌人。"义和团"只是一支装备拙劣的民间武装,但是中国士兵的武器在西方军事援助之下却有了很大改观,与19世纪60年代的大刀、火把、长矛形成了鲜明对比。在天津,中国军队在守军射程之外,用先进的4英寸口径大炮袭击了外国人的居住地,5枚炮弹击中了贝蒂的住所,"一发炮弹冲进了我的房间,粉碎了屋内的一切物品,点燃了我的床铺"。在民众的协助下,中国士兵以先进的作战方式发起攻击,"整个地方火光四射,弹片飞溅,子弹如雨。任何奋起还击的人都会被立刻击倒"[7]。贝蒂率军突击,试图消灭制造麻烦的2门中国野战炮,却被2枚流弹击中:一枚子弹有惊无险地从左肩动脉附近划过,另一枚打在他的左腕上。

相比天朝上国,马赫迪起义又是另一番情景。起义领导人哈里发根本没有接触过先进武器。一个当代的苏丹军官这样写道:

"他对'马克沁'机枪的威力茫然无知,对拥有欧洲最优秀炮手的英国尼罗河舰队更是闻所未闻……"[8]

哈里发家族的大部分武器都是在19世纪80年代缴获的,它们陈旧不堪且缺乏保养。火炮是老式的黄铜前膛炮,射程只有700~1 000码。尽管埃米尔·马哈茂德向炮手承诺,如果击中英国炮艇,就奖励他们钱财美女,但仍然毫无助益。哈里发军火库中的弹药性能极不稳定,他们的木质活塞式的保险装置常出现问题,使弹药难以引爆。在哈菲尔,一枚炮弹穿透了"阿布科里"号炮艇的弹药库,但没有爆炸。贝蒂亲自走下甲板,将弹丸抛到了海里。如果是在克里米亚战争期间,这种英勇之举很可能使他获得维多利亚奖章。被动对抗炮艇的策略同样很难奏效。在19世纪80年代的战争中被哈里发俘获的一位埃及军官为其出谋献策,提出在旧锅炉中塞满火药,做成水雷。但做好的"水雷"却意外引爆,将哈里法的一艘珍贵汽船也一道送入了河底。伊斯兰起义军们对河中游弋的炮艇无能为力,只能无助地盼望百年前的尼罗河之战能够重新上演。

在那场尼罗河之战中,英国人的主要敌人来自自然界:恶劣的气候和反复无常的河流。1896年8月,该地温度已达到48.8摄氏度,像是从熔炉中吹出的南风,让为基奇纳大军运送补给品的英国帆船一再迟滞。尼罗河水位每逢夏、冬便会大涨大落,中间尚可通航的高水位处也有瀑布截断航线。基奇纳的攻势遵循了河流的水位规律,在8月开始发动战略进攻。然而,尼罗河潮水的姗姗来迟给炮艇的行动增加了许多困难。尤其是在临近第二瀑布500码的河道处,河水水位比以往降低了50英尺,流水穿过玄武岩的间隙奔腾而下。1 400人用了近一个半小时拖着"米特枚"(Metemmeh)号穿过这条狭窄的河道,它的火炮被卸了下来,船舷也进行了加固:

"贝蒂中尉站在艏部……焦急地注视着系在艏部的粗大绳索,船上的每位官员都负责盯住一根拖曳船舶的缆绳,看它们在信号的节律之下一张一弛。这是一个揪心的时刻,船体发出'吱吱咯咯'的响声,在急流的冲击下左右摇摆,仿佛要被席卷而下。但是在人们的合力拉动之下,船舶沿着'之'字形路线慢慢地前进……"[9]

在1897年的第二次征战中,贝蒂依然不走运。他发现"埃尔泰布"(El Teb)号的状况不佳,很难应付尼罗河第四瀑布的激流,"船上没有止裂孔,没有木匠,没有修船工具,而且负载沉重……"从当地招募的纤夫手忙脚乱地将摇摆不定的船舶拖到了水流湍急的河道中。缆绳一经解

第八章　贝蒂上将和"褐水海军"：苏丹与中国（1896—1900 年）

开，它便立刻倾覆了，随即被水流卷走，然后撞在了 5 英里外下游处的一块岩石上：

"当然，船上的水手也未能幸免。这真是霉运连连。而我也只能硬着头皮继续应付这场冗长而乏味的战争，根本没有别的选择……但是，我必须庆幸自己没有沉入水底。"[10]

贝蒂还算幸运，他的 3 名埃及水手在此次事故中溺亡了。

尼罗河上的英国海军几乎承担了行动所需的全部工作。1896 年 9 月，哈菲尔的战斗情景并不常见，船队的直接贡献被夸大了。起义军伏击了炮艇，在"阿布科里"号上留下了 86 处创伤，并迫使试图驶过堡垒的"塔马伊"号撤回。厚厚的土墙挡住了"马克沁"机枪的子弹，而躲在墙后的起义军却用一枚炮弹打穿了"米特枚"号的 9 磅炮盖板，还有一枚炮弹打进了它的船舱，将船长帽子上镶嵌的王冠炸得无影无踪。科尔维尔本人也被隐藏在枣椰树上的狙击手打伤了手臂。然而，炮艇不愧是河流中的"装甲骑兵"，显然身手不凡。它们利用机动性优势打乱了敌人的阵脚，在埃及野战炮兵的火力掩护下越过了哈菲尔地区，将起义军逼退。炮艇队迅速向栋古拉及麦罗维开进，马不停蹄地追歼敌军，将人多势众的马赫迪追随者们打得溃不成军，疲于奔命。

由于拥有炮艇队，基奇纳可以在陆军和海军的进攻策略之间进行灵活选择。在栋古拉是舰队先行，陆军跟进。而在第二年尼罗河水位上涨之前，地面部队就穿越沙漠夺取了阿布亥尔德，一旦舰队能够穿越第四瀑布水道，他们便会及时赶来增援步兵。1897 年 9 月，一小队骆驼骑兵挡住了英军前往柏柏尔的去路，炮艇队匆忙冲过苏丹步兵营把守的上游地区，占领了桥头阵地。英国舰队控制了尼罗河第五瀑布以北的区域，持续不断进行侦察巡逻，"英国少校及他的少数苏丹黑人士兵就可以被扔进船舱，送往各处，随时接受基奇纳勋爵的口头命令——进攻、侦察敌军据点，或进行集结"[11]。敌人的运输船也会"永无宁日"。哈里发派出一支军队企图收复柏柏尔，但由于英军船队紧紧控制着河道，他们被迫穿越沙漠前往阿特巴拉河。而后，炮艇破坏了马赫迪军设在尼罗河两岸的供应仓库，切断了他们的退路。阿特巴拉河河水太浅，炮艇无法通行。因此，贝蒂亲率孤军趁夜前进，于 1898 年 4 月 8 日在阿特巴拉河与敌军展开激战。他的下属包括 1 名来自皇家海军陆战队的炮兵下士、14 名携带火箭筒的埃及炮手以及负载数门 24 磅"黑尔"火箭炮的骆驼,这可能是有史以来规模最小的英国海军旅。[12] 8 月,基奇纳再次利用炮艇的机动性向 125 英里外沙漠腹地的瓦德哈米德运送军队及全部补给物资。苏丹和埃及步兵挤在像沙丁鱼罐头一样的船舱里,只穿着内衣裤以便节省空间。河道运输给基奇纳提供了便利,他可以大方地舍弃陆地交通线而无需为此耗费军力资源。此外,蒸汽船也为他提供了施展策略的空间,船队带着军需辎重不辞辛苦地往来穿行,为部队送去包括 5 英寸榴弹炮之类物资并充当浮动的野战医院。

虽然乌姆杜尔曼战役的种种壮举掩盖了船队的战略贡献,但这无疑是至关重要的。有时,炮艇也直接投入战场,为摧毁哈里发的军队立下了汗马之劳。如果没有海军对基奇纳的后勤保障及武器支援,英国军队恐怕根本无法到达乌姆杜尔曼。在战斗结束后,这支船队立即恢复了他们的战略功用。一支勇猛的法国塞内加尔部队出现在法绍达地区,距白尼罗河畔的喀土穆约 500 英里。基奇纳集结了包括 5 艘炮艇——其中也包括贝蒂所在的"芬奇"号——他从被马赫迪起义军占领的埃及领土起航,向法绍达坚定而又不失礼节地开进。只有海军舰队才能通过这种形式展示武力。凯珀尔的炮艇队是皇家海军深入非洲大陆中心的长臂,地中海舰队是其强大后盾,它的存在,能够阻止危机出现进一步升级。

另一方面,在天津的英国海军旅扮演了一个纯粹的战术角色。狭小且四面隔绝的租界地区几乎让贝蒂难以设防。但是,他还是克服困难,依靠吊索在花园和仓库之内建起了胸墙,将"马克沁"机枪及 9 磅炮分散安置其间。

"我们持续工作,早上、中午、晚上,一刻不停,疲惫不堪……从大沽的火车上卸货,再将送往司令部的货物重新装车。在所有街道设置路障,挖掘战壕,架设火炮。"[13]

义和团的进攻开始了:

"完全不顾我们射出的弹雨,因为这些可怜的人根本没有用来反击的武器。他们从 300 码至 400 码的地方冲过来,手里拿着剑、长矛和火把。我们以半蹲的姿势扣动扳机,但他们显然很不在乎,依然无所畏惧,义无反顾。"[14]

局势变得更加严峻时,中国正规军加入了战斗。5 000 人袭击了联军部队守卫的火车站,守军中有两个连的英国水兵:

第八章　贝蒂上将和"褐水海军"：苏丹与中国（1896—1900年）

"奥兰多"号巡洋舰上的机枪被移到陆上使用。1900年摄于天津。（图片为作者本人收集）

"除我自己外，所有人都是第一次亲临战阵。这是一个困苦的磨炼，他们稳稳地站着，像坚韧的岩石和冷酷的黄瓜，好似已经将生命押注于此。"[15]

他们虽然英勇，但也并非全无缺点。贝蒂发现他的士兵不断用谎言来呼吁援助，"对所有国家而言，这都是理所当然的举动。他们认为有必要通过（非常频繁的）增援获得最佳战果"[16]。

租界地区的平民已近乎陷入混乱，因此不可能将他们疏散到安全地区，"他们纷纷离开住处，怀着激动、焦虑和恐惧的心情蜂拥而来。一些人两手空空，只穿着睡衣"[17]。后来，妇女和儿童被人们藏在酒窖之中，才在炮火中幸免于难。所幸仓库中也囤积着大量米、面等食物。当战争结束后，物主们纷纷要求海军部赔偿他们的损失，索赔物资包括莫名失踪的几箱啤酒等，听起来好像是要求海军为其保护租界的做法付出代价！

在一次正式仪式上,"敏捷"号战舰的12磅长管炮被放置在由当地小马拖曳的炮车上。(国家海事博物馆,伦敦,编号:E0809)

英军在第一次世界大战中曾一度陷入战术困境,而这在1900年7月13日的天津攻城战中早有先兆。英国皇家海军利用从"可怖"号、"阿尔及利亚人"号上拆卸下来的12磅炮和4英寸炮提供陆战火力支援,与1857年"香农"号的炮火不同,这些大炮都安装在珀西·斯科特上校临时准备的简易拖车里,在远离目标的情况下进行间瞄射击。与此同时,英国驻天津的高级海军军官爱德华·贝利上校也在戈登大厅的顶棚通过电话进行火力指挥,战事的最终胜利很大程度上归功于海军军官的突出贡献。即便如此,天津城墙上中国守军的火力却从未被压制下去,进攻者被挡在了1英里以外的地区。[18]"巴尔夫勒"号上的海军陆战队和水兵仍被作为步兵使用,"他们伏在空旷的野地中,没有任何隐蔽之处可寻,而敌人的子弹打得越来越低"[19]。尽管贝蒂对无法接近敌军感到焦虑不安,但他还是沉下心来,协助救护遭受攻击的美国第9步兵团官兵。贝蒂亲自为伤员抬担架,一只受伤的胳膊还被绷带吊在胸前。贝蒂打破了联军一派和谐的氛围,他指出,如果刚到达战场的美国人将喝酒的时间花在侦察敌情上,兴许就不必如此匆匆地打探去往医院的道路。

第八章　贝蒂上将和"褐水海军"：苏丹与中国（1896—1900年）

"义和团"战争期间，一挺"马克沁"机枪被临时架设在英军炮艇上。（国家海事博物馆，伦敦，编号：PU9528）

英国皇家海军在中国遭受了惨重损失：2 207名参战者中，有359人阵亡或受伤，占总人数的1/6。据贝蒂估算，在天津，拥有2 400名士兵的联军部队在前5天的租界守卫战中，几乎每天都要损失100余人。中国人杀死俘虏的做法平添了士兵们的焦虑，各处道路断绝，弹药也逐渐减少：

"事实上，我们身处陌生的地域，不得不在黑暗中行动，除坚持战斗之外别无他法。租界内的每棵树和每面墙都经受了战火洗礼，上面布满了斑斑弹痕。里面的建筑物遭到焚烧，或被炮弹打得遍体鳞伤。街道上一片狼藉，米袋、花生袋和碎布满眼皆是。"[20]

而尼罗河舰队的战斗则显得较为平淡：一位英国军士在哈菲尔丧生，另一位中了起义军火枪手的埋伏，以身殉职；还有一名士兵被阳光灼伤。英军只损失了一艘炮艇，过度负载的"扎菲尔"号因船板出现断裂而沉入水底，只剩烟囱露出水面。为埃及士兵配给的牛肉硬得像牛皮一般，而陆战队员也不得不忍受价值5便士的无味姜汁汽水。但尼罗河舰队却是无法阻挡的军事机器，它维护着尼罗河交通的安全通畅，也使陆军和海军的指挥机构可以随时掌握基奇纳军队的动向。

贝蒂在尼罗河战役中的贡献，使他成为了英国皇家海军最年轻的上校。他只做了6年中尉（约是平均任期的一半），担任了2年中校军官，然后很快被提升至高级军官行列。在苏丹，贝蒂的种种经历，是和平时期的海军中级军官远不能比拟的。他曾在行动中亲自指挥战舰，目睹了海军力量的陆战行动，强化了兵种间的相互配合。在乌姆杜尔曼河畔，贝蒂曾将一瓶香槟抛给了一位干渴难耐的骑兵中尉，此人便是12年后享誉世界的温斯顿·丘吉尔。当时，丘吉尔还是第4兵团的轻骑兵，后来成为英国海军大臣。1914年时，他将贝蒂从"自愿失业"的窘境中拯救出来，任命他担任海军部长，将其直接提拔至最高指挥部。

从战略层面而言，苏丹战争中平淡无奇的海军部署获得了不成比例的战略优势，英军用少量精锐扼守尼罗河水道——在这个水、陆交通皆不便利的国家，尼罗河可以说是唯一的通途。在法绍达地区，炮艇的出现化解了一场国际危机，避免了可能爆发的英法战争。与基奇纳势如破竹的推进相比，贝蒂在中国遇到的情况则完全不同，他面对的敌人老谋机智且装备良好，而多国联军指挥混乱，一盘散沙。面对这种形势，陆军应比水手更能发挥作用。但布尔战争分散了陆军的力量，这与43年前印度兵变时的情形如出一辙。如果海军没有做好备战工作，就可能导致灾难性的损失。贝利形容贝蒂时说，他是租界守卫者的生命和灵魂，在他的鼓舞感召之下，年轻的船员们都像久经沙场的战士一般奋勇作战[21]。

贝蒂并不是因机遇而获益的唯一军官，他的一些同僚也跻身未来海军将领之列，如参加尼罗河之战的赫伯特·胡德、沃尔特·考恩以及在中国参战的罗杰·凯斯和克里斯托弗·克拉多克。克拉多克与他的"好望"号战舰于1914年被派往科罗内尔；胡德在1916年率领第三巡洋舰队出征时在日德兰半岛殉职；凯斯1918年领导的泽布吕赫突袭振奋了海军士气；考恩也曾于1918年9月指挥第一轻型巡洋舰中队护送投降的德国公海舰队驶入斯卡帕湾。科尔维尔一路升迁至朴次茅斯基地司令官，"胜利"号是他的旗舰。军官们的各种命运强调了注重人际关系的海军传统，展示了浑浊的尼罗河、海河之外的别样风景。贝蒂比这些军官走得更远，但与约翰·杰利科相比，还是略显逊色——此人同样在与义和团的战斗中身负重伤，后来升至英国海军大臣。

第八章 贝蒂上将和"褐水海军":苏丹与中国(1896—1900年)

附:

1896—1898年参加尼罗河战役的英国炮艇

服役时间及类型	艇名	武器	备注
1884年 船尾明轮 吃水2英尺6英寸	"阿布科里"号	1门9磅"克虏伯"炮	1896年,贝蒂所在炮艇
	"埃尔泰布"号	2挺0.45英寸口径"诺登菲尔德"机枪	后改名为"哈菲尔"号
	"米特枚"号		1896年作为旗舰
	"塔马伊"号		
1896年 128吨级船尾明轮 吃水2英尺9英寸	"芬奇"号	1门12磅炮	1897—1898年,贝蒂所在炮艇
	"纳西尔"号	2门6磅炮	
	"扎菲尔"号	3挺0.45英寸口径"马克沁"机枪	1898年8月28日沉没
1898年 140吨级双螺旋桨船 吃水2英尺	"酋长"号	2门12磅炮	
	"苏丹"号	1门4英寸口径榴弹炮	1898年成为旗舰
	"马利克"号	4挺0.45英寸口径"马克沁"机枪	

注释

1. 参见 The Globe and Laurel. Anonymous letter, Volv 1898, pp89-90.
2. 参见1900年6月18日至23日天津之战的皇家海军各舰人数(含军官):"巴尔夫勒"号有海员128人,陆战队员21人;"曙光"号有海员128人,陆战队员不详;"奥兰多"号有海员100人,陆战队员28人。
3. 参见 NMM BTM 1/1 Amiral Sir Walter Cowan, Recollections, P3.
4. 参见 NMM BTY /1/3 Earl Beatty. Journal of Service in the Boxer Rebellion. 11 June.
5. 同上,11 July
6. 同上,17 June.
7. 同上,18 & 22 June.
8. 参见 lsmat Hasan zulfo. P153.
9. 参见 Army and Navy Gazette (12 Sep 1896), p763.
10. 参见 Rough Record of Proceeding-Nile Expedition 2nd Phase quoted in W S Chalmers, p26.

11. 参见 Cowan, op cit, p3.

12. 参见 *The Globe and Laurel*, Anonymous letter 1898, VolV, p68.

13. 参见 Beatty Journal, 12 June

14. 同上, 15 June.

15. 同上, 18 June.

16. 同上, 20June.

17. 同上, 15 June.

18. 参见 London Gazette, 5 Oct 1900, p6109; Brig A.R.F. Dorward. Capt J H T Burke 15 Jul 1900.

19. 参见 Beatty Journal.15 June.

20. 参见 Beatty Journal 22 June.

21. 参见 Sir Roger Keyes: *Adventures Ashore and Afloat*（London 1973）,pp254-5.

参考书目及相关资料

《海军元帅贝蒂的书信和生活》为查尔莫斯少将所著，书中旁征博引，所述并不仅限于"义和团"事件与苏丹战役。国家海事博物馆收藏有贝蒂日记原件以及沃尔特·考恩将军的回忆录，分别记述了贝蒂在中国及尼罗河的行动。皇家海军博物馆藏有爱德华·贝利上校的一些文章，当时他在天津任职。

较为重要的文章包括布拉西所著的《尼罗河战役中的炮舰行动》，见于1900年海军年鉴；此外，格劳布与劳雷尔发布了亲历者的若干信件；伊斯马特·哈森·祖尔弗的文章为我们呈现了苏丹人视角下的尼罗河战争，弥足珍贵。

第九章 "非洲的新气息":第二次布尔战争(1899—1901年)

亚瑟·布雷比

英国和德兰士瓦共和国①的外交关系持续恶化,到1899年几乎跌至冰点。德兰士瓦已经为军队装备了克房伯和克勒索兵工厂生产的最新式的大炮,并储备了37 000支新型的7毫米口径弹匣式毛瑟步枪及充足的弹药。与德兰士瓦签署了军事同盟协议的奥兰治自由邦也购买了20 000支毛瑟步枪。5月,德兰士瓦总统克鲁格、奥兰治自由邦总统斯坦与英国高级专员阿尔弗雷德·米尔纳爵士在布隆方丹举行了会谈,但未达成任何协议。战争已是不可避免。

在南非,英国守备部队的屯驻地零散分布于开普殖民地和纳塔尔,总计约有12 000人。米尔纳寻求增援,英国战争部提出调派第一军团和一个骑兵师(约35 000名士兵),但英国政府只同意从印度和地中海的驻军中抽调10 000人左右的部队。布尔人一直在等待春草萌芽,以便为他们的小马提供饲料。1899年9月27日,克鲁格向斯坦总统发出通告,说德兰士瓦的军队已经开始行动,他们突入了开普殖民地,消灭了守卫马弗京和金伯利的小股英军,并攻入纳塔尔,直逼莱迪史密斯的英军大营。英军指挥官怀特试图动用手头一切力量——当地驻军和印度援军来组织防御。与此同时,英国第一军团也于10月7日受命出发,前往救援。

莱迪史密斯攻防战中的英国海军

在西蒙斯敦的英国皇家海军收到命令,要求其组织海军旅。从海岬舰队的"多莉斯"号和"君主"号以及从中国返航的"威力"号战舰抽调

---

① 也称"布尔共和国",由南非地区的欧洲移民后裔布尔人建立。——编者注

公开的火力展示是海军炫耀武力、显示军威的常用手段,也是博取公众支持的重要途径。照片上,一大群看客在海岸的茶座上凝神屏息,等待一位高级军官的妻子用拉火绳击发12磅炮。(国家海事博物馆,伦敦,编号:C7195/24)

出来的人员,于10月20日携带2门12磅野战炮动身前往暴风堡(Stormburg)。准备前往中国的皇家海军"可怖"号于10月14日到达西蒙斯敦,舰长珀西·斯科特意识到,布尔人的"克勒索"火炮和"克虏伯"火炮在射程上超过英军野战炮,因此便参与到行动中来。英国人计划用12磅长管炮作为主攻,"可怖"号和"威力"号在战线后方助阵。

即便拥有了威力较大的舰炮武器,纳塔尔总督仍于10月24日发出紧急请求:

"鉴于朱伯特将军从北方带来了重炮,我建议海军方面加以考虑,让增援的海军旅官兵们携带远程重型武器。"

斯科特迅速设计了相关装载方式,并在36个小时内将重炮装上"威力"号送往德班。10月29日晚7时,4.7英寸火炮已经装在了"便携式"炮架之上,而临时炮架上的3门12磅长管炮和一门12磅海军炮已经被火车运往前线。两列军列装载的17名官员和267名海员(这些海员包括炮组

第九章　"非洲的新气息"：第二次布尔战争（1899—1901 年）

成员、步枪手及包括担架手在内的医务人员）也于 10 月 30 日中午抵达莱迪史密斯。

援军们发现，火车站正遭到 6 英寸火炮袭击，道路上死伤枕藉，几乎阻塞了道路，当地的英国军队正向莱迪史密斯撤退。队伍匆忙前行，12 磅长管炮的炮车由 8 头牛牵引着，一名当地男孩骑着自行车在前面引路。一接到卸下火炮的命令，他们就立刻进行射击准备。此时，布尔人的 6 英寸火炮已开始向海员们射击，炮弹纷纷落在队首的 12 磅炮附近，掀翻了炮车，打掉了一个车轮，造成部分海员受伤并惊散了拉车的牛队。海员们凭剩下的 2 门 12 磅炮做好反击准备，在步枪手的掩护下开炮射击，打哑了布尔人的火炮。这时，海军旅十分尴尬地夹在布尔人和撤退的英国部队之间，直到收拾好受损火炮，找来新的牛车队，才将这些军械拖回到营地。

与此同时，包括 12 磅海军炮和 4 挺"马克沁"机枪在内的其他装备，也迅速被运送到防御阵线。然而，运输 4.7 英寸火炮的牛车队在途中遭遇事故，领头炮车的一个轮子掉进了路边的水沟，因此直到第二天才到达营地。很快，铁路和电报线被破坏了。11 月 2 日，22 000 名布尔人携带着 5 门克勒索 6 英寸炮和 17 门 75 毫米炮侵入了莱迪史密斯。12 000 名英国士兵守卫在 14 英里长的外围阵地，他们只配备了 2 门 4.7 英寸火炮和 3 门 12 磅长管炮，根本无法抵御布尔人的狂轰滥炸。指挥海军旅的赫德沃思·莱姆顿上校深知，他们的弹药十分有限，因而下达了严格的命令，只能在报复布尔人袭击时开炮。区区 5 门远程火炮根本无法覆盖整个周边地区，因此 12 磅炮每天都被拖来拖去以应不时之需。4.7 英寸火炮被安放在海军营地，面朝北方，但其他地方也挖好了阵地，因为它们也可能要时不时地移动位置。

6 周后，即 12 月 15 日，科伦索的图盖拉河方向传来了枪炮声，这是布勒将军为解莱迪史密斯之围所做的第一次尝试。1900 年 1 月 5 日晚，在抵御敌军北进的行动中，西姆斯和工程兵希恩等 13 人在戈登高地团 70 名士兵的护送下，将一门 4.7 英寸火炮移到了山上，并开始挖掘掩体。凌晨 2 时 40 分，忽然有子弹从他们头顶呼啸飞过，官兵们吃了一惊，挖掘工作也只好停止。戈登高地团的战士和工兵们发现，英军步枪兵和帝国轻骑兵团正在山顶排开阵势，抵御敌人攻击。西姆斯将牛车绳索砍断，将牛群驱散，然后召集起他的船员回到掩体之中。这里，西姆斯清点了部属人数，将他们分为左右两翼，向敌军进行火力齐射，助守军一臂之力——一切都按照鲸岛训练手册的规定有条不紊地展开。天亮之后，布尔人的攻势沿小山南侧扩展开来，他们已在侧翼位置取得了立足点。布尔炮兵向英军阵地开火，而英军炮兵则向布尔步兵还击，而后英国海军也加入了战斗，用他们的大炮射击布尔炮兵。

到上午11时，布尔人的攻势被逐渐压制了。进攻者的炮火明显减弱，显然已经精疲力竭。中午时分，指挥部队防御的汉密尔顿将军感到可以松下一口气，便命令西姆斯等人退下山去，只将工兵留在掩体之中。不料，一伙布尔人又爬上山来，跳进了英军的掩体之中，于是一场白刃战开始了。敌军火力突然增强，许多士兵惊慌失措地从希恩等人身边跑过，大声喊叫着"布尔人攻上来了"。西姆斯一阵惊慌，遂下令士兵安上刺刀，拉开阵势，发起反攻，用刀尖和子弹逼退了掩体中的布尔人。下午2时30分，战斗结束了。

莱迪史密斯终于在布尔人的猛攻中幸存下来，英国在这一战役中损失了14名军官和1 350名士兵，31名军官和240名士兵受伤。海军中一名司炉阵亡，一名一级水手受重伤。布尔人的伤亡难以确定，但根据报道至少损失了700人。此战之后，被重重包围的莱迪史密斯便陷入了死寂之中：海军旅配给的口粮只有马肉和饼干，而马肉又被做成各色食物，有马肉汤、马肉香肠、马舌碎肉罐头和烤全马。由于布尔人占领了城市的自来水厂，英国工程兵希恩便设计了一个临时的蒸馏设备，这个设备一直运转到煤炭耗尽。后来，英军只能依靠图盖拉河支流泥泞的污水维持生计。粮草短缺及水源匮乏使英国人付出了不菲的代价，军中疾病流行，士气衰落。

1月24日及2月5日，战斗分别在斯皮恩山和瓦尔崖展开。2月14日至28日，布勒将军指挥的向莱迪史密斯推进的解围部队也与敌军展开了断断续续的交火。2月28日黎明时分，布尔人全面撤退。当天下午，有人看见布尔军正用起重架安装一门"长脚汤姆"6英寸远程大炮。面对这个诱人的目标，海军的大炮迅速采取行动，他们抓住最后时机，用一发炮弹直接命中起重架。下午6时之后，两支英国骑兵中队进入了莱迪史密斯，标志着这场攻防战以英军的胜利而告终。海军旅被召回了船上，7月3日，他们获得荣誉嘉奖，在军乐声中向车站阅兵游行。

乔治·怀特爵士在一封信中写道：

第九章 "非洲的新气息":第二次布尔战争(1899—1901年)

"赫德沃思·莱姆顿阁下指挥的海军旅在危急关头及时抵达莱迪史密斯,很明显,那时我根本没有足够的力量与敌人正面对决。他带来了2门4.7英寸炮和4门12磅炮,事实证明,这是我所拥有的,能与敌人重型火炮抗衡的唯一武器。虽然炮弹使用受到莱姆顿的严格限制,但这种节俭做法保证了战争期间不至弹药匮竭。在他的领导下,海军炮手成功地将敌军的攻城器械挡在我军射程之外,这是最为重要的贡献。"

海军旅与布勒

海军旅也参与了布勒将军指挥的莱迪史密斯解围行动。布勒于1899年10月31日先于第一军团到达开普敦。布尔人已从北方大肆进犯,马弗京和金伯利被围,纳塔尔的布尔军也侵入了莱迪史密斯。开普敦殖民地和纳塔尔大门洞开。布勒别无选择,只能把部队分成3支独立的力量:一支由梅休因将军率领,赶往金伯利救援;另一支在加塔克的指挥下清扫开普敦殖民地的暴风堡;最后一支由他亲自率领,负责解莱迪史密斯之围。

11月7日,"可怖"号将"威力"号从德班解放出来,斯科特船长成了地方司令官,在德班实施戒严。他积极采取措施来加强德班防御,调遣450名海军官兵上岸协防,同时还在城外部署了2门4.7英寸炮和16门12磅长管炮。这些官兵一直待在那里,直到被命令前去加入斯科特在弗里尔的部队。12月,这支海军旅从弗里尔出发,一路跋涉前往切文利。一连串的火炮、弹药和辎重车辆绵延了大约2英里。他们在后来被官兵们称为"枪山"的孤丘建立了营地。12月13日,火炮被转移到距布尔人阵地2英里的另一座小山上。此地日后成为知名的"射手山"。

要到达莱迪史密斯,就必须先穿过图盖拉河,然后沿山区迷宫般的路径一路打过去。布勒面前有3个浅滩,一座完好无损的人行桥和遭受过炮击的铁路桥。距布勒大军15英里外,也有一个渡河点——珀盖特尔斯浅滩,这里的山势相对平缓。此外,如果再走5英里,还有特里克哈德斯浅滩。博塔将军指挥的布尔人躲在巧妙伪装过的战壕之中,科伦索的人行桥和3个浅滩都处于其火力覆盖范围之内,而且布尔人还在英军左翼的杭朗弯山建立了据点。当英军在马格斯方丹和暴风堡遭遇败绩的消息传到布勒耳中时,他当机立断,决定迅速从科伦索发起攻击。

莱迪史密斯解围战前，12磅长管炮部队在科伦索的弗里尔军营接受检阅，这是布勒的指挥部所在。照片上可以看到英军的简易炮架和拖车。（国家海事博物馆，伦敦，编号：C7195/20）

布勒拟定了"双管齐下"的作战计划，他命令哈特将军的爱尔兰旅从左翼的布赖德尔浅滩过河，与此同时，希尔德亚德将军从人行桥和旁边的瓦贡浅滩渡过。2门4.7英寸炮和4门12磅炮则被安置在距布尔军阵地4300码的高地上——"舰炮山"就是因此而得名。还有6门12磅炮由炮兵指挥官朗上校负责调度，剩下2门则仍然留在"射手山"上用以保护营地。大约在清晨5时30分，"舰炮山"上的英军炮兵开始射击，但是敌人毫无反应，那些布尔人仿佛销声匿迹了。于是，哈特率领他的部队向布赖德尔摸索前进，朗上校也带着他的火炮向前移动。

当渡河部队刚渡过一半时，哈特改变了行军线路，率部朝着河流中的一道"U"形湾前进。实际上，他的目标是"U"形湾的一块凸出部。然而，当大部官兵进入河湾之后，布尔人突然从前方和侧翼开火射击。英军顿时陷入一团混乱之中，在一小时内遭受了惨重伤亡。哈特反应不及，只是一味敦促士兵冲入河湾。布勒正从"舰炮山"上观战，见此情景立刻骑马赶来，命令哈特撤回部队。布尔人的3门6英寸"克勒索"炮奋起发威，向为哈特提供支援的英军炮兵阵地猛烈射击，英军炮手只得还击。然

第九章 "非洲的新气息":第二次布尔战争(1899—1901年)

而,当炮兵刚调转炮口对准布尔人的火炮阵地时,布尔炮兵却迅速偃旗息鼓了。

与此同时,朗上校的炮兵正支援希尔德亚德的部队发起攻势。但是,他的火炮与布尔人的阵地太过接近。海军炮兵与两个皇家骑炮营都布置在距敌方阵地500码处,承受着布尔人的猛烈炮击。在推进过程中,牛车拖曳的海军炮被马拉炮车所超越。炮兵们竭尽全力,试图将火炮拖过一道峡谷。有2辆炮车成功跨越,但另外2辆车却因车轮卡住而动弹不得,牛车队挤在一起,乱成一团。后面炮车的堵塞位置也正好临近敌人阵地。当布尔人开火时,当地车夫立刻逃离战场躲了起来,只留下无人看守的牛车队。但是,已经穿过峡谷的2门英军火炮与峡谷入口处的另外2门已经开始还击。身陷峡谷的2门火炮也在炮兵官兵的合力救助下脱困,随即参与到行动中。而挤在一起的车辆则被暂时放弃了——在敌军猛烈的炮火之下,士兵们的一切疏解努力都将徒劳无益。

皇家骑炮营的炮手蒙受了巨大伤亡,但仍然坚持作战。一个小时后,弹药耗尽,幸存者便跑到峡谷中躲避,等待援军和弹药补给。布勒将军在与哈特会面后返回,发现海军炮正在开火,而骑兵炮则被抛弃在了前沿阵地。他立刻组织步兵前往支援,并监督炮兵重新上阵。炮队中的3名参谋军官迎着敌人的枪弹奔向炮位,成功地救出了2门火炮,但代价是两个人受伤,其中一人伤势严重。又有两队炮兵被派上前去,不但没能接近火炮,还造成了很大损失,连人带马伤亡超过一半。试图从右翼出击夺回火炮的尝试同样以失败告终。在行动中,海军炮手尽力压制敌军火力,但并未取得显著效果。

在这个节骨眼上,一枚敌军炮弹正巧落在了布勒身边,溅起的弹片打中了他的肋骨和头部,使其受伤。这枚突如其来的炮弹使布勒乱了阵脚,他立即下令军队放弃留在战场上的骑兵炮和伤员,返回切文利营地,并撤走12磅炮。说起来容易做起来难,现在峡谷出口处仍有2门火炮,2辆炮车挤在峡谷之内,峡谷外的4门火炮和炮车依然无法移动。炮手们做好了撤退准备,其他炮兵也赶来协助,终于将大部分火炮拽到了敌军射程之外,峡谷中的火炮也被拖了出来。由于炮车车轮较大,速度较快,比海军炮更加接近敌军阵地,但仍然被设法拉回了英军一侧。最终,海军军官奥格尔维中尉将全部火炮运回了切文利。令人惊讶的是,在这次惊心动魄的撤退行动中，只有3名海员受伤。

"舰炮山"上的4.7英寸炮和12磅炮负责掩护撤退的军队。山上的炮兵一直坚守岗位，直到步兵穿过此处，才转移到老据点"射手山"上。海军旅的4名军医被派往切文利的野战医院帮助照顾伤员，而布勒的人马则撤往弗里尔。布勒命令奥格尔维中尉携带6门12磅炮随他转移，剩下的火炮就放置在"枪山"上。在接下来的25天里，4.7英寸炮经常在可视度好的黎明和黄昏时分开炮射击，令布尔人不胜其烦。有时，炮兵们也在傍晚排开架势，然后盲目开炮，整晚不休。

1900年1月，得到增援的布勒又开始了他的解围尝试。这次，他打算从侧翼向珀盖特尔斯浅滩和特里克哈德斯浅滩进发，然后展开一系列的行动，在斯皮恩山附近与敌军决战。海军旅被分配到多个阵地，负责远程炮火支援。正是在这些行动中，海军旅官兵极好地证明了他们能够克服千难万险，带着火炮穿越任何障碍，并将其摆在最陡峭的山崖之上。

沃伦将军在此战中表现不尽如人意。他的部队推进缓慢，制定策略时也显得优柔寡断，缺乏目的性。当他在斯皮恩山之战中受挫后，布勒重新集结其左右两翼的军队，于2月5日袭击了设在瓦尔崖的易守难攻的布尔军阵地。这场攻势由集结在图盖拉河南岸的炮兵负责支援。对于海军旅而言，此次进军不仅要穿越崎岖的山地，还要跨过悬崖天险，这意味着他们要费尽周折带着火炮翻越障碍。然而，他们依然克服了阻碍，3天之中，英军炮火持续不断。一位布尔将军声称，"在我看来，这是整个战争中最猛烈的炮袭"。步兵穿过图盖拉河，在瓦尔崖上取得了一个落脚点。但进一步推进则仍需要炮兵支援，但即便是海军旅的炮手也很难完成这一任务。在商讨之后，布勒撤回了过河的军队并返回了弗里尔。海军旅重新占领了"枪山"。

当布勒在西线忙得不可开交之时，布尔人借机加强了他们在科伦索以西的据点并占领了"轻骑兵山""绿丘"及"基度山"，这样就进一步强化了"荷朗弯"（Hlangwane）山的防线。在战斗开始之前，布勒先让军队休整，并派人去侦察敌情。2月14日，他向莱迪史密斯发动了第三次攻势，正是这次战斗成功地解除了该城之围。敦唐纳德勋爵的步兵在奥格尔维中尉的炮兵支援下夺取了"轻骑兵山"。而后，奥格尔维下令掘壕固守，一直战斗到2月16日傍晚。在"枪山"和"轻骑兵山"海军炮兵的支援下，经过两天艰苦卓绝的战斗，步兵终于清除了"绿丘"上的布尔军队。当晚，海军旅又得到了一门从德班运来的安放在临时炮架上的6英寸火炮。这门火炮后来也被部署在"枪山"上，能将位于16 000码之外的布尔人的"克勒索"火炮打得哑然无声。在接下来的10天，这门火炮取代了布尔军重炮的"主导地位"。2月18日晚上，布尔人已被赶出了"基度山"和"荷朗弯山"。

随着图盖拉河畔重新聚集的布尔军队被清除殆尽，海军旅的火炮，除了那门后调来的6英寸火炮外，都被运往前方支援步兵行动。2月19日，第一批英国军队越过图盖拉河，次日，布勒开始猛攻前方山上的布尔据点。双方激战了整整4天，但英国方面的进展十分有限。2月25日，布勒和博塔签署了一份停火协议，允许各自军队治疗伤员并埋葬死者。布勒趁机返回图盖拉河，在河上架设浮桥以便让更多军队通过，进一步拓展战线。海军旅官兵准备集中力量进攻"荷朗弯山"，他们得到了2门4.7英寸火炮的补充，并且冒着敌人的炮火连夜构筑了火炮阵地。

2月27日早晨7时，英军火炮齐鸣。工兵完成了架桥工作，上午10时，步兵开始穿越浮桥。一过图盖拉河，部队就排成纵队转向右翼。当他们到达指定位置，便转向左侧，爬上山坡，进入阵地。经过艰苦卓绝的战斗，当夜幕降临时，英军已攻克了所有敌军据点。布尔人全面撤退，莱迪史密斯的大门已经向英国人敞开。第二天早上，敦唐纳德与他的部下先被派往莱迪史密斯进行侦察，他们对布尔后卫部队置之不理，径直骑马进城。

现在行动暂时告一段落。莱迪史密斯的被困英军已经恢复了供给，他们恢复了力量，并进行了重建和重组。然而，海军旅也准备解散。在莱迪史密斯被围期间，一直守在港口的"威力"号于3月7日起航返回朴次茅斯；"可怖"号于3月11日离开，继续其前往中国的行程。海军旅部分枪炮移交给陆军，只留下10名军官和90名士兵，配备2门4.7英寸炮和4门12磅炮。3月21日，这队缩编过的海军旅沿铁路前往埃兰兹拉赫特，追击撤退的布尔人。双方又进行了一次炮战，布尔军一门火炮被毁，另一门哑火；英军方面2名海员死亡，2名受伤。11天后，布尔炮兵和步兵又被击败，另一门火炮也被海军旅摧毁。

5月11日，布勒再次挥师前进，海军旅跟随布勒作战。他们设计将布

"可怖"号战舰上的7名海员,他们配备"朗利·恩菲尔德"步枪和军刺,头戴绳编海军帽。不久,他们身穿的双排扣水兵服便被更实用的卡其布军装所取代。(国家海事博物馆,伦敦,编号:C7195/15)

尔人诱出"龙山"(Laings Nek)后方的阵地,肃清了纳塔尔的入侵者。6月22日,海军旅的规模再次压缩,"福特"号上的海员被召回舰上。海军旅的4.7英寸火炮被移交给了陆军,剩下的人员与12磅炮则承担起保卫交通线的任务。10月,他们将仅有的12磅炮转交给友军,而后踏上了前往德班的列车。在列车上方,一面胜利的旗帜在高高飘扬。

贝尔蒙特,格拉斯潘,莫德尔河和马赫斯方丹

当布勒离开开普敦时,他给梅休因将军下达了一个命令,要其守卫从开普敦到金伯利的铁路线——这条交通线是英军的唯一供给线,同时解除敌军对金伯利的围困。除了步兵,梅休因还拥有一个骑兵团、一个步骑兵连以及两支炮队。炮队包括一支驻扎暴风堡的海军旅,他们拥有4门12磅长管炮。梅休因在奥兰治河火车站建立了指挥部,11月1日开始向金伯利进军。在队伍出发之后,海军旅官兵乘坐的火车也抵达了此处。经过一整夜的急行军,海员们终于赶上了大队,这并非什么愉快之事:"穿着硬邦

第九章 "非洲的新气息":第二次布尔战争(1899—1901年)

邦的军鞋跋涉一夜,着实令人痛苦不堪。"

当他们赶上主力部队时,英军已经与敌军交上了火。布尔人躲在一道地势较高的岩壁后面,守卫着铁路。海军旅指挥官普罗瑟罗上校带着他的炮兵投入了战斗。普罗瑟罗对军队的初始位置十分不满,他下令炮兵转移阵地,前往左侧的两块岩石之间。如此一来,炮兵便能将1 700码之外的敌军尽收眼底。一阵短暂的攻击之后,布尔人便开始退却了。英军指挥官下令军队开进,紧紧咬住后退的布尔人,但却未能如愿。普罗瑟罗的部下已经连续36小时未曾合眼,水米未进,因此早已筋疲力尽。普罗瑟罗只好放弃了追赶。

一夜休整后,英军继续沿着铁路线推进。黄昏时分安营扎寨,与露营地相距0.75英里处有两座水坝,部队从这里获得了水源补给。军需马车也送来了晚餐,寥寥无几的肉罐头和军用饼干发到了士兵手中。晚饭之后,一位军官送来了次日的命令:"敌军约有400人,占据着北方2英里处的一座小山,海军旅在王属约克郡轻步兵团和野战炮连的协助下打头阵……"然而,梅休因没有意识到德兰士瓦的布尔军分遣队已到达并加入了自由州突击队之中。海军旅于11月25日凌晨3时进入待命状态,按照计划,火炮和50名海员留在火车上,其他人员全部出动。布尔人占据着3个高地,临近铁轨的两处较低,与第二处高地相连的第三处高地坡度突然抬升,拔地而起,兀立其间。布尔军阵地就设在高处的山坡上,隐蔽在灌木和岩石之下,而发动进攻的海军旅则必须通过毫无遮掩的开阔地。一个炮兵分队和2门12磅炮被部署在左翼,另一个炮兵分队在右翼向最高处的敌军据点开炮射击。海军旅转向右侧移动,王属约克郡轻步兵团和部分北兰开夏步兵营的士兵紧随其后。他们沿斜线前进,迅速靠向布尔人的阵地。

早晨7时45分,野战炮停止射击。此时,英军所在位置与第三处高地只有700码的距离。英军一线排开,从左到右依次是"C队"(海军陆战队轻步兵)、"B队"(海军陆战队轻步兵)、"A队"(海军陆战队炮兵)、"D队"(海员)。当布尔人开火时,普罗瑟罗率领的海军官兵便停下脚步,半转身向左面对敌人,而后突然转向右侧进入600码范围内,俯卧前进并开火射击。而后,普罗瑟罗命令部下发起一系列冲锋。士兵们闯过敌军的火力封锁区来到了山脚下,之后便安装刺刀,攀爬陡坡。他们冒着正面和侧面倾斜而下的弹雨匍匐前进,用手和膝盖作为支撑。当他们与山顶的布尔阵地相距不到25码时，敌人停止了射击。英国士兵一跃而起冲上前去。布尔人畏惧白刃战，于是转身逃走，跑出几百码后又转身开火。英国步兵跟在海军旅后面肃清了左侧山坡的敌人，迫使布尔人全军撤退。

一门6英寸口径火炮在德班的铁路货运场站完成组装。（国家海事博物馆，伦敦，编号：C7195/30）

经过一天的休息，梅休因所部继续前进。他们只发现了莫德尔河附近布尔人的隐蔽据点。一门敌军火炮立刻向英军马车队开火。位于5 000码外，河流南岸山脊上的英军12磅炮压制并瓦解了敌军的攻击，但却引发了一场炮兵对决，持续了整整一日。由于布尔人使用了无烟火药，并时常改变射击位置，英军很难找到他们的火炮掩体。为解决这个难题，海军旅炮兵将火炮移动到更近的地方，但随后却遭到步枪和炮弹的猛烈打击。他们只好有序撤退，3门火炮继续射击，掩护另一门转移。步兵推进至布尔人战壕前方大约1 000码处，纷纷射来的枪弹挡住了他们的去路。英军的右翼和中路步兵被困在了空地，一天都无法动弹。只有左翼的步兵取得了一定进展，用了大约3小时打开了一条过河通道并建立了一处桥头堡。夜幕降临时，战斗已陷入了僵局。黎明时分，英国人惊讶地发现，布尔人已经偷偷地溜走了。

梅休因在莫德尔河停下了脚步，一方面接收补给和增援，另一方面向

第九章 "非洲的新气息"：第二次布尔战争（1899—1901年）

前方派去侦察分队。与此同时，他还给开普敦的海军总司令送去书信，要求其提供比12磅炮更具威力的重型火炮。另一门4.7英寸火炮被送到了战场，之后被部署在莫德尔河北岸，承担日常炮击任务。12月9日，这门火炮参与了火力侦察行动，随意向敌军倾泻了一通炮弹，试图诱使布尔炮兵还击以确定其火炮位置，但敌人无动于衷。布尔军一反之前在山顶构筑阵地的习惯，在马赫斯方丹山脚下构筑了一道12千米长的防御线。但英军对此全无所知。

梅休因计划利用黑夜行军，在黎明时分袭击布尔军阵地。12月11日凌晨，他下达了进攻命令。4.7英寸炮和5门野战炮在距马赫斯方丹山3英里处开火，炮弹纷纷落在山顶和山坡之上。12月11日午夜，雷雨和暴风席卷了这片非洲山地，苏格兰高地旅的3 600名官兵排成长160码、宽45码的密集队列，在恶劣的天气中展开行动。他们拽着绳索前行，以便保持紧密的队形，进展十分缓慢。一个小时后，天气开始放晴，高地旅终于到达了指定地点。按计划，他们应在此分散开来。然而，高地旅的指挥官沃科普将军决定继续以密集队形推进，直到先头步兵与隐藏的布尔军战壕只相距500码时才下令散开。士兵们匆忙行动，而这时布尔人开火了，高地旅顿时陷入了一片混乱。幸运的是，可能由于视线不佳，布尔人的子弹大都打向了高处，但急如雨点的子弹却将高地旅士兵压在地面难以抬头。之后的9个小时里，双方一直这样僵持着。高地旅匍匐在空旷的地面上，为避免引起敌人注意，只能像木头一般一动不动。英国炮兵向前推进，在距敌1 000码处开炮射击，为进攻部队提供支援。不久，海军的4.7英寸火炮也加入了行动。然而，下午1时左右，英军发现一小群布尔人正试图从高地旅右翼迂回袭击，瑟福斯高地团的两队士兵被抽调出来对付偷袭者。这种被动的防御举措被视为是调整部署的信号，那些口干舌燥、饥肠辘辘、被阳光炙烤得焦头烂额的士兵开始撤出前线。整整一下午，英军都在努力为高地旅补充新鲜血液。

梅休因留在前线直到第二天黎明。他希望布尔人能像在莫德尔河那样趁黑夜撤退。黎明时，英军升起了观测气球，却发现布尔人仍坚守阵地。梅休因面临的最大问题是部队缺乏饮水，因此他决定返回莫德尔河畔。他与布尔守军达成了停火协议，埋葬死者并撤走伤员，之后便班师回营。梅休因正是在此接受命令的，他现在仍处于守势。此后，梅休因及部下一直驻留了两个月，直到1900年2月11日。这里并不十分舒适，地面的泥土迅速变成沙尘，在人或牲畜身边萦绕不休，沙尘暴或尘暴经常发生；饮用水总是供不应求，河水在使用前必须煮开。

海军旅驻扎在莫德尔河北岸，从12月15日开始对布尔人的战壕进行日常例行骚扰，敌我双方交火不断。英军从西蒙斯敦运来了另一门4.7英寸炮，这门炮与2门12磅炮都被部署在了北岸，用以掩护军队右翼。所有火炮掩体都由一小队陆战队员负责保护。1900年2月3日，"多莉斯"号上的格兰特指挥官又带来2门4.7英寸火炮。为将火炮运往前线，英国人在恩斯林备置了货车、水车及284头牛，并征召了42名本地车夫和4名居民向导。在这里，他们开始着手准备即将到来的战役，这场大战由英国陆军元帅罗伯茨勋爵亲自指挥，基奇纳担任他的参谋长。

罗伯茨的战斗

这场战役开始于1900年2月11日。罗伯茨留给梅休因2门4.7磅炮和2门12磅炮，命他率军佯攻马赫斯方丹，自己亲率大军向东移动，跨越草原进攻布尔人设在雅格布斯的补给站。弗兰斯将军和骑兵则受命绕过马赫斯方丹，前往金伯利解围。行动进展顺利，2月15日，布尔人挥师东进，试图赶超英国军队，将罗伯茨大军挡在布隆方丹外围。2月16日，英国步兵与克龙涅的布尔军发生短暂交火，后者趁着夜色仓促逃窜，给英军留下了78辆满载军需物资的马车。第二天早上，英国骑兵部队与一队布尔军交战，将敌人赶入了帕德堡的莫德尔河河湾。这里正是克龙涅的大营所在，他的全部军队、辎重列车、官兵家属皆驻留在此。被英军包围后，克龙涅便掘壕固守。

罗伯茨率军在马赫斯方丹短暂休整，帕德堡的基奇纳部队则继续行动。在2门12磅炮和第6炮兵师的支援下，基奇纳向前方的布尔军阵地发动了一系列仓促的进攻，皆无果而终。整整一天，英军毫无进展，却在伤亡者名单上抹下了最为浓重的一笔。基奇纳计划第二天再接再厉，此时，幸运的罗伯茨已恢复元气并重掌指挥权。当基奇纳向布尔人发动血腥攻势的时候，海军旅正从马赫斯方丹赶来，准备与雅各布斯达尔的格兰特炮兵会合。他们于2月18日到达露营地，等待下一步指令。晚上9时30分，

第九章 "非洲的新气息":第二次布尔战争(1899—1901 年)

队伍再次出发,连夜行军,直到次日早晨 6 时才得以停歇。拉车的牛被放去吃草,海军旅官兵们也开始吃早餐。与此同时,罗伯茨勋爵也与助手们一起向帕德堡进军。罗伯茨命令海军旅尽快启程,跋涉 10 英里,对包围克龙涅的炮兵部队进行支援。但由于牛队需要食物和反刍,所以直到下午他们才得以继续开进。晚上 8 时,海军旅到达营地。在过去的一天里,他们已连续行进了 15 个小时。在帕德堡,海军旅官兵将 1 门 4.7 英寸炮和 3 门 12 磅炮架设在距布尔军战壕 1 300 码的地方。在接下来的 7 天,他们与布尔人相互对射,双方皆不甘示弱。格兰特的 3 门 4.7 英寸炮及 1 门 12 磅炮被部署在莫德尔河对岸,与布尔炮兵阵地相距 3 000 码,他们射出的第一枚炮弹就落在了布尔人的马车中间。

当罗伯茨得知布尔军营地中有妇女和儿童时,他向布尔人提议将她们带离危险地带,但遭到拒绝。因此,罗伯茨特意命令向布尔人的运输队、食品和弹药仓库开炮。英军还升起了观测气球用以修正火炮弹道。战壕中的布尔人和凭借河岸为掩护的妇女、儿童虽未受伤害,但炮弹刺耳的声响、动物腐烂的气味和肮脏的环境却使他们饱受折磨。5 天之后,克龙涅向罗伯茨投降了。

然而,粮草和淡水严重短缺也使罗伯茨的军队苦不堪言。河流是军队用水的唯一来源,但是河中满是泥浆,而且被废水和动物尸体严重污染。虽然加了明矾并煮沸,但仍然无法掩盖令人作呕的味道,即便加了定量配给的茶和咖啡也依旧难以下咽。2 月 26 日,运输补给的马车抵达营地,给部队带来了之后 5 天的口粮——但配给量却只有通常的一半。然而,格兰特的海员炮手们并未受到影响。在他们营地 2 英里之外的地方,有一大群绵羊在草原上吃草。跟随格兰特的一名军官这样写道:

"朴实的水兵(司炉——祝他们好运吧!他们是最成功的罪犯)很少空手而归。他们异口同声的解释是:'它跟着我们进入营地。'这是一个灵活的表述,当然十分正确,但在具体情况是这样的:这些动物被拴上绳子,一个人在后面推着,另一人拽着耳朵,它们极不情愿地进入了营地。还有很多时候,是动物'变'为了尸体后,被士兵扛在肩上带了回来。"

每天晚上,军官营帐中都会摆放着一条鲜美的羊腿。不久,格兰特下令炮兵重新加入海军旅队列。这支队伍从布尔军阵地的废墟中穿过,其中有眼疾手快的船员:"哦,我是在废墟中捡到的。"这句话在海军旅中流行一时，成了他们手中来历不明之物的通用解释。

布尔人在波普拉格罗夫集结了力量，此处是通往布隆方丹的最后一道天险。罗伯茨于3月5日开始行动，派遣骑兵师从侧翼包抄，高地旅带着海军的12磅炮前往莫德尔河北岸，而4.7英寸炮则被部署在距布尔军阵地7 000码处的一座小丘上。炮兵做好了隐蔽工作，只等破晓。3月7日凌晨4时，炮手们严阵以待。罗伯茨指挥官一声令下，炮弹便喷射而出。炮声是给骑兵师的进攻信号，他们快速出击，席卷了布尔军侧翼阵地。德兰士瓦总统克鲁格那天早上刚好也在布尔军大营，看到己方士兵在英军骑兵的攻势下纷纷丢盔弃甲，他便匆忙钻入一辆轻型马车，疾驰而去。4.7英寸火炮炮手一直碌碌无为，战斗即将结束时，罗伯茨亲自命令他们向下方草原影影绰绰的敌军开火。两轮射击过后，大约200名布尔人跳出藏身之处夺路而逃。这些布尔人眼看就要消失在临近的山坡后面，接下来的两轮射击更促使他们加快了脚步，很快销声匿迹。分配给高地旅的12磅炮遭到左右两侧敌军火炮的袭击，炮兵们左挡右避，应接不暇，但好在没有人员伤亡。最终，布尔炮兵放弃火炮，逃离战场。

通往布隆方丹的道路现已畅通无阻。尽管英国士兵的军靴都已破烂不堪——许多人的脚上只缠着裹腿布，而且缺衣少粮，但在短短4天之内推进了70英里。罗伯茨需要一些时间来重整军队并解决棘手的管理和后勤问题，同时准备下一阶段的战争。海军官兵再次从战场转入军营生活，他们脱下了原来的卡其布军装，换上了卡其色哔叽料军装，破旧的喇叭帽也被阔边帽所取代。海员军帽的左侧边缘绣有缠锚标志，而陆战队的军帽则绣着军号，这些徽章几乎成了区别陆战队和海军旅的唯一标志。"威力"号的船员重新回到了舰上，而皇家海军陆战队则仍然随部作战。海军军官候补生坎宁安是增援部队的一员，他是未来的海军上将和海德霍普子爵。然而，当时布隆方丹地区伤寒病流行，海军旅也没逃过此劫，18名官兵因染病被送进了医院。现在战局已定，无须使用海员来操纵所有火炮了。他们高兴地将1门4.7英寸炮转交给海军陆战队炮兵，并将陆战任务移交给了陆战队的轻步兵团。

4月22日，格兰特的炮兵受命加入高地旅，前去阻止德维特将军的部队与德兰士瓦的布尔军会合。格兰特的人马并未重新归入海军旅序列，而是与布尔人的机动兵力进行了长达4个月的艰苦战斗。从5月22日至30

第九章 "非洲的新气息":第二次布尔战争(1899—1901年)

以"可移动模式"架设的4.7英寸炮:下方的木料展示了海员们的成就,他们将舰炮成功移动到了前线。右边三脚架上安置着一台巡洋舰用望远镜,据传,海员们赚取零花钱的方式之一,便是向借用望远镜窥探敌情的士兵收取"小费"。(国家海事博物馆,伦敦,编号:C7195/11)

日,他们在9天内长途跋涉129英里,战斗5天,而得到的配给只有平常的1/3。格兰特带领部下在海尔布隆周边与德维特的部队缠斗了两个月,之后又投入其他一系列行动中,15天内推进了250英里,终于疲惫不堪。部队的一门火炮被送往比勒陀利亚进行维修,另一门被拆除后装上马车。格兰特许下承诺,如果需要的话,火炮能在一小时内重新组装并投入战斗。最后的艰苦跋涉开始了,官兵们带着10门火炮投入战斗,在持续20天的行动中将187枚炮弹射向敌军阵地。9月30日,格兰特将部队的武器装备移交给其他队伍。10月2日,他带着官兵们踏上了开往西蒙斯敦的列车。

留在布隆方丹的海军旅官兵于5月2日接到命令,将2门12磅炮留给驻防部队,然后准备启程。自3月开始到现在,他们已经创造出了一套独具特色的行军方式:大部人马的行进速度约为每小时1英里,快于牛队拖曳的炮车。海军旅提前2个小时出发,中午时分停止行进,留出4个小时放牛。这样到达露营地的时间通常比大队晚2个小时左右。按照命令,装载弹药的马车不能与炮车分开,但辎重马车另当别论。部队在晚上露营时需要搭建住处,准备晚餐,虽然每辆弹药车上也备有营地设备、被褥衣物及其他补给物资,但海员和陆战队员都认为他们应当与辎重同行。海军旅曾与其他部队人员就食物及物资问题发生激烈争执,最后甚至惊动了基奇纳及罗伯茨等高级军官。指挥官亲自出马调查原因,而后同意海军旅的辎重车与炮车一道行进。然而,那些心怀不满的官员向基奇纳状告海军旅的不当行径,基奇纳转而向罗伯茨做了汇报:一架运输弹药的马车通过时,车上覆盖的防水帆布被风吹起,露出的箱子上清楚地标着"金鹰巧克力"的字样。"没错,"罗伯茨勋爵答道,"他们的标注很滑稽。"之后便策马绝尘而去。

对海军旅官兵而言,5月29日可能是开战以来最糟糕的一天。他们从一座腐朽不堪的木桥上穿过克利普(Klip)河,工兵先前通过的时候,它还足以承受火炮的重量。骡队拖着12磅炮也安全过了河,但当海军陆战队带着4.7英寸炮来到桥上时,桥梁开始吱吱作响。当他们走到桥梁中间时,炮车左侧车轮碾碎了桥板,车身侧翻45度,卡在了桥梁中间。两支部队被堵在了后面,而前方部队突然与敌人交上了火。官兵们花了4个小时移动被困火炮,他们首先破坏了余下的桥板,将火炮扔到了河床上,然后从后方部队中抽调双倍的牲畜(64头)和数百名士兵,经过一番努力才把火炮从河床上拽了上来。与此同时,海军炮也投入了战斗,但布尔人此时正在撤退,炮兵们徒劳而归。当夜幕降临时,他们打算将火炮拖回营地,前方的野战炮只在松软泥土上留下了痕迹,但7吨重的4.7英寸炮根本无法与野战炮相提并论。为拉出深陷的火炮,海员们度过了一个饥寒交迫的夜晚。12磅炮也在艰难地推进,车轮陷在约翰内斯堡郊外松软的路面上无法自拔,官兵们发现自己已然落在了布尔人的后方,于是只能另寻路径穿过布尔人的阵地。

第二天,部队官兵与骡、牛一齐上阵,终于使陷入沼泽的4.7英寸火炮脱离困境,他们得以继续行程。次日,他们赶上了刚攻下约翰内斯堡的罗伯茨勋爵,向城镇另一边的军营开进。这次行军令海军旅官兵们暴怒不已,他们在途中时常遇到莫名其妙的阻碍,总共耗费4个半小时才到达约翰内斯堡。下午3时,海军旅越过城市继续向军营方向前进。他们理应紧跟野战炮兵,但却根本无法赶上。海军旅马不停蹄地行军,直到夜幕降临,而迎接他们的,是另一个寒冷和饥饿的夜晚。原来,他们已经错过了

第九章 "非洲的新气息":第二次布尔战争(1899—1901年)

营地,多走出了3英里的路程。

6月3日至4日,向比勒陀利亚推进的海军旅在"斑驴山"遇到了阻力,德拉雷伊已经在此地建立了防线。在战线的掩护之下,博塔将军将自己的人马撤出了城镇,携带大部分弹药物资沿铁路向莫桑比克撤退。罗伯茨勋爵曾自信地认为,一旦将两个布尔国家的首都控制在手,布尔人势必屈膝求和。出乎意料的是,布尔人并未动摇。一个星期后,罗伯茨挥师向北,进攻驻守"钻石山"据点的博塔部队。海军旅将火炮摆错了位置,炮弹够不到敌军阵地,只得又向前推进了7 000码。第二天早上,他们与架设在铁路敞车上的敌军6英寸口径火炮进行了一通对射。布尔人的敞车沿铁路移动到射击位置,打完炮弹后便退回装填。英军4.7英寸火炮从远距离开火,破坏了铁路,敌军火炮这才罢休。当天晚上,布尔人撤出了阵地,骑着马消失在了茫茫的草原上。

海军旅奉命在比勒陀利亚附近扎营。在营地附近,栖息着一大群珍珠鸡。虽然这些动物满足了官兵们的口腹之欲,但却引来了饲养者的投诉。结果,该旅被调往一个遥远荒僻的所在,美其名曰"保护铁路"。在这里,官兵们用木材和铁皮为自己搭起了小屋,闲暇时候依靠板球来消遣娱乐。从7月22日开始,英军向莫桑比克边境推进;8月25日,罗伯茨在贝尔法斯特附近与从纳塔尔赶来的布勒军团会师。罗伯茨下令合兵一处的军队向博塔的部队发起攻势,占领横跨铁路、用来保护克鲁格总统临时首都的一个重要据点。这处布尔军据点位于不可逾越的地带附近——左侧是深沟峡谷,南部是一望无际的沼泽,因此英军只能从正面发动进攻。海军旅被部署在"纪念碑山"上,此山是整个德兰士瓦的最高点,对布尔炮兵而言是一个极佳的射击目标,海军旅为此甚感担忧。炮兵的混战持续了两天,所幸海军旅并没有成为布尔人"长脚汤姆"火炮的主要攻击目标。次日,英国步兵突入了敌人阵地,布尔人再次骑马而逃,博塔的军队大部逃往了北方,少数人向南突围而去,还有一部人马掩护奥兰治自由邦和德兰士瓦的总统沿铁路线前往莫桑比克。

贝尔法斯特一战之后,海军旅再次分开。海员炮手跟随骑兵前往巴伯顿,踏上了整个战役期间最艰苦的行军旅程。特别是通过有"魔鬼指尖"之称的山地时,炮手们使用了3倍数量的牲畜才能将炮车和辎重拽上山顶。下坡路是一条羊肠小道,官兵们必须竭尽一切努力防止车辆倾覆。一辆炮车的轮子损坏了，士兵们用马车轮子取而代之，这辆炮车幸运地闯过了难关，直到巴伯顿的军械人员修理和改装了破损的车轮。4.7英寸炮仍然留在"纪念碑山"上，2门12磅炮被配给第11师，前往追赶两位布尔总统，9月24日，英军到达边境地带，布尔军队前一日从这里进入了莫桑比克，只留下一片狼藉，物品、弹药和武器遍地皆是。

9月30日，英军后勤部队接过了运输任务，将海军旅官兵和火炮用火车送往比勒陀利亚。途中同样上演了一幕闹剧——火车司机是一个酒鬼，他的车头引擎几乎难以拉动列车。司炉临时制作了刷子，交给锅炉工清理机器，即便如此，火车在爬坡时依然显得举步维艰。最后，由于醉鬼司机操作失误，火车发生了碰撞事故，于是，海军旅不得不花费2个小时清理轨道，"无论在什么情况下，拖绳都是最有用的工具"。

海军旅在比勒陀利亚重聚，他们列队游行，接受罗伯茨和波尔·卡鲁将军的检阅，火炮被移交给皇家炮兵，随后，海军旅乘坐火车前往西蒙斯顿，他们在第二次布尔战争中的战斗至此落下帷幕。

参考书目

Admiral Richard Bacon, *A Naval scrapbook* (London 1925)

Michael Barthorp, *The Anglo-Boer War* (Poole 1987)

W Baring Pemberton, *Battles of the boer War* (London 1975)

Lieutenant E A Burne, RN, *With the Naval Brigade in Natal* (London 1902)

Sir Arthur Conan Doyle, *The Great Boer War* (London 1908)

Admiral of the Fleet Lord Cunningham of Hyndhope, *A Sailor's Odyssey* (London 1951)

T T Jeans, *Naval Brigades in the south African War* (London 1901)

Rayne Kruger, *Goodbye Dolly Grey* (London 1959)

Colonel Marling VC, *Rifleman and Hussar* (London 1931)

Major-General Moultan, *The Royal Marines* (London 1972)

Peter Padfield, *Aim Straight* (London 1966)

Thomas Pakenham, *The Boer War* (London 1979)

P C Smith and B Oakley, *The Royal Marines* (Tunbridge Wells 1988)

J Symonds, *Buller's Campaign* (London 1974)

H H Wilson, *With the Flag to Pretoria* (London 1900-2)

第十章 英国皇家海军师（1914—1919 年）

克里斯托夫·佩奇

英国皇家海军师（RND）是一支独特的队伍：在整个战争期间，队伍中的大部分人员都是海员，他们拥有海军军衔——一等水手等同下士，海军士官等同中士，少校军官也同样佩戴海军军衔。然而，这些人几乎都未经历过海上的惊涛骇浪。军官们留着长胡子，他们将离开时的告别称为"上岸"，并遵循海军的值班制度，生病时去船医那里看病，将野炊称为"船上厨房"。他们佩戴海军帽徽，身穿卡其色军装，诸如此类。甚至当海军师官兵乘坐火车前往新的部署地安特卫普时，他们依然叨念着应从火车的"左舷"还是"右舷"登岸。其下辖的各营并不是用数字，而是以海军英雄的名字冠名。[1] 最初，皇家海军师所属各旅中的人员大都来自海军后备队和海军陆战队。后来，由于海员十分稀缺，第 3 旅开始从各个骑兵团或步兵团招募兵员。尽管招募人员保有一些原有部门的理念和传统，使一些高级军官忧心忡忡，但实践证明，该部是一个能征善战的精英战斗单位。其创始人温斯顿·丘吉尔表示，该师是"英国征战史上七八个最光荣的部队中的一员"[2]。

从一开始，海军师就吸引了一些有趣的人物，包括后来成为新西兰总督的伯纳德·弗赖伯格，鲁珀特·布鲁克，赫伯特以及首相的儿子阿瑟·阿斯奎斯——他是第一次世界大战中一位颇具才华和勇气的战士。

该部是在 1914 年后建立的。在第一次世界大战爆发前夕，英国海军大臣温斯顿·丘吉尔意识到，有 20 000~30 000 名成年海军预备役人员无法直接从事海上工作。英国国防委员会同样认为，应该让他们组成一支部队，以承担一些可能的紧急任务，包括小规模两栖登陆、沿海突袭或保卫港口。1914 年 8 月 30 日，丘吉尔签署了英国皇家海军的动员令，然而在此之前，一些良莠不齐的预备役人员就已被召集起来，规模相当于两个旅，住在肯特郡迪尔地区附近的营地里。应当说明的是，在一个时期内，英国赴欧洲参战的远征军总共只有6个师，基奇纳召集志愿兵的呼吁未结出果实。

海军师的骨干军官大多来自皇家海军及陆战队，还有少数经验丰富的辅助官员，他们多是警卫旅的退役军官。吸收的预备役人员大部分是来自英格兰北部、苏格兰或北爱尔兰的矿工，即便在战争期间部队补充兵员时，这种状况依然未有改变。

这支海军师并不是战争办公室的下辖部队，英国海军大臣温斯顿·丘吉尔专门成立了一个委员会对它进行管理。毫不奇怪，该部在组织和训练方面的进展远不能称之为理想，甚至没有能够任命的师级指挥官。最后，按照大多数人的意见，在1914年10月1日，该师归入皇家海军陆战队序列。

安特卫普（1914年10月）

出乎意料的是，1914年10月4日早晨5时15分，这些训练未完的士兵就从睡梦中被唤醒，整队向多佛行进。一些军官前几天患上了伤寒，此时正饱受病痛折磨；士兵们的身上空空如也，只带着他们的步枪。两支海军旅抵达敦刻尔克，卸下了所有装备。晚上11时，部队登上了驶往安特卫普的火车。军方决定以通过援助比利时人的方式，延缓德军向英吉利海峡港口推进的步伐。按照计划，官兵们要守卫在围绕安特卫普的内德河畔，与此同时，法军和英军第7师向德军侧翼反扑，最终瓦解敌军。这些匆匆抵达的部队没有骑兵、炮兵、工程师和医疗设备，也缺乏任何运输设备。

海军师于10月6日上午在安特卫普下车，列队穿过欢呼的人群，径直前往郊区。在这里，他们花了一个晚上的时间，抢在渐行渐近的敌人之前，占据了城市东南长达7英里的战壕，这是城市东南环形防线的重要组成部分。皇家海军陆战队炮兵少将帕里斯被任命为海军师的指挥官，他赢得了官兵们的一致认可。敌军的轰炸并未使部队陷入危险境地，然而显而易见的是，他们对德国人的推进毫无办法。当天晚些时候，传来了撤退的命令。海军师开始冒着密集的炮火向西边30英里外的圣吉勒斯韦车站推进。13个小时之后，精疲力竭的官兵们终于赶上了驶往奥斯坦德的火车，并于10月11日抵达多佛。至少他们中的大多数——第1旅的3个营，总

第十章　英国皇家海军师（1914—1919 年）

1914 年 10 月 6 日，伊斯特本（苏塞克斯）师海军志愿后备队豪营 D 连的官兵们在安特卫普东郊的旧天主大街。照片上，士兵们挎着旧式的子弹袋，头戴海员帽。他们的外套样式源自克里米亚战争，是仿效俄军军装制作的。队伍后方有一名军官凝视着相机镜头，在他后方挂有一面白色海军旗帜。（帝国战争博物馆，Q14772）

计 1 500 人——越过荷兰边境，逃进了收容营而免于被俘，海军旅的雇员也全部脱险。900 多名士兵被迫向包抄而来的德国人投降，7 名军官及 57 名士兵丧生，178 人受伤。英国人在此次行动中付出了沉重的代价，事后看来，军队训练不足及人数劣势是导致战事失利的根源。在未来的战斗中，他们或许就不会像今天这样幸运了。

　　海军师勉强躲过了一场灾难，得以重返家园。而此时国内对海军师的批评之声也此起彼伏。海军师的创建者和拥护者丘吉尔力排众议，执意将该部保存下来。于是，训练重新启动，海军师开始重新招募兵员，以补充在安特卫普的损失。水晶宫附近还建起了一座新兵募集点。1915 年年初，英国决定在索尔兹伯里平原的新布兰德福德营地训练海军师人员。军方向其分派了医疗队、工程队之后，分散的部队慢吞吞地向布兰德福德营地集结。自海军师从安特卫普返回以后，军方时而对这支外行的部队很不耐烦，时而又决定优先考虑这支新部队的需求，同时撤换了军中的大多数正

1914年10月,安特卫普。军医克鲁克在防空壕外面。(帝国战争博物馆,Q14780)

式及非正式军官。对海军师而言,这无疑是一个沉重的打击,但导致的有利结果是,海军师在很大程度上获得了依靠自身资源来寻找合适的军官的自由。在随后的战争岁月里,他们在选拔人员时只看申请者的功绩和才能,从行伍中提拔了一大批才华横溢的将领。同样幸运的是,海军师不仅吸引了一大批德才兼备的军官,大量"公立学校营"的青年才俊也赫然出现在应征者的行列之中。

布兰德福德营地是专为海军师设立的,与其他新设军营不同,新兵可以在此地接受训练,伤员在返回原部队之前可在此疗养。每位战士都能在这个小世界里发现自身的存在价值,官兵之间的团队精神和友谊也在这里得到彰显,并在战争中表现得淋漓尽致。

第十章 英国皇家海军师（1914—1919年）

加利波利① （1915年）

海军师尚未在布兰德福德完成集结，加利波利半岛又响起了战争的号角②，官兵们只得踏上征程。加利波利是英国掌控达达尼尔海峡的重要抓手。不幸的是，在预定登陆日的前两天，鲁珀特·布鲁克因败血症不治身亡。他被他的朋友们，包括阿斯奎斯和弗赖伯格在内的一干人葬在了斯基罗斯岛上。

按照计划，海军师官兵不参与加利波利半岛南端的登陆行动，而是转向北方，对布赖尔（Bulair）附近的土耳其军后方基地发动佯攻。前来支援第29旅的安森营和普利茅斯营的海军陆战队则负责在南部海滩登陆，而帕里斯将军又从胡德营和豪营抽调了300名士兵配合南侧海岸的抢滩行动。4月24日，海军师乘火车驶往布赖尔，并于次日清晨到达了目的地。

最初的计划是，胡德营的一个排将趁黑夜登陆，发射照明弹，然后故意制造出声响。然而，这遭到了弗赖伯格的反对，他认为这无疑是自杀行为，因为这样一来，来往运输登陆士兵的海军舰船将完全暴露在海岸敌人的视野之内，必定会招来猛烈打击。他提出自己游泳上岸，伺机点火吸引敌人注意，然后返回船上。于是，弗赖伯格在海水中游了大约2英里距离，在气温接近零摄氏度的寒夜上岸，赤身裸体地跨过障碍，点起火焰，并避开敌军的子弹。为进一步转移敌军注意力，他又在海面继续游了1英里，在另一处海岸上燃起烈火。没有任何舰船为其提供支援，弗赖伯格只能依靠罗盘确定方位，并依靠长距离游泳返回己方舰船。他在海水中奋力挣扎，希望能撞见一艘英国船。值得庆幸的是，在冰冷的海水中浸泡了两个小时之后，弗赖伯格被军舰捞了上来，这时他几乎徘徊在死亡的边缘。弗赖伯格的计策生效了，土耳其人将一半兵力留在了半岛北方。后来，弗赖伯格因他的英雄行为被授予优异服务勋章。

当英军在半岛南端登陆时，海军师的海岸部队发现，自战斗打响后，

---

① 为盖利博卢的旧称，属土耳其。——编者注
② 第一次世界大战中，英国与法国为了控制达达尼尔海峡和博斯普卢斯海峡，进而占领土耳其首都君士坦丁堡，迫使其退出以德国为首的同盟国一方，集结重兵发起了加利波利战役。——编者注

他们一直面临着严峻考验。在"V"海滩，来自安森营的提斯多中尉因从敌军枪口下救出了多名战友而获得了维多利亚奖章。普利茅斯营的皇家海军陆战队与一支陆军部队在半岛西侧的"Y"海滩上岸，苏格兰边境团第1营和来自南威尔士边境团第2营的一个排被部署在侧翼。部队的登陆行动几乎没有遇到像样的抵抗，士兵们表现得非常勇敢，如果在接火时再尽一把力，他们就很可能突破摇摇欲坠的土军防线：敌人的数次夜袭都被击退了，但登陆部队也损失了约1/3的兵力。许多精疲力竭的队伍被撤离战场。几天之后，海军师登上了海岸，接管了先头部队的防线。

在接下来的几周，联军试图从半岛南部打开一条通道。此际，澳大利亚和新西兰军团已在西海岸获得稳固立足点，因此军方决定将此地作为突破口。这一时期，海军师被最高司令部拆散开来，其下的旅、营被调拨给己方其他部队或法国、澳大利亚军队，开展各类行动。在5月，至少发生了4次重要战斗。隶属于海军师的4个营奉命前往协助澳新军团，其中朴次茅斯营的一等兵帕克帮扶受伤战友，协助运送补给，立下汗马之功，同样被授予维多利亚奖章。5月中旬，海军师的余部（包括霍克营、本博营、科林伍德营的少量人员，他们此时仍留在公海上）在帕里斯将军的率领下，集结在阿希巴巴前线（Achi Baba Front），这里正进行着一场堑壕战——在第一次世界大战的西线战场上，这种战法同样颇为流行。

海军师守在法军左侧的战线上。第42师和第29师余部也随后赶来，防守左翼。临近5月末，英军连夜向前推进，将战线推动了近半英里，使后方地区得以免受敌军炮火袭扰。月底，在另外3个营并入海军师之后，该师已初具规模，下辖两个海军旅和一个皇家陆战旅。然而，由于战斗损失，该师人员仍比4月25日前少了许多。如果将新加入的3个营排除在外，该师人员甚至已不足5 000人。虽然补充了新鲜血液，但新来的士兵又缺乏战争经验。在这种情况下，海军师展开了另一场攻势，这就是第三次克利希亚战役。

和之前一样，此次战役仍以堑壕战的形式进行。在广阔的战线上，英军一个战壕接一个战壕地向前推进，遇到的问题也跟先前一样：在进攻线上的任何短暂停留，都将使旁边的战友暴露在前方敌军极具杀伤力的火力之下。对于海军师而言，成功与否将完全取决于右翼法军能否顺利夺下克瑞斯德雷高地（Kereves Dere Ridge）。进攻将于正午打响。天气酷热不堪，

第十章　英国皇家海军师（1914—1919 年）

胡德营的军官们在布兰德福德营地的合影。第二排左起第二位是鲁珀特·布鲁克；站在最后排最左边的是阿瑟·阿斯奎斯；第一排左起第三位，坐在椅子上的是伯纳德·弗赖伯格。（帝国战争博物馆，Q71074）

突击部队被迫长时间地待在臭气熏天、尸体枕藉的战壕中等待命令，眼睁睁看着数以百万计的苍蝇和蛆虫在前日战死者的尸体上面爬来爬去。炮兵的火力支援可谓"软弱无力"，几乎全无效果。上午 11 时左右，英军在前线发动了一系列佯攻，阵地松软的护墙立刻迎来了暴风骤雨般的子弹——敌人并未被先前的炮击所压制。英军只得继续炮击土耳其人阵地，中午 12 时整，豪营、胡德营和安森营的士兵们从海军师的阵地中一跃而起，冲入了敌军的弹雨之中。

遭遇了惨痛损失后，他们终于夺下了土耳其人的前沿阵地。只有大约 20 名军官和 300 名士兵幸存下来。敌人进行了猛烈反击，官兵们简直九死一生。科林伍德营首次投入行动，该营人员充足，信心满满。官兵们的任务是穿越无人区提供支援，但却被右侧山脊的敌军弹雨扫倒在地，伤亡惨重。这条山脊本应由法军负责占领，然而法国人尽管再三尝试，依然未能如愿。英军尝试对土军的第二和第三条战线发动攻势，但无法占领阵地，最终只能撤退。进攻之始，英军出动了 70 名军官和 1 900 名士兵，撤下火线时只剩下 5 名军官，士兵也仅余 950 余人。鉴于损失严重，帕里斯将军

1915年5月29日,加利波利,海德维克海军中尉(后来的指挥官)在前线战壕。海德维克因在加利波利战场上的出色表现而受到表彰。6月4日海德维克不幸负伤,从陆地战场重新回到了海军舰船上。(帝国战争博物馆,Q61116)

解散了科林伍德营和本博营,并减少了海军旅人员配额用以填补胡德营、豪营和安森营的人员缺口。解散的营后来一直没能重建。

于是,敌我双方继续在堑壕中僵持,直到7月12日英军再度发起攻击。这一次,由新到达的第52低地步兵团负责主攻,海军师官兵充当预备队。然而,从随后发起的勇猛进攻及取得的战果来看,海军师的作用远不止"支援"而已。海军师的两个营投入了战斗,分别是朴次茅斯皇家陆战营和纳尔逊营,有12名军官战死,纳尔逊营几乎是全员挂彩,只有1人侥幸全身而退。

到7月25日,海军师官兵终于可以松下一口气,奉命返回营地休整。现在,部队只剩下129名军官和5 038名士兵,只有原来人数的一半。海军师在加利波利半岛的战斗告一段落,他们没有协同澳新军团作战以及参加在苏弗拉湾展开的战事。这是意料之中的事:士兵们士气低落,军中痢疾流行。此时此刻,能够影响海军师未来的因素主要有两个:一是英国海

第十章 英国皇家海军师（1914—1919年）

1915年5月6日，加利波利，胡德营攻占了一处名为"白屋"的据点。（帝国战争博物馆，Q61127）

军大臣；二是战争办公室。前者将后方所有预备役人员召回，为舰队提供服务，这些人员只有300余人，却使那些先期投入战斗的、训练有素的海军师官兵们得以安稳撤离。而另一方面，战争办公室拒绝为海军师提供增援，陆军方面一直对海军师怀有偏见，因此根本无意竭力为其提供帮助。这意味着，在下一阶段的战役中，海军师官兵只能承担一些防守性任务。一时看来，海军师几乎已是颓废不堪，四分五裂。而当海军师编制进一步缩减时，这种印象愈加深入人心了。现在海军师只剩下两支队伍：由德雷克营、纳尔逊营、霍克营和胡德营组成的第1旅以及由安森营、豪营两个皇家海军陆战队营组成的第2旅。

西线战事（1916—1918年）

英国皇家海军师于1916年的1月抵达了位于爱琴海利姆诺斯岛的穆德罗斯港，等待他们的是未卜的命运。这支部队承受着来自两方面的压力——无论是陆军方面还是海军本部，都希望将它拆散整编。而最终，海军师得以幸存下来。这其中的种种原因我们已无法断定，但毫无疑问的是，部队在加利波利的卓越表现是极具说服力的一项。海军师在该战役中的表现使陆军方面认识到：保留该部的建制，只裁撤部分番号，这样做还是颇具好处的，并且也有助于发挥最初为它设想的功用。而海军方面认为，尽管海军兵力已不再急缺，但皇家海军师仍要加以保留。这主要是由于温斯顿·丘吉尔的幕后支持——有许多有影响力的人物，都对他进行了游说。众多游说者中，还包括丘吉尔的密友和恋人薇奥莱特·阿斯奎斯，当然也包括她即将升任第二胡德营指挥官的哥哥亚瑟·阿斯奎斯。亚瑟一直和他做首相的父亲赫伯特·阿斯奎斯私下保持联系，薇奥莱特也能与首相秘密联络。薇奥莱特于1915年11月嫁给父亲的私人秘书毛瑞斯·伯纳姆·卡特，而首相令人敬畏的妻子马格特，也常常为兄妹二人提供消息。

最终，英国高层决定将皇家海军师派遣到法国去。部队于1916年6月抵达，驻扎在阿拉斯西北方向的几处村庄。在那里，海军师进行了一次重要的整编：这支部队首次配备了野战炮兵，有了负责修筑壕沟工事的加强连和中型连，有了机枪班，还有弹药队负责运送弹药。6月19日，海军师被授予了新的番号，全权隶属于陆军。从此，第63师（皇家海军师）这个新番号为人熟知。整编之后，部队由3个旅组成：第188旅，下辖两支海军陆战队和两个海军营；第189旅，海军士兵是其全部战力；第190旅，主要由新补充的兵员组成，下辖荣誉炮兵第1连、贝德福德团第4连、皇家燧发枪团第7连和皇家都柏林燧发枪团第10连。帕里斯将军仍担任部队指挥官。在后方维米岭和朗斯市一带，壕沟纵横交错，海军师在那里接受了一系列训练，并准备投入索姆河战场。

10月初，皇家海军师抵达第5军控制的地带。在这里，战线从赛尔河一直延伸到博蒙特-哈默尔地区。第5军在7月1日发动了首轮进攻，虽然付出了重大伤亡，可是并未取得什么战果。1916年10月，黑格将军断定，英军只有肃清残留在博蒙特-哈默尔、圣皮埃尔迪维永和塞尔河的敌军，才能在索姆河南部地区取得战事进展。他迫切需要一场重要胜利来抬升自己在尚蒂伊会议上的地位——因为在这次即将举行的会议上，英、法两国将为1917年的战事商定计划。

10月14日，帕里斯将军被炮弹炸成重伤。随后，一位"真正的"陆军将领来代替他指挥部队，此人便是卡梅伦·舒特。因其所指挥的旅在索姆河战役初期的吉耶蒙一役表现出色，他最近也获得了晋升。舒特将军是

第十章 英国皇家海军师（1914—1919年）

个很难共事的人：对于皇家海军师的与众不同之处，他非但不尝试去适应，反而一心想将之剪除。舒特的所作所为使得士兵们和他离心离德。更有甚者，他还想命令士兵都刮掉自己的胡子！11月7日，舒特向集团军司令部上交了一份措辞严厉的备忘录，用以呈明自己的最新命令，其中还包括一些刻薄的论断："（海军师）每个营的士兵都愚不可及，他们中间没有一个合格的水手，这伙人的军饷快要比一般陆军官兵高一倍，可他们的身体素质和训练水平却低于陆军部队。"[3] 他承认，皇家海军师中并无犯罪行为发生，但是又补充评论说，这支部队的纪律性已经"差到可悲的程度"。舒特将军还认为保留海军师的海军头衔十分荒谬，他指出，"除非把部队的军官都换成陆军出身的，否则这支部队绝不可能遵守陆军军纪"[4]。在备忘录的结尾，他总结，"皇家海军师的情况绝不让人满意，所有海军和海军陆战队士兵都应该被改编成陆军"。可笑的是，尽管如此贬低这支部队的战斗力，舒特最终却下令让它于3日后进攻德军一处固若金汤的要塞。要知道，这一要塞的守军，可是素有纪律严明、战绩出色的威名。然而，糟糕的事情还没结束：天气十分恶劣，雨水连绵，气温也低得可怕；战壕挖得根本不够，防空壕基本没有，壕沟底也尽是冰冷的烂泥。此外，3个旅的士兵不是被顶到战线上去，就是为即将到来的战斗而挖战壕挖到精疲力竭。

英军主要的进攻计划依托于索姆一带的绝佳地形。他们决定进行渐进式的火力覆盖，加上紧随其后的步兵冲锋。通过这一战法，英国人将会取得战役胜利，进而有机会劈入德军的壕沟防御网。德军如若大举反攻，英军则有另一个作战计划。他们将集中赛尔到圣皮埃尔一线5个师的兵力应对敌人反扑。整个皇家海军师都会投入战斗，两个由海军士兵和陆战队士兵混成的旅驻守一线，两部阵地相距1 200码，第190旅则担任后备队。海军师的最终目标是攻占博库尔地区最远端的村庄，这需要他们向前推进超过一英里。截至11月13日，海军师因受伤和疾病减员约500人。不过，好消息是，德国人并没料到英军竟会对守备如此森严的要塞发动攻击，而海军师在进攻时也得到了大量火炮支援。此外，军部都是深思熟虑才制订计划和下达指令，这都使得战局变得极为明朗。更让人喜出望外的是，在攻击开始的前几天，每到黎明时分，炮兵都会对敌军阵地进行大规模的炮袭。

由于战线狭窄，投入的兵力无法全面展开，所以在攻击开始的前夜，许多参战士兵被迫集中在没有修筑任何工事的地带，他们在那里整整冻了12个小时，完全暴露在德军火力之下。幸好，德军很快便被击垮，所以进攻部队的士兵中，仅有少数因四散飞舞的弹片而受伤。临近黎明时，大雾开始笼罩战场。大约5时45分，英军破开障碍并攻进德军阵地，和几日前的那次进攻一样顺利。士兵们起身冲锋，冲进浓浓的雾气，在不被炮火伤及的情况下尽可能向前推进。英军右翼取得了较大进展，弗雷伯格率领胡德营在几分钟内就攻进了德军的第三道防线。

而在左翼和中路，进攻迟迟未能取得进展。在那里，德军一处要塞从之前的炮袭中幸存下来，正顶着进攻方的覆盖火力不停喷吐着子弹。英军花费了很长时间，付出了巨大牺牲，才将它攻下。然后，皇家海军陆战队和豪营的士兵们才想办法攻入了德军的第三道防线。弗雷伯格没有发觉左翼和中路的僵持局势，他带领他的胡德营和大约450名德雷克营的士兵扑向下一个目的地，并按计划于6时25分攻占目标，俘敌400余人。可是他却没有足够人手来管理如此多的战俘。接下来，他又带领手下一鼓作气向前推进，较为轻松地达成了他全部的作战目标。而同师的其他部队，却深陷在左翼和中路动弹不得。直到第二天早上，一辆坦克攻下德军的那处要塞，400名战俘才被英军妥善处置。而在此时，弗雷伯格正的人马一边掘壕固守，一边等待进攻博库尔的命令。这最后一个目标任务，他也于11月14日8时30分轻松完成。同一天，英军遭到了德军的整日炮击。在左翼，德军的多面堡被英军攻占，英军进而取下了战线上余下的德军阵地。11月15日清早，皇家海军师被撤下战线进行休整。此役，两个海军营有3 000人伤亡，而另一个陆军营也伤亡800人。整个11月，海军师阵亡军官100名，士兵1 600名，另有160名军官和2 400名士兵受伤。在著名的安克尔之战，仅皇家海军师就俘虏了1 600名德军。黑格将军原计划攻占博蒙特－哈默尔，俘敌3 000名，最终却"超额"抓获了6 300名俘虏，攻占了3座工事森严的村镇——博蒙特、圣皮埃尔和博库尔。参与进攻的另一个师也进展顺利，其中第51苏格兰高地旅表现最为英勇，正是他们首先攻入博蒙特。弗雷伯格在此战中受伤4处，被授予一枚维多利亚十字勋章。德·列尔将军称赞他的表现"可能是战史上最为英勇的个人表演"。

英军之所以获得大胜，原因之一是德国人对自己阵地防御的过分自

第十章 英国皇家海军师（1914—1919 年）

信。此外，也多亏了英国军部巧妙战术的贯彻实施，炮兵部队不遗余力的精准打击以及这场及时的大雾——正是这场大雾遮蔽了阵地上德国守军向其炮兵求援的信号。同时，由于安克尔地区变成泥泞的沼泽，使得德军布置在东岸的机枪不得不扩大扫射范围，这才使本次战斗的伤亡远低于预期。本次战役中，英军步兵紧跟炮兵覆盖火力前进的战术也发挥了重大作用，而且部队还对防空壕进行了清理，装备了更多的"刘易斯"机枪，这些也都是本次胜利的重要原因。然而，最重要的原因，还是以弗雷伯格为首的营连级军官们身先士卒，浴血奋战，而他们手下的战士们，也有着强大的决心去夺取胜利。

皇家海军师班师回营。虽然在战斗中付出了巨大的伤亡，可官兵们却变得更为机智和自信，"想让舒特将军瞧瞧他们立下了怎样的战功"。德军的鲁登道夫将军这样评价本次战役："这是一次极其沉重的打击，尽管我们的军队仍占据上风，可是胜利对我们来说似乎已遥不可及了。"[5]

虽然海军师在本次战役中表现如此出色，舒特将军却仍不为所动。12 月 1 日，他又一次给第 2 集团军军部写信，这样说道："皇家海军师在安克尔一战中的表现，只是说明了它需要整改。"[6] 12 月 21 日，集团军新任司令雅各布也在信中附和了舒特的提议："我认为舒特将军的提议不必进行任何修改。这是第 63 师指挥官所做出的决定，应该尽快得到执行。"[7] 舒特的提议随后被呈至海军本部和作战办公室。英国议会于 1917 年 2 月召开了众议院会议，海军本部在会议上坚持保留皇家海军师，并批评舒特指挥不当。从这次会议可以看出，丘吉尔和阿斯奎斯兄妹确实在暗中采取了行动。结果，舒特被调离海军师，部队最终避免被打散整编。劳里将军在 2 月 19 日接替了舒特。事实证明，这次变动是英明的选择，因为劳里还下令允许海军师保留自己独一无二的特色直至战争结束。舒特于 1918 年继续担任某集团军的司令官。

除了固执于撤销皇家海军师的计划，舒特还马不停蹄地用陆军军官撤换各海军营的指挥官，还企图吸纳志愿兵，让海军师完全陆军化。这一切都在 1917 年被叫停，而文档记录中对此只是评价如下："改革海军师的热望最终消退。"[8] 这支部队又恢复了它的光荣传统。舒特暂时被调离了指挥官的行列。新出台的草案巩固了海军师的胜利，部队于 1917 年 1 月中旬回到了前线，回到了去年 11 月取得大捷的地方继续战斗。众所周知，1916—

1917年的冬天是当地有史以来最为寒冷的,地面从12月中旬起上冻。就在这样的恶劣条件下,上级仍然下令抓住机会再次进攻。胡德营和霍克营接到了命令,被要求发动一次出其不意的战壕突袭,攻占格朗库尔北岸名为"瑞福"和"皮西厄"的德军阵地。英军阵地离最近的一条德军壕沟不过300码,"瑞福"则要再远100码。这次进攻计划于2月3日展开,持续8分钟。进攻取得了巨大成功:尽管英军仍是利用加深防空壕和破坏堡垒的方式推进,海军师的一个旅还是完成了全部任务目标。但是,原定8分钟的攻击却延续了50多个小时,有4个营投入其中,并造成了650余人的伤亡。

海军师的另外两个旅则进展顺利,他们占领了格朗库尔,发觉镇子已被德军放弃,后者退守至"兴登堡防线"一线。海军师继续向前推进,于2月17日在友军协助下陷米洛蒙。海军师在这次进攻行动中的表现,可谓"所向披靡"[9],不过皇家海军陆战队遭受了很大的伤亡。这次行动之后,海军师奉命撤下休整。

经过一段时间的休整和补强,部队开往阿拉斯,于4月14日接管了加夫雷勒阵地,这是一座处在阿拉斯-杜埃大道上的森严要塞。如今看来,加夫雷勒镇并没有什么战略价值:只有一条大路从镇子旁边绕过,大货车日夜不休地呼啸来去;战后援建的一些建筑也并不像其他城镇那样规模庞大。可是,在1917年,这里要比如今更加贫瘠。镇子依着缓坡而建,缓坡最高处伫立着一座磨坊,磨坊俯瞰着下方原野上延伸2英里的英军阵地。在那时,燃料供应也十分有限,所以准备进攻的部队都冒着寒冷的天气,在战壕里蜷缩了8天。士兵们都睡眠不足,并且在此之前已经挖了两天两夜战壕,为逼近的大战做准备。他们的食物和水也都已用尽,可还得忍受德军不时发起的炮击。上级下达的作战任务更是苛刻:占领阿拉斯镇,作为下次全线进攻的立足点,同时将阵地向前推进300~600码,在北边修筑侧翼防守阵地。

不过,炮兵至少还能提供充足的火力支援——5个重炮群,加上海军师自己的炮兵部队都随时待命。第189旅负责右翼阵地,第190旅的步兵兄弟们则负责左翼。

德雷克营的指挥官斯顿戴尔·本内特在战前发现通信线路中断。这位西线战场上最年轻的营指挥官向旅部报告了这一消息,并在最后直接询问

第十章　英国皇家海军师（1914—1919年）

道："攻击是否已取消？"[10]在旅部看来，这一问题根本不必回复。然而，本内特在进攻开始前11个小时修改了他的攻击计划，决定缩小正前方的攻击范围，以迫击炮火力支援他的侧翼阵地。在采取这一战术时，他还充分运用了渐次覆盖火力，从而在10分钟内就完成了任务目标。10分钟后，刚接替弗雷伯格指挥胡德营的亚瑟·阿斯奎斯决定先发制人，于是他带领全营官兵向前冲锋，迅速攻占了德军的第二道防线，此时其他部队的首波攻击才刚展开。这是一场惨烈的市区攻防战，建筑在士兵旁边轰然倒下，双方短兵相接，机枪在近距离内疯狂对射。周围的能见度极低，士兵们只能看清一臂之内的情况。本内特和阿斯奎斯的部队就在这样的情况下攻入了镇子，抓回来数百名俘虏。此时，皇家海军师的官兵们已偏离了己方炮兵所掩护的区域，置身于磨坊里德军的火力之下。在这万分危急的情况下，阿斯奎斯重新侦察了前方敌人的壕沟，判断目前他们根本无法穿越过去。在侦察返回途中，他冲进了镇长的房子，发现有10个德军正在呼呼大睡，于是将他们全部俘虏。这些德军士兵离主战场不过200码，却认为危险没有临头，竟然还能安稳大睡，这样的行为心理实在值得研究。单用"侦察"这样一个词，根本无法表明阿斯奎斯这次的行动究竟有多么艰险：他做这样一趟"侦察"，意味着要在光天化日之下从一个营的阵地上穿过，周围还布满了狙击手，而且不断有炮弹从天而降。他需要记录下敌军的战壕情况，还得靠得足够近，以弄清楚敌军的具体数量。侦察过程中，阿斯奎斯的同伴就在他身旁被狙击手狙杀。英军士兵们架起"刘易斯"机枪以提供更好的掩护火力，可即便如此，他们的处境仍然相当危险，因为只要德国人从磨坊那里开火，士兵们所在的阵地就会被弹雨所吞没。

英军在此修筑侧翼防守阵地，是为了巩固目前所占领的地区。而此时正值上午，德军尽出精锐，开始了一系列拼死反攻。参战部队甚至包括号称"精英"的德国第2禁卫军预备师，这支部队整整一天都不停地进攻，企图夺回阵地。一支支德军部队败退下去，留下遍地横尸，这场景仿佛回到索姆河之战开始的那天，同样是血流成河的人间地狱，不过这次吞下战败苦果的是德国人。坚守阵地的英国部队承受着不间断的火炮压制，所以，当上级命令进行反冲锋再向前推进时，阵地上的指挥官直接置之不理。夜里战事热度稍减，但是第二天一早，德国人就再次倾巢而出，企图把村子夺回来。当日下午3时，经过一阵漫长而猛烈的炮火准备，德军终

阿斯奎斯在加利波利战壕中的唯一留影。（取自阿斯奎斯的档案文件）

于碾进阵地。但他们付出巨大伤亡之后，还是再次被击退。此时，这场攻防拉锯战才算告终。皇家海军师基本完成了作战目标。德军的伤亡固然是巨大的，可海军师在此次战斗中，也付出了2 000人伤亡的惨痛代价。

海军师在此时还没完成攻占加夫雷勒的作战目标，但参与了4月28日展开的全线进攻，从村庄的左右两翼进行攻击。上级命令海军师向东北方向推进，这是为了占领磨坊，进而控制整个地区。第188旅和第190旅承担这一使命，和第2师协同作战。海军师官兵英勇奋战，其下辖的第2海军陆战队率先拿下磨坊。他们面对德军凶猛的反扑，尽管付出巨大伤亡，始终把磨坊牢牢掌握在手中。安森率领的陆战队试图向右方推进，但是后路被抄，只得退回磨坊阵地。可即便如此，他们还是在途中俘虏了250名德军士兵。海军师在右翼的攻势没能收到效果，这是由于德军及时通报消息，使铁路旁边的要塞做好了准备，并且德军还进行了决绝的反攻。第二天黎明时分，由皇家都柏林燧发枪团第10连和贝德福德团第4连组成的混合攻击营，更为拼命地发起攻击。最终，海军师在付出了重大伤亡后，又占领了德军的一块阵地。

在这次战役中，又有一位英雄人物脱颖而出，这便是荣誉炮兵第1连的少尉波拉德，他仅带领4名战士就击退了德军的一次大规模反扑。因其

第十章 英国皇家海军师（1914—1919年）

超乎寻常的勇气，波拉德获得了一枚维多利亚十字勋章。此前，他就被授予过特等军功章以及军功十字勋章。和波拉德同一营的另一名少尉海涅，也获得过一枚维多利亚十字勋章。因为他英勇非凡，领导战士们成功袭击敌军，从而占领了对方的坚固阵地。那天晚上，皇家海军师再次幸存，但在行动中伤亡1 100多人。

从4月15日至29日，海军师官兵不懈奋战，损失了3 800多人，其中，40名军官和1 000多名士兵牺牲。稍做休整后，海军师再次回驻加夫雷勒。由于在加夫雷勒前线作战不断遭受损失，在从加夫雷勒到帕斯尚尔途中，部队进行了重组：荣誉炮兵第1连留下加入禁卫师团，皇家都柏林燧发枪团被调去增援爱尔兰第16师。这两支部队最终分别被艺术家来复枪团和王属什罗普郡轻步兵团解救。

与此同时，伊普尔周边的战事到了关键时刻，加拿大军队为占领帕斯尚尔村准备进行最后一击。为从左翼对其进行支援，英军第18集团军进入了一片宽阔的沼泽地。这片沼泽地当时已满是泥泞，尽显满目疮痍之像。皇家海军师10月底到达此地，并从第9师手中接过阵地，准备参与10月26日的行动。其所属部队快速穿过沃伦公墓，到达莱可波迪河附近。研究皇家海军师的历史学家杰罗尔德曾写道，"军队从未接手过如此沉重的担子，这个任务几乎不可能完成"[11]。在这个地势相对低洼的地方，周围的环境恶劣得可怕。这里战壕稀少，前线作战区都如泥海里的杆子，飘忽不定。而德国人的据点都是在农田和碉堡的基础上建立起来的，根基稳固。战事进展的快慢就是根据地势而决定的，也就是说，任何形式的徐进弹幕射击都意义不大。此外，从战场的情况来看，实行炮火打击的效果也不显著。第188旅发起首次攻击，目标就是距帕特蒂河500码远的德军驻地。一旦夺取了这些据点，敌人在这条河流附近的兵力将全被清除。午夜，在攻击开始之前，天又下起了雨，淋得官兵们浑身湿透。凌晨5时45分，部队继续前进了大概1 500多码，安森营在右，海军陆战队第1营在左。早上7时20分，战事取得一些进展，皇家陆战队占领了"班芙的房屋"（一个坚固的农舍），但是其他据点却在德军反击时失守了。阿斯奎斯在胡德营观察战事，由豪营及海军陆战队第2营发起的第二波攻势似乎进展缓慢。在另一位军官和士兵的陪同下，阿斯奎斯仔细研判军情，以确定哪些据点已被己方占领。最终，那些孤立据点的守军被撤了出来，并与右翼的加拿大军队建立了联系。炮兵开始轰击德军据点，同时为英国人控制下的区域提供保护。阿斯奎斯那天还进行了一次侦察，目的是确认之前占领的瓦列特农场附近据点是否落入了德军手中。除此，他还为先前身先士卒攻入农场的 7 名幸存者举行了一个慰问会。虽然花费了不少时间，却也收获颇丰。如果没有细致的战前侦察，就难以获得必要的信息。

尽管经历了 10 月 26 日的失败，第 190 旅在 10 月 30 日黄昏又顽强地发动新一轮攻击。进攻部队虽英勇无比，却收获不大，自身还死伤惨重。他们中有 1/4 是来自什罗普郡的新兵，第一次上阵作战。此战 30 多名军官牺牲，士兵阵亡人数接近 1 000 人，另有 2 000 多人受伤。即便如此，英军仍然继续对敌施压。在左翼，加拿大军队遭到阻击，无法向帕斯尚尔进发，因此第 189 旅也被调来支援并投入战斗。接下来的四天四夜，行动都按照原计划执行，损失不大。

如果想要明白英军扭转战局的原因，那么就有必要了解其在第一次惨败后调整策略的情况：阿斯奎斯在 10 月 26 日行动失败后进行了总结并提出报告。他在报告里指出，黄昏时在沼泽地进行徐进弹幕射击是无法取得胜利的：敌人据点分散，而且会相互进行掩护支援，必要时也会利用火炮还击。阿斯奎斯意识到，身处特殊环境中，必须利用机动性强的部队发起突袭，在夜晚逐个敲掉德军据点，才能最终取胜。与此同时，两个重要因素也不可或缺：高水平的指挥能力和缜密的战前侦察。第 18 集团军对新策略十分认同，在专业而长时间的敌情勘察之后，强大的德军据点被一个个英军小队以夜袭手段拔除。英军的这种战术使相对分散的德军据点难以互通信息，更没有条件进行互相支援了。那些不惧炮击，易守难攻，杀伤力强的坚固堡垒，现在却变成了德军自己的死穴。先前的第三次耶普尔战役中，几乎所有军事行动都是在黄昏时分展开的，并用了徐进弹幕射击。最终，加拿大军队夺取帕斯凯达莱，宣告了英军的胜利。

与此同时，坎布里之战开始了：在打击了英军士气之后，德国人反击并收复了大量阵地。弗莱斯科周围仍然处于英国控制之下，以威尔士高地为中心的临时据点像楔子一般嵌入德军的"兴登堡防线"。皇家海军师于 12 月中旬进入此地布防。12 月 30 日，身着白色伪装服的德军发动突袭，茫茫雪地隐藏了他们的身形，德军还在防线上布置了很多机关。在夺回防线附近关键地区的反击战中，巴克尔司令获得了他的首枚杰出服役十字勋

第十章 英国皇家海军师（1914—1919 年）

章。代价是：又有 63 名军官和 1 355 名士兵伤亡或失踪。对于德军进攻兵力的估计各不相同，最有可能的是：投入了 15 个营以及一些"风暴突击队"①。根据官方历史记载，德军伤亡十分惨重。[12]

皇家海军师努力奋战，终于攻取了一个小高地。曾在威尔士山脉的袭击中惨败的第 190 旅最终撤退。在这段休整期间，又有 4 名军官牺牲，其中一名还是大队指挥官。1918 年 1 月底，增援的呼声减少，因为有人坚持从 3 个营而不是 4 个营中挑选人员，组成步兵旅。贺维营和纳尔逊营被解散，所属的海军士兵编入了其他皇家海军营。王属什罗普郡轻步兵团第 4 营被编入第 19 师。

2 月中旬，海军师官兵恢复了元气，在第 5 集团军的阵线内进入战位，位于第 5 军的左翼。在 3 月初，德军便着手为 3 月 21 日的总攻做准备，开始进行小规模轰炸。小土丘上毒气弥漫，从 3 月 12 日到 21 日，大约 25 万枚"黄十字"芥子气毒气弹被抛向了英军阵地，造成了皇家海军师 2 000 人死伤；霍克营和德雷克营平均损失 400~600 人。

接下来"恐怖之日"转瞬即逝，尤其对那些几乎被德军攻势击垮的部队而言。万幸的是，由于领导有方，部队顽强抵抗，皇家海军师取得了累累战果。之前两周是准备性轰炸，之后便是飓风般的枪林弹雨，随后，德军在大雾中全力进攻。在最后一天，第 5 集团军前沿遭受了一些伤亡，但损失轻微。皇家海军师计划发动一次反击，然而，两翼的情况都不容乐观。当邻近的军队被敌人驱赶出战场后，海军师被迫撤退，向西穿过贝当古和耶特斯，最后在 3 月 23 日到达梅茨防线，再向北穿过老索姆战场。在 3 月 26 日之前，他们与北方的第 2 师承受着空前猛烈的袭击，最终，预备役部队和第 17 师不得不前往支援。其实，从 3 月 23 日开始，海军师右翼便开始瓦解，在南侧留下了一个相当宽阔的缺口。3 月 26 日，海军师在哈梅尔前沿转入防御——这里是 1916 年 7 月英、德两军的战线所在，同时开始抗击来自阿尔伯特的德军的袭击。建立防线的第一天开始，皇家海军师就稳稳地坚守阵地，用火炮和步枪杀伤了大量敌军。

经过一连串的防御和反击，英国远征军丧失了一些阵地，但是德国人已是强弩之末：他们苦战多日，死伤严重。战事再次陷入僵局，索姆河的

---

① "一战"时，德军组建的专门突破敌方前沿阵地的突击小队。——编者注

堑壕战似乎无休止。此时，皇家海军师奉命将梅尼尔高地移交给其他部队，在连续24天的征战之后，回到了和平地带。

海军师付出了高昂代价，从德军最初轰炸到3月27日，有6 000名官兵血洒疆场，其中还包括4名高级指挥官——因为战功卓著，他们分别被授予1枚维多利亚十字勋章、3枚杰出服役十字勋章和1枚军功十字勋章。虽然在3月27日之后，部队得到了少量补充，但即使算上从运输队和指挥部调来的人员以及收编过来的其他部队的残兵，其大多数营级单位也只有约250名士兵。撤退过程中，海军师表现出色，受到颇高赞誉。这些大都应归功于其各级军官领导有方：师级指挥官很多时候推崇"将在外，君命有所不受"之原则，因此旅长和营长也都肩负着指挥的重担——他们是在与上级失联时，为挽救局面而全权指挥的。另外，士兵们坚定的决心和勇气也十分重要。在这个节骨眼上，许多部队依然保持凝聚力。正是由于官兵们一体同心，不惧艰险，全力奋战，最终才挽救了英国军队，挽救了皇家海军师。

4月底，又得到新兵增援的皇家海军师及时调整为作战状态，只为最后奋力一搏。5月8日，他们回到了哈梅尔和索姆伍德大道之间的战壕中。在这里，该部最后一次卷入旧式堑壕战：德军猛烈攻击，英军奋力搏杀。5月24日的最后进攻，导致海军师18名军官和210名士兵牺牲。在遭受相当程度的损失之后，两个皇家海军陆战营被合二为一，与第二皇家爱尔兰步枪团一起补充至第188旅。部队一直竭尽所能袭扰德军，同时在图唐库尔抓紧训练，这种状况一直持续到8月。"对敌宽容，和平共存"的观念在皇家海军师中并不适用，他们坚信"身在前线，战斗不息"。

8月中旬，德军在亚眠东部迎来了他们的黑色一天。皇家海军师转守为攻，发动最后一击，于8月19日到达苏阿斯特。在这里，他们被编入第4集团军，任务是跟随第37师突进，在第5师和第3师的协助下攻克设在阿什-阿拉斯铁路上的德军据点——这是阿尔伯特之战的一部分。按照计划，进攻将于8月21日凌晨4时55分打响。尽管海军师官兵勇气可嘉，但进攻依然举步维艰。在稍事休整之后，英军又采取了一些新的战术。在新原则的指导下，英军向前推进了2千米，打败了德军的三次反击。皇家海军师在8月22日至23日夜晚获得了难得的休息时间，在此期间，其他部队仍继续向前推进，而敌人的抵抗也依然强劲。当海军师于8月25日返

第十章 英国皇家海军师（1914—1919年）

回战场时，战线已经东移至罗帕特伍德和阿尔伯特-巴波姆路之间，他们此时的目标是利尼-蒂卢瓦村、蒂卢瓦村和布拉克村。在侧翼新西兰人的掩护下，海军师5个营快速向前突进，虽然一举突入了村庄，但最终只有布拉克村被攻克，将战线再度前移了3 000多码。接下来的两天，英国人没有取得什么明显战果。8月28日，皇家海军师得以撤下火线。战后，德雷克营的比克指挥官因作战英勇、领导有方、战功卓著，被授予维多利亚十字勋章。此战英军俘获德军军官37名，士兵约1 100名，自身损伤也相当严重：包括27名军官在内的385人牺牲，88名军官及2 356名士兵受伤，9名军官和486名士兵失踪。

撤离前线后，皇家海军陆战队又于8月30日转编入弗格森的第18集团军，参与对"兴登堡防线"的第一次攻势。这场战斗开始于8月26日，被后人称为"巴波姆之战"。在进攻起点往西3英里处的昂德库尔，第188旅将奉命绕道加拿大军队右侧，破坏昆特-康布雷铁路线。昆特南端有敌人重兵把守的防线，这条防线形成了"兴登堡防线"的一部分，英国人对此谈虎色变。如果第188旅进展顺利，那么得到第189旅增援的主力部队就能如期到达北部海峡的安希村。实现战斗目标并非易事，这意味着英军要向前推进10多英里的距离。9月2日早上7时45分开始，在巴克尔和比克两位指挥官的带领下，皇家海军师迅速前进，加拿大军队负责掩护其左翼。比克打算率领他的部队越过铁路、切断安希大道，封锁德军向西逃跑的道路。比克的部下、一级军士长普劳斯因作战勇敢、不惧牺牲而获得了维多利亚十字勋章，此前他已经获得了一枚特等军功章。与此同时，北边的第189旅也准备袭击安希村，以便在第二天早上越过北部海峡。9月3日，他们攻克了"兴登堡防线"上的堡垒。安希营与德雷克营相互配合，向德军四面楚歌的海峡据点发起猛攻，却久攻不下。到9月4日晚，海军师在西面挖掘战壕设立防线，开始抵御敌军反击。

在建立比较稳固的防线之后，向西突破"兴登堡防线"的战斗又在另一战场打响了。9月7日晚上，海军师官兵获得了喘息之机，英军前锋暂停前进，等待两侧部队赶上。巴克尔司令出色的领导使其获得了第二枚杰出服役十字勋章——几乎在每场战役中，他都能赢得荣耀。此次战斗，海军师的损失不到1 000人，第一是由于部队执行了军团规定，不强攻德军严密设防的坚固据点，第二应归因于德军的战斗力已开始下降。

9月26日，皇家海军师回到莫爱华，继续其没有完成的使命：越过运河，抢占另一片高地，然后向南越过"兴登堡防线"，之后爬上防线的陡坡。加拿大人依然在左侧袭击布尔隆。

9月27日凌晨5时5分，第190旅的士兵越过运河，向"兴登堡防线"附近区域发起攻击。在德军的拼死顽抗下，该部侧翼的第52旅遭到阻截，进攻停滞。但在英军官兵的不懈努力之下，"兴登堡防线"最终被攻克。与此同时，海军师的另外两个营也成功攻入了昂纳和格兰科特，并合兵一处。9月28日黄昏时刻，第57旅赶来夺取了最终目标。于是，英国军方决定毫不迟疑地向前推进，向德军施压。胡德营负责清理拉福利耶树林，这里依旧留有一些重要的德军据点，而德雷克营将随部过河。10月1日，经过多轮攻势，部队终于成功渡河，到达了坎布里郊区。交战的4天时间里，海军师前进距离超过7英里，占领了由德军精锐步兵团坚守的4个地区，捕获德军63名军官、2 100名士兵；缴获51门火炮、90门迫击炮和400挺机枪。海军师方面，有21名军官牺牲，83人受伤；士兵死亡400人，2 000人受伤。

皇家海军师正准备乘火车离开前线时，弗格森将军突然改变主意，决定让海军师再战一场，夺取通往坎布里的要塞尼格尼斯。该命令下达时，海军师指挥部已经踏上了返回英国的列车。将军向海军师官兵承诺，一旦拿下这个要地，他们就可以启程回家。进攻由吕米伊的东北处展开，海军师再次投入战场。在友军炮兵部队和8辆坦克的协助下，海军师于10月8日凌晨4时30分发起攻势，很快夺取了第一批目标。但是，在上午9时30分左右，德军发动了反击，同时还派出了7辆缴获的英国坦克做先锋。胡德营和安森营在波洛克、巴克尔等人的指挥下顶住了敌人反击。值得一提的是，指挥官巴克尔亲自上阵，用缴获的德军武器摧毁了2辆坦克。到上午10时，尼格尼斯已经在皇家海军师的控制之下了。在打退了德军多次反攻之后，陆军第2旅接管了海军师防线。海军官兵得以向东撤退。和以往一样，巴克尔第四次获得了杰出服役十字勋章，而波洛克从4月的战伤中恢复并接管胡德营之后，也获得了他的第二枚杰出服役十字勋章。此次战斗，海军师有12名军官和60名士兵牺牲，另外27名军官及513名士兵受伤；夺取了一处至关重要的敌军据点，俘获德军34名军官、1 155名士兵，缴获81挺机枪和9门野战炮。通向坎布里的道路从此畅通无阻，该城

第十章 英国皇家海军师（1914—1919 年）

最终于 10 月 10 日被攻陷。

英国皇家海军师的主要战事就此告一段落。官兵们撤至圣波尔附近修整。自从来到法国后，他们从来没有如此远离战火。11 月 6 日，他们作为第 22 集团军的一部再次回到前线，接手"博伊西·欧德勒尼防线"。敌军的炮弹时时来袭，伤亡事件时有发生，但此时敌军已是强弩之末，追击敌人要比面对面的战斗轻松许多。11 月 8 日，海军师占领了威瑟瑞斯和博拉吉，11 月 9 日占领了马尔普拉凯（马尔伯勒曾在此地赢得一场大战），11 月 10 日占领了阿尔米尼、维莱吉斯兰和圣西佛尼。海军师在蒙斯日夫里公路短暂停留，之后于 11 月 11 日上午 10 时 45 分到达吉夫里。25 分钟之后，战争结束了。此时，第 188 旅和第 189 旅正如以往一样守在前线两端。当天晚些时候，作为第 22 集团军先头部队的海军师进驻蒙斯，这是英国远征军到达的最接近德国的地方。以前，英军在这里足足战斗了 4 年半之久。

从很多方面来看，皇家海军师的经历并非光彩夺目：曾作为先锋的各个部队伤亡惨重。据粗略统计，皇家海军师共有 582 名军官、10 215 名士兵牺牲；1 483 名军官及 24 612 名士兵受伤或被俘，总共伤亡人数接近 47 000 人，惨烈程度在英军部队中屈指可数。在"一战"中，皇家海军 40% 的阵亡官兵都来自皇家海军师，而这其中的绝大部分又是在陆地作战中牺牲的。1919 年 4 月，这种战乱的生活永久结束了，该部队被宣布解散。

1925 年 4 月 5 日是加利波利登陆 10 周年纪念日，温斯顿·丘吉尔在皇家骑兵卫队阅兵式上发表讲话，在勒琴斯精心设计的纪念碑上刻上鲁珀特·布鲁克的话语，用以记录海军师的丰功伟绩。在"二战"期间，为建立防空掩体，该纪念碑被拆除并存放他处。1951 年，纪念碑被重新树立起来，弗莱伯格中将和比克少将参加了翻建仪式。亚瑟·阿斯奎斯并未出席，他于 1939 年 8 月死于何杰金氏病。现在，该纪念碑仍矗立在格林尼治皇家海军学院内。1925 年，丘吉尔在其演说的最后讲了一句话："这个为纪念皇家海军师而建的喷泉喷出的不仅是荣誉之泉，也能喷出治愈和希望之泉。"[13]

皇家海军师纪念碑,由勒琴斯设计。矗立在格林尼治的皇家海军学院内。(国家海事博物馆,伦敦)

注释

1. 该部队核心营名称为:"胡德""霍克""豪""安森""科林伍德""本博""德雷克"和"纳尔逊"。其他各营是从皇家海军轻步兵团中抽调人员组建的。

2. 参见 Douglas Jerrold. *The Royal Naval Division* (London 1923). Pxiii. The Introduction was written by Churchill.

3. 参见 Report by GOC 63rd (Royal Naval) Division to GOC V Corps. dated 7 November 1916. PRO WO 95/3117.

4. 同上。

5. 引自 *Official History Military Operations in France and Belgum 1961*, Vol ll (HMSO 1938), P527.

6. 参见 Report by GOC 63 rd (Royal Naval) Division to GOC ll Corps, dated 1 December 1916, PRO WO 95/3117.

7. 参见 Report by GOC ll to GOC Fifth Army, dated 21 February 1917, PRO WO 95/3117.

第十章　英国皇家海军师（1914—1919 年）

8. 参见 Jerrold, *Royal Naval Division*, P209.
9. 同上, P219.
10. 同上, P230.
11. 同上, P250.
12. 参见 *Official History*: *Military Operations in France and Belgium 1917. The Battle of Cambrai*（HMSO 1948）.P277.
13. 出自温斯顿·丘吉尔 1925 年 4 月 25 日在海军师纪念仪式上的一次演说。

参考书目

未公开资料

　　海军准将阿斯奎斯以及伊丽莎白·阿斯奎斯夫人的私人文件；杨堡的阿斯奎斯夫人的私人文件，她原名是维奥莱特·伯翰·卡特，是英国首相赫伯特·阿斯奎斯之女。

　　公共档案馆：WO 95/3II2，95/3II4，95/3II5，95/3II7，95/3II9

　　ADM 137/3064，137/3088A

　　皇家战争博物馆：麦克米伦档案，阿奇博尔德档案。

　　利兹大学利德尔收藏资料：边沁档案，伯纳德·弗赖伯格私人档案。

公开资料

Cynthia Asquith, *Haply I May Remember*（James Barrie 1950）

Diaries of Lady Cynthia Asquith（London 1968）

Violet Asquith, *Churchill as I Knew Him*（London 1965）

Glen Balfour-Paul, *The End of Empire in the Middle East*（Cambridge 1991）

Mark Bonham Carter and Mark Pottle（eds）, *Lantern Slides, The Diaries and Letters of Violet Bonham Carter 1904—1914*（London 1996）

Champion Redoubtable, The Diaries and Letters of Violet Bonham Carter 1915—1945（London 1998）

Michael and Eleanor Brock（eds）, *Asquith's Letters to Venetia Stanley*（Oxford 1985）

G Cornwallis-West, *Edwardian Hey-Days*（London 1930）

Anthony Farrar-Hockley, *Goughie*（London 1975）

Rev H C Foster, *At Antwerp and the Dardanelles*（London 1918）

Paul Freyberg, *Bernard Freyberg VC-Soldier of Tow Nations*（London 1991）

Stair Gillon, *The Story of the 29th Division*（Nelson 1925）

Christopher Hassall, *Edward Marsh, A Biography*（London 1959）

A P Herbert, *A.P.H.—His Life and Times* (London 1970)

Roy Jenkins, *Asquith* (London 1988)

Douglas Jerrold, *The Royal Naval Division* (London 1923)

The Hawke Battalion, *Some Personal Records of Four Years* (London 1925)

Georgian Adventure (London 1937)

John Jolliffe, *Raymond Asquith Life and Letters* (London 1980)

Ronald Knox, *Patrick Shaw Stewart* (London 1920)

Angela Lambert, *The Unquiet Souls* (London 1984)

Lt-Col A B Lloyd-Baker, *A Gloucestershire Diarist* (Thornhill Press 1993)

Lyn Macdonald, 1914 (London 1987)

Jeanne Mackenzie, *The Children of the Souls* (London 1986)

Thomas Macmillan and James W Fry, *The Complete History of the Royal Naval Division* (Alnwick 1919)

Edward Marsh, *A Number of People* (London 1939)

Call to Arms: From Gallipoli to the Western Front (London 1980)

Jonathan Nicholls, *Cheerful Sacrifice, The Battle of Arras* (London 1990)

Christopher Page, *Command in the Royal Naval Division* (Staplehurst 1999)

Stephen Roskill, *Hankey: Man of Secrets* (London 1970)

Leonard Sellers, *Hood Battalion* (London 1992)

For God's Sake, Shoot Straight (London 1995)

J A Spender and Cyril Asquith, *The Life of Herbert Henry Asquith, Lord Oxford and Asquith*, 2 vols (London 1932)

Nigel Steel and Peter Hart, *Defeat at Gallipoli* (Macmillan 1994)

第十一章 一次偶然的邂逅：挪威（1940年）

彼得·霍尔

英国海军和陆战队最近的一次撤退行动，也许是发生在1940年4月—6月挪威战役期间。[1]这场战役融合了海上争夺、兵力投送等多种作战形式。历史上一些沉重而惨痛的战争教训，也再度让英国人尝到了苦果。

1939—1940年的冬天异常寒冷，随着波罗的海的冻结，瑞典铁矿石的出口受到了严重阻碍，这对纳粹德国的战争行动构成了极大威胁。然而，德国人采用迂回方式，突袭攻占了挪威北部的纳尔维克，并沿着内海迅速推进，几乎完全控制了挪威领海。英国海军大臣温斯顿·丘吉尔焦虑不安，试图找到一些进攻的机会——就像他在第一次世界大战时所做的那样。丘吉尔首先提出了"凯瑟琳计划"，即英国海军进入波罗的海，采取侧翼包抄的战术将德国人赶出挪威。这个计划与第一次世界大战时担任海军上将的费舍尔元帅的战术风格十分类似，那时，丘吉尔正好在英国海军部任职。[2]不久，苏联入侵芬兰。于是，英国人又推出了一项"R4计划"，即派遣近10万人的英法联军在纳尔维克登陆，继而沿铁路线推进，穿过瑞典北部前往帮助芬兰人。然而，斯堪的纳维亚人并不愿意招惹德国。1940年2月，英国皇家海军"哥萨克"号舰长菲利普·维安在挪威水域拦截了德国油轮及战俘运输舰"阿尔特马克"（Altmark）号，对此各方都秉持着中立态度。[3]3月12日，芬兰人投降了，"R4计划"也取消了。

作为替代措施，英国皇家海军准备在挪威海域布雷，迫使北欧铁矿船驶入公海，以便对其进行拦截。不出意料，德国对此做出强烈反应。英国准备先发制人，派军在斯塔万格、卑尔根、特隆赫姆和纳尔维克登陆。英国预计，登陆行动不会遭到阻拦。

在犹豫数日之后，英国政府最终批准了这些计划。1940年4月8日，英国驱逐舰开始布设3个假雷场，以"声望"号巡洋舰为首的英国舰队在挪威海域执行掩护任务。具有讽刺意味的是，德国人蓄谋已久的进攻丹麦和挪威的计划已经在进行中。维安的战俘救援行动在一定程度上加速了德国人的入侵脚步。4月6日，敌人在波罗的海港口的活动十分活跃。4月7日，英国海军部向英国本土舰队司令发送了一份关于德军动向的详细报告。然而，英国军方却将此解读为德军正准备突入北大西洋。当敌人向北运动的情报传来时，英国主力舰队才于4月7日晚上匆匆从本土起航，但已为时过晚。德国人闪电般的速度和摧枯拉朽的攻势业已达到了突袭的效果，实现了战术目标。

挪威海域的天气情况相当恶劣，英国海军对德国舰队的搜寻只能依靠运气，听天由命。4月8日晚些时候，脱离舰队去搜寻一名落水者的驱逐舰"萤火虫"号发出信号称，德军海军的"希佩尔"号重巡洋舰正在逼近且试图向它发起攻击。4月9日，前往搜寻"希佩尔"号的英国海军"声望"号发现了敌军的巡洋舰"格奈森瑙"号及"沙恩霍斯特"号。尽管英舰炮火给"格奈森瑙"号造成了一些损伤，却没有获得全胜，德国战舰很快消失在了暴风雪之中。同日，纳粹空军袭击了英国舰队，但没有击沉任何船只，反倒是英国海军潜艇"懒惰"号用鱼雷将德国的"卡尔斯鲁厄"号巡洋舰送入了海底。第二天，英国海军航空兵的"贼鸥"式战斗轰炸机从苏格兰奥克尼海军基地起飞，经长途飞行抵达卑尔根港上空，将德军"哥尼斯堡"号战舰击沉。袖珍战列舰"吕佐夫"（Lutzow）号也在返回德国途中遭到英国潜艇"旗鱼"号袭击，丧失了战斗力。在一片混乱的形势之下，温斯顿·丘吉尔试图挑起重担，掌控大局。[4]

在此之后便是举世瞩目的行动，尤其是纳尔维克发生的两次驱逐舰对战。在第一次战斗中，数艘德国驱逐舰被英军击沉，而英国皇家海军的沃尔伯顿·李舰长在战斗中英勇牺牲，事后被追授维多利亚十字勋章。第二次战斗发生在4月13日，幸存的德国船只悉数被歼。标准的海军史往往只专注于战斗过程，但海军在陆上的行动才是我们所关注的目标。毫不夸张地说，这些行动在罗斯基尔所著的《二战皇家海军简史》中只是一语带过[5]，几乎没有更多、相关的描述见于这部多卷本的官方史册。幸运的是，海军有关陆上行动被收录在一部记录海员情况的文献资料中——《战斗综述》的第17章"挪威战役中的海军行动：1940年4月6日"。[6] 英国部队先前已经登上了巡洋舰，准备登陆毫无设防的挪威港口。在此之后，由于军

第十一章 一次偶然的邂逅：挪威（1940年）

挪威港口，罗姆达斯峡湾一景。（帝国战争博物馆，K4017）

方的判断失误，这些巡洋舰又被派去阻止德军进入北大西洋，这些英军士兵只能在苏格兰重新上岸。这种相互矛盾的命令正是丘吉尔所下达的，海军徒劳无功的行动使英国内阁深感失望。[7] 在这种形势下，来自"格拉斯哥"号和"谢菲尔德"号的武装船员和海军陆战队员又被转移到了驱逐舰上。4月14日黄昏时分，士兵们终于在纳姆森峡湾尽头处的纳姆索斯登陆。

4月15日，陆军与海军之间进行了紧急磋商。海军上将柯克勋爵在旗舰"奥罗拉"号巡洋舰上会晤了乘坐"南安普顿"号巡洋舰前来的麦克西将军。在挪威中部，卡顿·德维阿尔特少将乘坐水上飞机抵达纳姆索斯，与"索马里人"号的尼科尔森舰长讨论后续部队的安排事宜。两个独立行动计划已经成型,英国人的目标是挪威北部的纳尔维克及西海岸中心地区的特隆赫姆。在这两个地方,由于德军的供给线受到英国皇家海军的严重干扰,因此防御显得相对薄弱。在北方,英军打算实施"鲁伯特"行动,派遣3万人的部队攻占纳尔维克;在中部则实施"莫里斯"和"镰刀"行动,派遣12 000人的部队以钳形攻势进占特隆赫姆;在南部地区,皇家海军正在狠狠打击德国军队的补给船,战斗进行得如火如荼,这一地区的问题便留给他们解决。[8]

照片正中的是卡顿·德维阿特,他曾写道:"'不可能'之类字眼并不存在于皇家海军的字典当中。"(帝国战争博物馆,N68)

参加"鲁伯特"行动的主力是由英国人、法国人和波兰人组成的杂乱无章的联合部队。第一批部队于4月14日至15日间在罗浮敦群岛的哈斯塔德登陆,但增援部队却分散在距博多100英里之外的广大地域,且被构成海岸线一部分的维斯特峡湾(Vestijord)分隔开来,因此集中部队协调行动变得不大可能。再加上地理上的困难,难以避免的延误,可怕的天气

第十一章 一次偶然的邂逅：挪威（1940年）

情况，这意味着，在超过6周的时间里，盟军很难组织起对纳尔维克的有效进攻。盟军于5月28日占领了城市，但6月8日就被迫撤离。德国对荷兰和法国发动了"闪电战"。盟军经过守卫博多的短暂尝试后，最终放弃了"鲁伯特"行动和挪威。

在挪威中部，盟军在"莫里斯"和"镰刀"行动展开之前，还实施了代号为"亨利"和"报春花"的两次先导行动。"亨利"行动主要是派遣350名海员及陆战队员抢先一步夺占纳姆索斯，阻止德国人的行动，同时为后续部队开辟登陆场。"报春花"行动规模要更大些。为此，军方特地从英格兰码头的主力舰上召集了700名士兵，他们携带着榴弹炮、高射机关炮及2门4英寸口径火炮在奥勒松登陆。[9]同样，在"亨利"和"报春花"行动中，军方下令，如果德国人已经占领目标地区，则不允许尝试登陆。此外，在第一次和第二次世界大战中，英国使用海军旅作战的方式及丘吉尔将海军旅派遣到安特卫普的做法十分类似，而丘吉尔在"一战"中也同样扮演了"造物主和胜利者"的角色，这些都令人惊奇不已。[10]

"莫里斯"行动及先前的"亨利"行动都十分短暂。德维阿尔特将军乘坐的水上飞机在抵达纳姆索斯时遭到德军扫射，他的副官受伤，但德维阿尔特本人却毫发无损地登上了"索马里人"号驱逐舰，并在此建立了指挥部。德国俯冲轰炸机频频来袭，在几分钟内便投下炸弹扬长而去，这令英国舰队防不胜防。[11]"索马里人"号很快耗光了弹药，德维阿尔特将军只能带着他的随员转移到"阿夫里迪"（Afridi）号上。纳姆索斯遭受连续轰炸，供大型运兵船使用的码头设施远远不足，因此登陆部队又被带到了利勒斯约拿峡湾（Lillesjonafjord），在此地，有两个营的士兵被转移到了更小的驱逐舰上，剩下的第3营则于次日被一艘波兰驱逐舰"强悍"号送至纳姆索斯。盟军的船只无时无刻不在德国飞机的监视之下，尽管如此，士兵们最终死里逃生，缺乏空中掩护是盟军致命的弱点，是导致战役失败的一个重要原因。[12]纳粹守军激烈反抗，尤其是"容克斯"Ju-88和后来的"斯图卡"俯冲轰炸机给盟军带来了相当大的麻烦，还有恶劣的天气、近海的薄雾和岸上的初雪。德维阿尔特在取得小胜之后，便于5月2日撤出了纳姆索斯，大量军械及交通工具被抛弃在海岸。

在南部地区，登陆行动则进展相对顺利。虽然这片区域靠近德国，但敌人却眼睁睁看着盟军登陆，一连数日无动于衷。根据官方的历史记录：

"(英国)在挪威中部登陆的计划进展缓慢。"显然,先遣部队在接到登陆命令之后仅有两天的准备时间,而登陆总体计划是在4月13日下达的:

"由'纳尔逊'号、'巴勒姆'号及'胡德'号上的海员及陆战队员,共800人左右,在奥勒松登陆……此次行动代号为'报春花'。"

此外,据《战斗综述》记载,4月11日军方下发命令:

"从各舰抽调100名陆战分遣队员以及海员炮手,准备执行一个特殊的任务,在短时间内夺占数个小岛。部队必须携带足够一个月的给养,登陆并架设12磅火炮或3.7英寸口径榴弹炮。为此需做好必要的准备工作——命令下发的第二日,每支部队增补70名士兵。"[13]

然而,"胡德"号的航海日志显示,在数日之前,海军已经开始着手准备实施计划。这艘战列舰于1940年3月31日抵达德文波特海军基地进行例行维护,直到5月27日才离开。期间有几次空袭警报,但基本很快就解除了,其中也不乏假警报。一些海员被运送到此,征募工作正在进行,一些马耳他人也加入了行列。此外,还有军事训练以及与波兰海军之间的礼节性互访。但从一些记录中,我们也能够隐约嗅到一丝"山雨欲来"的气息。4月8日,"高级炮手及指定部队"于6时30分吃早餐,一小时后在码头集合点名。每日如此,直到4月13日。"胡德"号4月13日星期六的日志表中有记载:

"'(2130)海军登陆先遣队到达……(2145)第1排到达……(2330)海军登陆先遣队上岸……(2350)皇家陆战队分遣队上岸……'4月14日周日午夜,'登陆先遣队上岸……'"

以上是"胡德"号的海军陆战队、海员炮兵先遣队正在为即将到来的战斗进行筹备。他们向苏格兰集结,准备开赴挪威。[14]

而根据"胡德"号登陆先遣队的见习军官布朗恩所言:

"周六下午(4月13日),战舰需要立即调拨陆战队员和海员,用于登陆行动。一番手忙脚乱之后,约250人组成的小分队聚集在甲板上。在旁边的码头上,军用物资和弹药迅速堆积起来。最醒目的地方放置着海军榴弹炮,这种历史悠久的武器装备现在已是少有人知……"[15]

午夜,"胡德"号的陆战队员们坐上了北上的火车。他们是登陆部队的主力,由伦代少校和斯特劳德中尉负责指挥。陆战队员们携带着从"胡德"号上拆卸下来的包括"刘易斯"机枪在内的自动武器,"他们此行的

第十一章　一次偶然的邂逅：挪威（1940年）

目的一目了然。在对待海员方面，他们也总是抱以一种近乎傲慢的态度"。[16] 海军旅的人员构成，除"胡德"号上的人马外，还有来自利物浦军港的"布雷厄姆"号船员、来自朴次茅斯的"纳尔逊"号舰员，以及来自泰恩茅斯的防空部队和来自约维尔的探照灯支队。辛普森中校被任命为登陆部队的总指挥，部队于4月14日到达罗塞斯之后，辛普森第一次见到了他麾下的这支七拼八凑的人马。辛普森随后报告说：

"在抵达之后，士兵们和军用物资就被装上了战舰。由于当日就要起航，因此他们没有任何时间'进行预先准备及合理安置物资'。例如，'纳尔逊'号上的水手和海军陆战队员被安排在了不同的运输船上（'胡德'号上的人员也同样如此），这样做的目的是为高射炮腾出空间，同时也是为了分散风险。但'纳尔逊'号上的士兵们并不希望这样，在上船之前对此也一无所知"。[17]

登陆人员分别登上了4艘战舰，它们是"黑天鹅"号、"麻鸦"号、"火烈鸟"号以及负载很重的"奥克兰"号。[18] 为了节约空间，士兵们的粮草也未随船运输，因此途中只能发放定额口粮，以船上装载的生活物资作为军需。包括探照灯在内的其他军用设备也被留在了后方。即便如此，船舶的吃水仍比平常深了1英尺。除搭载了超额的人员外，船员们不顾即将到来的糟糕天气，在上甲板也堆满了物资。"奥克兰"号与"巴勒姆"号战列舰率先起航，它们都装备着4英寸口径高射炮，能够在奥勒松派上很大用场。其他船只于4月15日凌晨3时30分起锚，由于天气恶劣，所有舰只都被迫转道因弗戈登。在这里，辛普森中校写道：

"在类似的情况下，为达到符合要求的装载计划而导致数个小时的延误是否合理，这是一个需要考虑的问题。"

在因弗戈登逗留期间，他还接到了一个指令：将舰队的目的地由奥勒松改为东边靠近特隆赫姆的翁达尔斯内斯。辛普森手中缺乏相关地图，对目的城镇也知之甚少——事实上，他唯一的情报来源是战时报纸以及对海员至关重要的《挪威领航》手册[19]，但此次延误至少使他有机会与军官们会晤并阐述他的计划。为实施"报春花"行动而在相当有限的时间内进行部队的调度与投送，无疑是值得称颂的壮举。但是，此次远征也暴露出皇家海军的许多痼疾，几个世纪以来，这些痼疾在类似军事行动中反复出现，屡见不鲜。

"黑天鹅"号上的高级海军军官波兰上校对取道北部航线的命令置若罔闻,当天气转好时,他便沿着挪威海岸一路行进,并派舰载机从空中进行侦察。4月17日,他抵达目的地。舰上的海军旅花了整整一夜,分别在隆斯达峡湾沿线的3个小渔港登陆,该峡湾与特隆赫姆相距不远。登陆部队主力被送至翁达尔斯内斯,还有一小部分人马在奥勒松(原目的地)和莫尔德上陆。在翁达尔斯内斯,码头的移动式起重机给登陆部队带来极大便利——这种先进机械是《挪威领航》中所没有提及的。指挥登岸行动的海军军官丹尼上校,轻而易举地在距离翁达尔斯内斯40英里的峡湾对面的莫尔德一带站稳了脚跟。

榴弹炮营在纳姆索斯临阵以待。(帝国战争博物馆,N87)

在没有地图的情况下,辛普森反而更能保持镇静。翁达尔斯内斯的重要意义在于它正好位于通往杜姆奥斯的铁路尽头,60英里外就是利勒哈默和奥斯陆,而德国人正沿铁路线向前推进。在杜姆奥斯,还有一条铁路支线通往100英里外的特隆赫姆,再沿铁路向北150英里就是纳姆索斯。所有这一切都在教学用的地图集中清晰地展现出来。挪威海岸犬牙交错,峡湾分布众多,周围山崖林立。春天时,谷底常常洪水奔涌,小城镇和村庄周围狭窄崎岖的道路也不便于大规模军队通行。城市之间的交通往来通常依靠小型轮渡。在这种情况下,以纳姆索斯及翁达尔斯内斯作为基地来进攻特隆赫姆的计划,显然是十分荒谬的,更别说对立足已稳的德军发动钳

第十一章 一次偶然的邂逅：挪威（1940年）

形攻势了。然而，无论是《战斗综述》还是斯蒂芬·罗斯基尔针对挪威战役编写的三卷战后分析，对地形上的不利因素几乎只字未提。

典型的峡湾风景：德国轰炸机能够在很短时间内飞临此地，但这些舰船依然在绝壁之下的深水中自由航行。一旦形势紧急，它们能够在悬崖边缘寻得隐蔽处。

对杜姆奥斯的战略意义，战争双方皆心知肚明。辛普森向海军旅中的陆战队员下达命令，要求他们前往夺占铁路枢纽，切断通往特隆赫姆的交通要道。然而，英国人的努力最终落空，毫无疑问，这一战略要地同样也是德国人觊觎的目标，他们发动了更大规模的行动。在英国海军旅登陆3天之前，德军潜艇部队已经先行一步，每艘潜艇携带40~50吨的轻型武器和防空弹药送至特隆赫姆，用以加强该地防御。[20]

参加"报春花"行动的部队在天气的掩护下一路畅通无阻，但他们对于海岸上的情况知之甚少。唐纳德中尉是"黑天鹅"号上的舰务官，他仍然记得当时海员们议论的话题："我们很想知道，到岸时迎接我们的究竟是挪威金发女郎的欢呼亲吻，还是冰雹般的炸弹、枪子。"[21]尽管情报显示，德军的水上飞机已经做好了迎击准备，但海军旅的登陆行动并没有受到阻碍。4月17日晚上10时，"黑天鹅"号停靠在码头边，"麻鸦"号泊在它的外侧，"火烈鸟"号与"奥克兰"号则停在一旁负责警戒。过了一会儿，几艘船舶又相互交换了位置。到第二天早晨 7 时左右，登陆部队已全部踏上了海岸。直到这时，"奥克兰"号、"麻鸦"号才与"巴勒姆"号一起带着 4 英寸口径火炮返回奥勒松的峡湾。奥勒松当地人对英国人表示欢迎，但并不喜欢他们携带的大炮。这些挪威人认为，这些 4 英寸口径火炮只会招来纳粹空军的报复。"胡德"号上的拉姆利少校下令修建火炮掩体，同时要求运来高射机枪，却没有一门火炮被放置到掩体之中。这并不是因为挪威人的反对，而是因为所有计划都未按章进行。一两艘运输船给奥勒松送来了煤炭，但除了每日的空袭，什么也没有发生。敌人的炸弹很快落在了城镇之中，引起了熊熊大火。莫尔德也同样被纳粹空军夷为平地，这样一来，先前的成功也变得不那么重要了。[22]

德国人对英军在翁达尔斯内斯登陆反应迟缓。4 月 20 日，纳粹空军才对其展开第一轮空袭，而其目标大多集中于那些停泊在罗姆达斯峡湾（Romdalsfjord）之中、为海军旅提供防空掩护的军舰上。海岸上，"报春花"行动与"镰刀"行动很快合二为一。"俄里翁"号运输船送来的大部分物资及多数人马都转而运向纳姆索斯。先头部队由两个地方自卫营大约 1 000 名士兵组成，装备 4 门防空火炮，指挥官是摩根准将。和先前一样，这些部队由皇家海军战舰负责运输，这些战舰分别是"葛拉蒂"号、"阿瑞图萨"号、"卡莱尔"号和"库拉科"号。4 月 18 日，士兵们在夜色的掩护下顺利登陆。摩根同样接到向杜姆奥斯进军的命令。与此同时，上司也向他许诺，48 小时内会派来增援部队。最终，约 4 000 人的部队携带着大量物资，在佩吉特少将的指挥下，踏上了翁达尔斯内斯的海岸，师指挥部也一起登陆。少量部队被分散至莫尔德登陆——尽快上岸比无所事事地待在船上要好得多——"由于敌机频频来袭，让部队迅速离船无疑是至关重要的。"[23]

当摩根率领部队直奔杜姆奥斯的时候，翁达尔斯内斯及其周边的防御部署便成为海军旅的主要任务。辛普森留下少量人马作为后备部队，同时将其余士兵部署在 6 个战略要地，包括敌人可能借以通行的各种桥梁，偏远处的维尔马发电站及雷斯加斯维克湖（Lesjaswick Lake）附近的旧空军基地。部署在军事基地的海员们很快发挥了自己的独特作用，正如丹尼上校所写道的：

"幸运的是，第一波登上海岸的是水手和陆战队员……在缺乏适当的

第十一章 一次偶然的邂逅：挪威（1940年）

人员和设备的情况下，只有依靠海军部队的适应能力才能掌控局面。"

事实上，海员们充分展现了他们一贯的足智多谋。譬如，一名海员改造了一座废弃的厨房，为登陆人员持续提供加热食品和饮水。还有一位名叫加拉赫的见习军官，他驾驶的"贼鸥"战机由于缺乏燃料而迫降在一个偏僻的湖边。海员们帮他清理出一条跑道，使他很快得以重新起飞，回到"皇家方舟"号航空母舰上。而海岸上的战斗形势在日益恶化，"越是条件艰难，越是危险临近，官兵们越是热情高昂：开始时常与敌军发生小规模交火，但海员们仍然能够挤出时间来修建克里斯塔滑雪道"[24]。晚上，他们睡在挪威军队废弃的小屋里，白天便分散到山丘和树林中，观看峡湾中的战舰与纳粹轰炸机的血腥搏斗。在战斗中，英国战舰的损失相对较少，但遗憾的是，城镇却在火灾中毁于一旦。6门"厄利孔"高射炮被送到了海岸，担任炮手的是一名海军中尉指挥的小队。该中尉名叫古德尔，来自惠尔岛地区。然而，这6门高射炮也仅能阻止敌军对码头和火车站的空袭。

1940年，英国皇家海军"黑天鹅"号。舰上的4英寸口径高射炮显示了该舰的主要任务是防止德军对挪威峡湾的空袭。（国家海事博物馆，伦敦，编号：N6731）

海军旅与德国军队之间的著名战斗最终爆发了。《战斗综述》简明扼要地写道：

"在登陆的第二日,一场战斗在杜姆奥斯与多夫勒之间展开,'胡德'号上的火炮参加了对德国空降部队的打击行动,协助挪威人对其进行抓捕。"

海军旅中来自"胡德"号上的军官,包括退役后被重新起用的查尔斯·奥德里少校,还有索尔特中尉和见习军官布劳斯。索尔特中尉下令将战舰上的榴弹炮带往战场,同时命令部队向杜姆奥斯的铁路交会点推进以增援挪威军队。正是在这里,他获得了巨大的成功。据布朗恩所述,第一炮没打中目标,索尔特想到的最好办法就是像在战舰上那样,采用一种简单的目标修正方式。出乎官兵们意料的是,这一做法大大提高了命中率,并直接迫使德国人投降。布朗恩恰当地描述说,登陆先遣部队并没发挥什么显著作用,实事求是地说,只有舰上拆卸下的榴弹炮使德军行动推迟了数日。德军只是放缓了脚步,并没有止步不前,他们仍然持续不断地对特隆赫姆进行增援。然而,这种迟滞作战却为挪威国王和他的政府退往英国创造了机会。尽管挪威政府流亡国外,徒有虚名,但德国入侵者所要达到的政治目的已注定不能实现。

然而,就像德维阿尔特指出的那样,在德军完全占有空中优势的情况下,进一步军事行动实不可行。尽管海军损失相对较小,但舰船几乎已弹尽粮绝。总司令已经发布指令:"使用防空炮并出动皇家空军战斗机应对敌人空袭。"现在轮到中南部的佩吉特少将发出请求:"在不能尽快夺取制空权的情况下,应着手安排撤退行动。"[25] 在纳姆索斯几乎被夷为平地之后,4月25日,翁达尔斯内斯也开始遭受敌机轰炸,该地区的房舍大都用木材建造,很快陷入一片火海之中。4月27日,在"阿弗里迪"号任职的维安上校带着一艘补给船抵达,为登陆部队送去包括汽油在内的军用物资:"但是……我们发现翁达尔斯内斯着火了。在这里,我们遇到了被烟熏得灰头土脸的海军主管军官。他告诉我们,上面已经做出了撤退的决定。"[26]

撤退的前一天,参加"报春花"行动的海军旅接受了他们的第二个也是最后一个任务。海军陆战队员负责殿后,他们要在维尔马地区设防,阻挡德军先头部队推进。斯特劳德中尉及两名陆战队员"在乘坐最后一艘战舰撤退之前,必须牢牢守住最后一个路障"。[27]

《战斗综述》对战事进行了总结分析,它将战斗中止的原因概括为"三军达成的协议"[28]。显然,英国人在战前缺乏周密的考虑,而相比之下,

第十一章 一次偶然的邂逅：挪威（1940年）

德国人的目标却十分明确：首先攻占挪威首都，然后在特隆赫姆设防。英国军方的朝令夕改影响了登陆部队的士气，而德军则是步步进逼，斗志昂扬。在没有制空权的情况下，英军及其盟友无法发动像样的攻势；相反，敌人的飞机却可以肆无忌惮地狂轰滥炸，如此一来，英军也无法建立起安全的落脚点。除了一些可圈可点的插曲——比如"胡德"号的陆战队员迅速将榴弹炮部署在前线阵地——德军几乎完全掌控着战场的主动权。当盟军部队不得不将力量分散到宽广且地形复杂的战线之时，德军却能够集中力量一举突破。为了将德军赶出纳尔维克，盟军动用了约35 000人的部队以及大规模的海军力量。然而，德国人的计划却更加经济划算，他们仅出动9 000名士兵，占领了五个极具战略意义的港口。盟军的计划缺乏灵活性，没有趁势对纳尔维克的德国海军力量进行毁灭性的打击。另一方面，部队（同一军种）之间的协作虽然相对默契，但是随着战事的推进，军事部署方面的缺陷还是暴露无遗。[29]

在此战中，丘吉尔的计划让人联想起"一战"时他在安特卫普和加利波利战役中的战略设计。海军在执行这些计划时充分发挥了灵活应变的能力，海员们在登陆及实战武器操作方面也展示了他们"多面手"的特点。然而，尽管在细节方面出色，但计划并非完美无缺。无论是海军还是陆军高层都未认识到合理装载人员及物资的重要性，直到英国军队在敌人的空中优势之下寸步难行，才幡然醒悟。无论如何，该计划没能尽可能地集中兵力，缺乏远见卓识，也没有配备相关的军事地图。[30]也许，海军同样学到了现代战争中运用专业武器的重要意义。当然，自此之后，类似的海军旅登陆行动并未重演。从积极的一面来看，作战的原则也已确立起来，在日后的敦刻尔克和克里特岛战斗中，世人会再次见证英国皇家海军陆上作战的英姿。在距多姆巴斯80英里处，"胡德"号海员的炮击使德国人惊讶不已，一度迟滞了对手的进攻。他们赢得的宝贵时间并未被白白浪费：挪威的国王和他的政府借机撤至英国，而超过100万吨的挪威船舶也得以驶往英国本土，德国海军为此付出了沉重代价。后来，盟军在敦刻尔克几乎全身而退，部分要归功于挪威战役的成果。[31]

如果不去设想事件的走向，那么分析研究就无从谈起。进入波罗的海和芬兰的轻率作战方案是丘吉尔的设计，而且在苏格兰的军队离舰登岸也同样遵循了他的命令。如果士兵们能够一直待在船上，他们也许能够赶在德国人之前抵达斯塔万格,或者趁4月13日德国海军遭受重创之际尽快占领纳尔维克。的确,"人们在事后才得以清楚地认识到,如果部队没在苏格兰上岸,如果船舱中合理装载了武器物资,那么他们很可能将改写战局……"[32]在战役结束后,丘吉尔成为了英国首相。在他的领导下,英国最终取得了对德战争的胜利。然而,挪威战役的很多细节都被其掩饰起来。《战斗综述》被列为高度机密,只有最资深的海军军官才能够进行参阅,它的研究报告中确实包含如下的话语:

"服务机构、公职人员及每位参战人员,都在巨大的压力和复杂的情况下恪尽职守,全力以赴。"[33]

从5月1日起,战斗行动逐渐停止。登陆部队撤出了战场。英国皇家海军用了两天时间,从纳姆索斯和隆斯达峡湾港口撤出了1万多名士兵。正如卡顿·德维阿特后来写道的:

"我开始认为这是不可能的,但几小时后得知,'不可能'之类字眼并不存在于皇家海军的字典当中。"[34]

注释

1. 参与"报春花"行动的有700~800名水手与陆战队员(具体人数不详),其部队名称未见于史册,本文权且将其命名为"海军旅"。

2. 参见 S W Roskill, *Churchill and the Admirals* (London 1977), P93. See also W S Churchill, *The Second World War* (London 1948), PP363-5 '…on the fourth day aferr 1 reached the Admralty I asked that a plan for forcing a passage into the Baltic should be prepared by the Naval Staff'. He also brought back the 67 year-old Admiral of the Fleet Lord Cork and Orrery to command Operation Catherine.'

3. 参见 Admiral of the Fleet Sir Philip Vian, *Action This Day: a War Memoir* (London 1960), PP24-31 gives Vian's autobiographical account of this stirring incident in which he released 299 British merchant seamen who had been captured by a German raider, the pocket battleship *Graf Spee*, and held as prisoners onboard the supply ship *Altmark*. *Altmark* took refuge in Josingfjord in the lnner Leads, but Vian followed her in, in breach of Norwegian neutrahty. Apart from anything else, the event is noteworthy for the original signal from the Commander-in-Chief, giving a wide remit, '*Altmark* your objective. Act accordingly' and the boarding officer's cry to the prisoners 'The Navy's here!' The episode is analysed more objectively in

第十一章 一次偶然的邂逅：挪威（1940年）

various editons of James Cable, *Gunboat Diplomacy 1919—1991.Political Applications of Limited Naval Force* (Basingstoke 1994).

4. 参见 Roskill. *Churchill and the Admirals*. PP93-103. See also S W Roskill, *The Navy War 1939—1945* (London 1960), PP63-4'···Small wonder that, With a stream of urgent, and sometimes contradictory ordert. Some of whieh bore the unmistakable imprint of the First Lord's language' emanating from London. Admiral Forbes [the Commander-in-Chief, Home Fleet] should have been faced by an extremely confused situation.'

5. 参见 Roskill. *The Navy at War 1939—1945*, p67'···A few days later warships took across some 700 seamen and marines and landed them at the small ports of Aandalsnes and Molde, South of frondheim.'

6. 参见 Historical Section, *Naval Operations of the Campaign in Norway:April-June 1940* TSD 57/50 (London 1950). First published in limited edition in 1950 as Confidential Book [CB] 3005(2) and subsequently declassified as Book of Reference[[BR] 1736 (46).

7. 参见 Roskill. *Churchill and the Admirals*, P99. When the Prime Minister askad if the cruisers had sailed with their troops for Norway, Churtchill replied that they had been disembarked so that the cruisers could join the fleet, He looked decidedly sheepish and there was a 'distinct silence' round the Cabinet table.

8. 参见 Historical Section, *Naval Operations of the Campaign in Norway：April-June 1940*. See P48 for a summary of losses caused by the British and Norwegians amongst Grrman supply ships: the battle summary concludes that initial supply arrangements for German forces at the two northern ports had 'virually broken down'. They were however being supplied by rail and by submarine.

9. 参见 According to the battle summary, 45 offices and 680 men with three 3.7in howitzers. eight anti-aircraft pom-poms and two 4in guns.

10. 参见 Douglas Jerrold, *The Royal Naval Division* (London 1923). This is a near-contemprary account of the Royal Naval Division (RND).with a foreword by Churchill. For a more recent analysis of the RND see Chris Page's biography of Arthur Asquith, Christopher Page, *Command in the Royal Naval Division: a Military Biography of Brigadier General A M Asquith DSO*(Staplehurst 1999).

11. 参见 Vian, *Action This Day*, pp39-40'···in narrow waters flanked by mountains. the card were held by the aircraft. There was too little sea-room for tull freedom of manoeuvre, and the aircraft's approach was screened by the rock walls.As often as not, when they did come into viewit was at such an angle that our 4.7-inch guns, whose maximum elevation was only forty degrees, could not reach them.'

12. 参见 Vian, Action This Day, P 41 '…The effect of even a token fighter Protection, Which at one stage took the form of an occasional old Gladiator or Skua, was most remarkable. So long as even one of these aircraft was about, every bomber kept clear.'

13. 参见 Histotical Section, *Naval Operations of the Campaign in Norway*: April–June 1940, P78.

14. 参见 PRO ADM 53/112446 *HMS Hood Ship's Log* for May 1940.

15. 参见 Browne.lan Commander. 'A Low Tech Naval Landing Party'. The Naval Raval (July 1989) PP263-66.

16. 参见 Browne, lan Commander, letter dated 6 February 2000 to the author. For example "a few of the Tars were wearing 'go ashore' shoes, a fact they regretted when they landed in the snow at midnight! I think we got them Norwegian army boots".

17. 参见 Hisorical Section, *Naval Operations of the Campaign in Norway*: April–June 1940. PP79-80.

18. 事实证明,装备4英寸口径火炮的单桅帆船,很适合在狭窄的峡湾中承担末端防空任务。

19. 《领航手册》只是一部水手指南。辛普森用该手册领航,无异于拿着地铁线路图来引导大家穿行伦敦街道。

20. 参见 Historical Section, *The German Campaign in Noway* Book of Reference 1840 (1) German orders translated and quoted in another British naval staff history. The Germans were more focused:from their point of view the fate of Narvik depended on holding the Trondheim area further south, which was thus 'the pivot of all operations'.

21. 参见 William Donald, *Stand by for Action: a Sailor's Story* (London 1956), p20. He also records that the sailors didn't think much of the name of their force, but were reassured by Captain Poland that '…whatever happens it will not be a Pansy aflair…' P18.

22. 参见 Historical Section, *Naval Operations of the Campaign in Noway*, PP80-1 and 83.

23. 参见 Historical Section, *Naval Operations of the Campaign in Noway*, P81.

24. 参见 Browne, 'A Low Tech Naval Landing Party'. The Skua landed not on 'Gladiator Lake' but another. See also Browne, 6 Feb oo'…1 am sure that the majority [of the Tars] had received no military training (including me).

25. 参见 Vian, *Action This Day*, P43. British Giadiator(biplane fighters) were based on the frozen Lake Lesjaswick. or 'Gladiator Lake', but this base was soon bombed out of existence '…though not before the gallant operations of this handful of aircraft had shown how even a few fighters might have wrested air superiority from the German bombers.'

26. 参见 Vian, *Action This Day*, P44. After a hazardous Passage up the fjord, Vian was told,

第十一章 一次偶然的邂逅：挪威（1940年）

'…there was no need, therefore, for the supply ships, least of aii the petrol tanker … would we please take them away.'

27. 参见 Browne,'A Low Tech Naval Landing party'. For which all three were decorated.
28. 参见 Naval War Manual, 1947, PP6-8.
29. 参见 Historical Section, *Naval Operations of the Campaign in Norway*, PP139-41.
30. 参见 A J P Taylor, English History 1914 10 1945 (Oxford 1965), PP462-71'…The decisive argument was simply the need for some action, nevrr mind where or who against… the plans were run up in the slapdash spirit which had so characterised the expedition to the Dardenelles'.
31. 参见 Taylor, *English History* 1914 10 1945. P471.
32. 参见 Historical Section, *Naval Operations of the Campaign in Norway*, P138.
33. 参见 Historical Section *Naval Operations of the Campaign in Norway*, P140 f2.
34. 参见 Carton de Wiart, *Happy Odyssey* (London 1950) P240. See also Vian, *Action This Day*, P46. This British, French, Polish naval operation seems to have been conducted without serious problems of command or communications 'Howevrr' by daylight the ships had not made sufficient offing and the French destroyer Bison and HMS Afridi were sunk.

第十二章 瓦尔赫伦岛攻势（1944年）

艾佛·克罗夫特

1944年11月，盟军对荷兰瓦尔赫伦岛发动两栖攻击，其目的是打开安特卫普港口通道，为突入德国境内的盟军提供补给。该港口自9月以来就已处于盟军的控制之下，但是由北海进入斯凯尔特河的水路被德军设下了水雷。在水雷被清除之前，盟军必须依靠河流入海口西侧的瓦尔赫伦岛为跳板，将德国人赶出这一区域。[1]

盟军为此制订了两个两栖攻击计划，代号分别为"迷恋Ⅰ"和"迷恋Ⅱ"。行动第一步是要夺占弗卢盛（Flushing），而后向行动的主要目标西卡佩勒发起进攻。在周密程度上，它们与登陆诺曼底的"海王星"计划[①]不尽相同，后者经过长期的筹划和准备，是战争后期盟军联合行动的典范之作。相比之下，瓦尔赫伦岛进攻计划是临时决策的产物，它仓促出台，运用了当时可以调动的一切资源。总而言之，是一个即兴创作和权宜之计。

瓦尔赫伦岛行动与盟军的优先战略目标存在根本冲突。作为盟军最高指挥官的艾森豪威尔将军，他的作战思想是尽可能拓展在诺曼底的前沿阵地；而英军指挥官蒙哥马利则主张集中优势兵力，直插德国鲁尔工业区的核心地带。雄心勃勃的蒙哥马利曾策划了"市场花园"行动，试图以空降部队突击阿纳姆大桥，但最终归于失败。艾森豪威尔做出让步，以牺牲战略需要为代价，允许蒙哥马利实施他的目标。于是，以安特卫普为基点，打通并维护军队供给线的计划被暂时搁置[2]，其结果是该港口一直处于关闭状态。盟军海军总司令、海军上将伯特伦·拉姆塞爵士看到了这一愚蠢行径，于是一再要求首先通过陆上推进，控制通往安特卫普的斯凯尔特河河

[①] 即"霸王"计划。1943年9月以后，"霸王"计划的文件代号全部替换为"海王星"（Neptune）。——编者注

第十二章 瓦尔赫伦岛攻势（1944年）

口[3]。丘吉尔也意识到开放的安特卫普的重要性。[4]

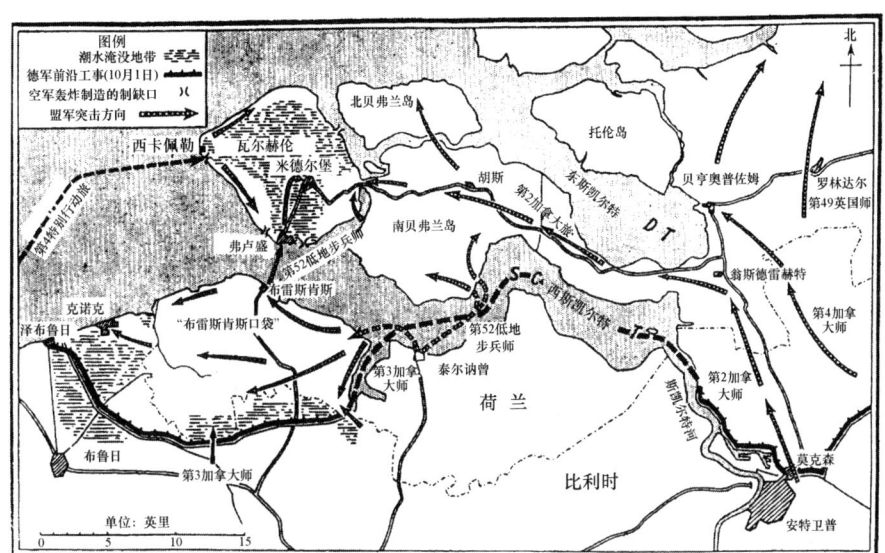

1944年10月至11月，打通斯凯尔特河河口
（图片来自威尔默特的著作《欧洲竞逐》）

到11月，军队供应已成为重中之重。盟军前线距诺曼底滩头阵地太过遥远，北部地区盟军的进展几乎陷入停滞，这是十分危险的。港口的供应设施变得至关重要，因此盟军必须将德国人从斯凯尔特河畔清除出去，这意味着攻占瓦尔赫伦岛已是势在必行。瓦尔赫伦岛所有低于海平面的部分都被矮堤包围起来，构成了一个圆盘的形状。经过4年的施工建设，该岛已经成了一个军事要塞，拥有复杂而坚固的海滩障碍及水下防御设施。海滩上雷区遍布，机枪碉堡、火焰喷射器、火箭炮及铁丝网比比皆是。还有近30座炮台将斯凯尔特河的入口严密封锁起来，炮台皆安置着3英寸至8.7英寸口径的火炮。其中有14座炮台、约60门火炮设在西卡佩勒，由躲在坚壁后面的德国海军士兵负责操作，可以对海上来袭的敌军舰船给予直射火力打击。

有趣的是，德国海军和陆军在沿海炮台的选址问题上意见相左。[5] 海军的想法是将炮台建在海岸沿线，用钢筋水泥筑成坚实壁垒，以便与海上来犯之敌直接交火；而陆军方面认为，炮台选址应该在后方距海岸较远处，采用开放式结构，并将其隐蔽起来，这样一来，火炮的间接火力能够覆盖海滩，也能够打击任何企图接近的敌人。德国海军的意见最终被采纳，该防御体系牺牲了射程优势，依靠封闭的碉堡提供防御。之后的战争证明，这种选择无疑是正确的。

如果盟军对瓦尔赫伦岛发动突袭，成功的希望十分渺茫。德国人同样深知安特卫普对盟军的重要意义："厄尔特拉"（超级机密）提供的秘密情报显示，希特勒将设法防止盟军打开港口通道。[6] 据一位名叫安斯加尔的德国作家所言，德国陆军元帅冯·伦德施泰特相信，一旦盟军在欧洲大陆站稳了脚跟，他们会趁势登陆瓦尔赫伦。[7] 相比之下，当地驻军指挥官达泽尔则认为，盟军将从陆上发动攻势，因此在面向南巴维兰的地方调集了众多军队。从盟军的角度看，天气将是决定性因素：10月即将过去，11月的大雾弥漫开来，天空阴郁，海面风大浪急。一个非常有利的因素是，海岛的"圆盘"已经被潮水所淹没。尽管英国空军高级指挥官利·马洛里、特德及阿瑟·哈里斯极不情愿将"兰开斯特"重型轰炸机用于瓦尔赫伦，但空军在10月还是对该地进行了集中轰炸，堤坝有4处地方被炸开了缺口。[8] 这样一来，低地的所有军事设施都被海水淹没。虽然周边部署的德军大口径舰炮仍然完好无损，但其间接火力威胁却已得到消除。其中，位于西卡佩勒的缺口在潮汐的冲击下再次扩大，登陆部队得以由此进入并发动攻击。

攻击日期的选择至关重要：战斗必须选在白天进行。这样，大量的海军突击舰及支援舰便能够穿过海况复杂的浅水区域，也便于它们为进攻部队进行火力支援。为清除海滩障碍，登陆部队必须赶半潮之前上岸，但突击舰只有在低潮过后一个半小时才能越过无数沙坝靠近海岸。考虑到海潮因素，11月可供选择的进攻时段只有两个：一个是11月1日至4日，另一个是11月14日至17日。最终决定权掌握在两位战地指挥官手中，他们是英国皇家海军上校帕格斯利和英国海军陆战队准将莱斯特，二人的工作关系十分密切。

虽然此次行动是仓促上马的"即兴之作"，但英国皇家海军的目标却相当明确和具体："尽可能清除瓦尔赫伦的防御工事，为第4特别行动旅及第155步兵旅的行动提供便利。"第4特别行动旅是进攻西卡佩勒的海军陆战队主力，而后者是弗卢盛的陆军单位。炮击舰队中，有旧式的"厌战"号战列舰，它已服役多年，8门15英寸口径主炮中只有6门尚能使

第十二章　瓦尔赫伦岛攻势（1944年）

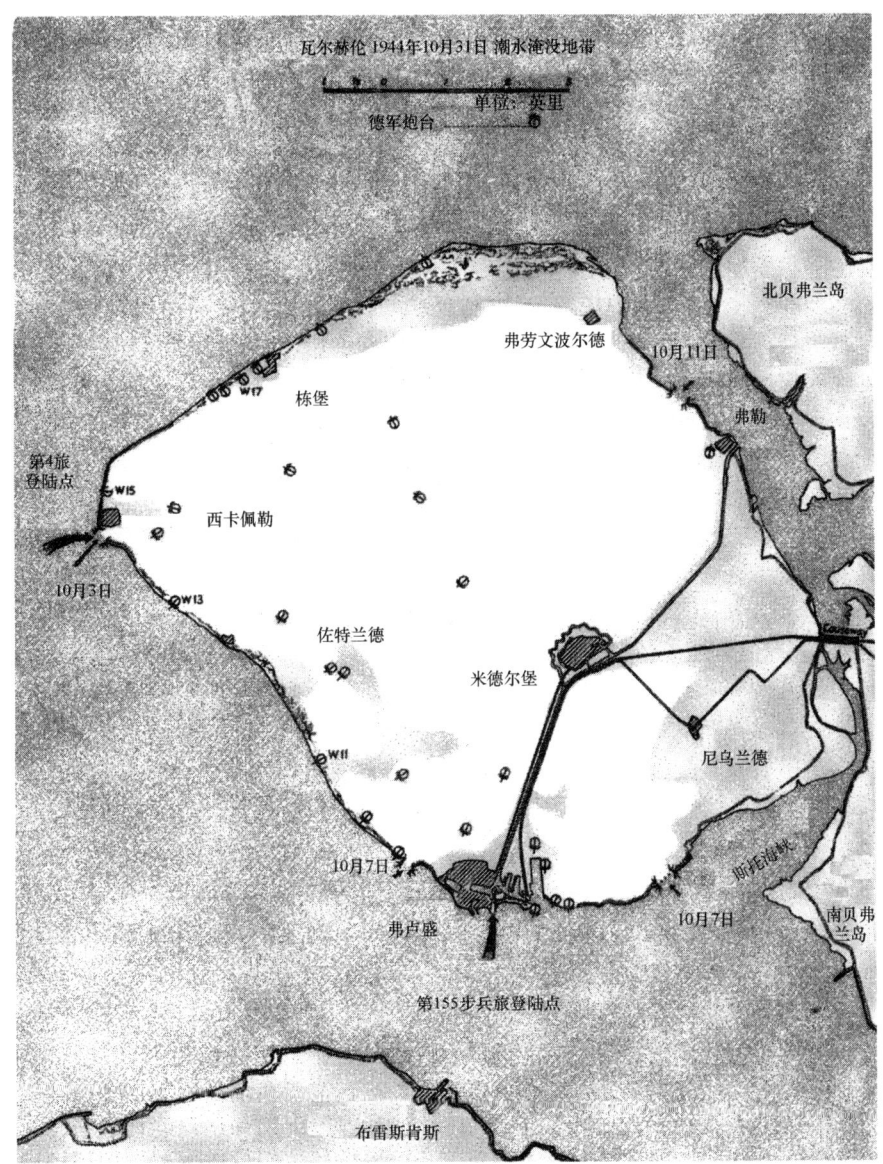

1944年10月31日，瓦尔赫伦岛，该图显示了潮水所淹没的区域

用；还有一艘参加过第一次世界大战的老旧战舰"厄瑞玻斯"号，它是一艘装备2门15英寸火炮的浅水重炮舰；以及一艘新型炮舰"罗伯茨"号。盟军以往的作战计划都是基于这种理念：水道沿线的所有港口及地区的敌

人都由陆军负责清理，因此在盟军控制的海域，没有两栖部队储备力量。[10] 在这种情况下，拉姆塞将军将目光转向了东侧支援舰队（Support Squadron Eastern Flank），这支部队是3个月前在诺曼底组建的，它由形形色色的支援舰组成，目的是在登岸部队的东侧构筑一道"鳟鱼防线"，使其免受德国鱼雷快艇、小型潜艇和自爆快艇的袭击。舰队中有火炮登陆艇（LCG）、支援登陆艇（LCF）、摩托快艇（ML）以及其他一些运输船，如坦克登陆艇（装备火箭炮）[LCT（R）]等。它们中的许多装备已是破旧不堪，其中36艘舰船已无法继续战斗。为即将到来的瓦尔赫伦之战，一场几近疯狂的修复工作随即展开。最终，一支由25艘船只组成的鱼龙混杂的舰队应运而生。

与此同时，军方也在如饥似渴地寻找突击舰艇。在诺曼底登陆之后，所有美国登陆艇被调用于"铁砧"行动（在法国南部的登陆行动）或投入太平洋战争。但仍有一支包括突击舰（LCA）、步兵登陆艇（小型）[LCI（S）]和坦克登陆艇（LCT）在内的小股舰队在短时间内被调集起来，解了燃眉之急。制订计划和协调进攻远没有那么简单：主要的指挥官分散在各个地区——拉姆塞在格兰维尔，西蒙兹在圣奥梅尔，坦克登陆艇指挥官在南安普顿，支援中队指挥官在普尔，皇家陆战队指挥官在奥斯坦德。命令发布是第一个棘手的问题，此外，炮击舰队必须拿到其指令副本才能出港。[11]荷兰当地居民已在10月2日收到盟军战机撒下的写有攻击警告的传单，他们对此秉持着听天由命的豁达态度。当地人说，"（从破损堤坝中涌入的）海水至少比德国人更受欢迎"[12]。

战术演练已在进行之中，但在如此短的时间内进行全方位的训练已是不大可能。幸运的是，由"猴子"赛勒中校指挥的海军支援中队曾有过诺曼底登陆作战的经验，而从某种程度上说，坦克登陆艇部队也曾作为一个整体参加突击抢滩行动。[13]一些包括扫雷在内的先期行动也已展开，根据第18扫雷分队的报告，没有发现水雷。尽管如此，眼前的形势依然严峻。这恰恰证明了，敌人是在浅水区及滨海布设了暗雷，这超出了"阿尔及利亚人"号扫雷艇的探测范围。近岸的水雷将会给盟军舰船造成重大杀伤。"塔布什"（情报组织）海滩小组负责从鱼雷艇携带的小船上收集信息，他们得到了西卡佩勒堤坝豁口状态的数据资料，在探测水位之后，又发现西卡佩勒南部有一股很强的表面流。军方据此了解到，浅水区的突击舰船需

第十二章 瓦尔赫伦岛攻势（1944年）

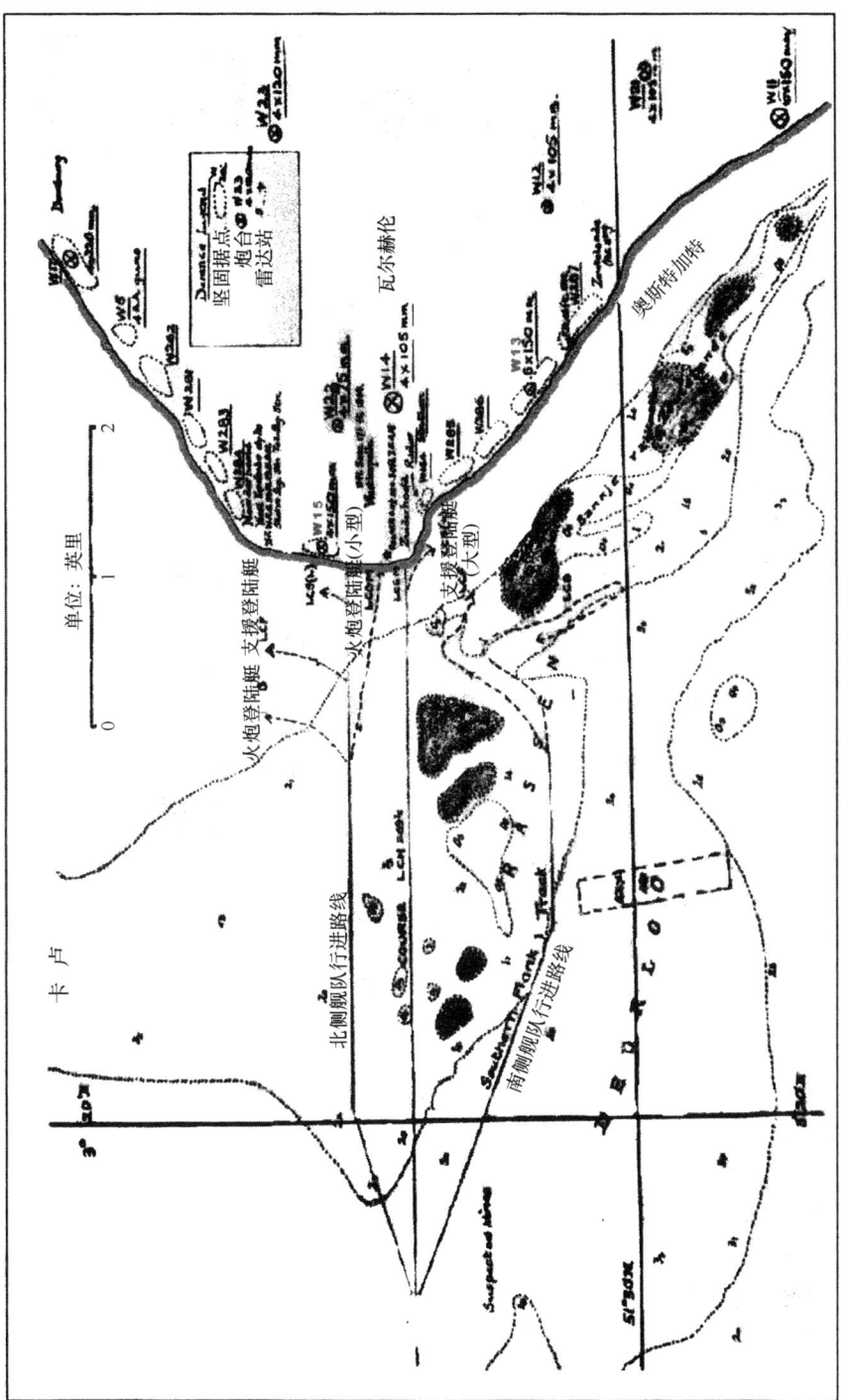

东侧支援舰队,靠近西卡佩勒
(WO 205/865A—XC14768)

要向北转舵40度,抵消掉海流的影响,才能保持正确的行进路线。[14]

1944年10月,西卡佩勒的豁口处
(帝国战争博物馆,C4668)

最初的攻势,也就是"迷恋Ⅰ"行动在弗卢盛展开。在此战中,海军动用了40艘突击舰,它们于黎明之前从斯凯尔特河远岸的布雷斯肯斯起航。经过三波次运输之后,海军登陆舰清障部队(LCOCU)、海岸信号部队及第4步兵突击队很快建立起了一个滩头阵地,在第52低地步兵师乘坐"水牛"两栖登陆装甲车到来之后,滩头阵地得到进一步巩固和扩大。此次行动是在凌晨4时45分,借着黑暗的掩护秘密进行的,前两波登陆达到了出其不意的效果。海军在瓦尔赫伦的首个两栖登陆任务圆满完成,伤亡人数微乎其微。[15]在西卡佩勒,一场更大规模的、与"迷恋Ⅰ"在设计及实施方面截然不同的突击行动如期展开。不出意料,此次行动是在白天进行的,但这样一来,敌人就能够从坚固的掩体中向迎面驶来的船只开火。因此除前期的轰炸外,突击舰艇需给予近距火力支援以转移敌军炮手的注意力。

近海、浅滩、迷宫般的沙丘、陌生的潮汐及大片的雷区,将驱逐舰等大型船只挡在了外面。炮击支援不得不从10英寻(60英尺)等深线之外

第十二章 瓦尔赫伦岛攻势（1944年）

进行。这样，大型战舰和炮艇只能对 20 000 码范围内的敌军炮台进行打击。"厌战"号、"厄瑞玻斯"号、"罗伯茨"号的任务是在第一波攻势开始时，用舰载火炮摧毁敌军的海岸炮台和防御工事，然后与海岸的炮兵观察员和观测飞机保持联络，随时准备提供炮击支援。盟军遇到的问题包括"厄瑞玻斯"号的炮塔出现了故障，以及首日上午缺乏可用的观测飞机。[16] 海军原计划使用"喷火"式战机，此类战机的基地位于英格兰，曾随同舰队进行过演练，但恶劣的天气使它们无法参与战斗。直到中午时分，陆军的空中观测飞机也没能收集多少情报，这些飞机未曾与舰队配合行动，通信也不够顺畅，这意味着舰队只能更多地依靠自行观测来确定射击目标。[17] 即便海岸地形十分平坦，但对相距 20 000 码的目标进行有效观测，几乎是不可能的。"厌战"号在首日就参与了行动，第二天，它又与两艘炮舰一道出现在战场上，"厌战"号舰长凯尔西发现，在专业的"喷火"式战斗机及海岸观察员到来之后，战舰射击的速度和精度都有了显著提高。[18] 不过，炮击结果并不尽如人意。战后，军方选取了海岸 5 座主要炮台，对战舰的炮击效果进行了调查分析。结果显示，舰队总共发射了 636 枚炮弹，其中"厌战"号就发射了 353 枚，但只有 2 枚击中了目标[19]。

在炮击敌岸的同时，东侧支援舰队也在近距支援方面发挥了至关重要的作用。[20]这支部队展现了伟大的勇气和毅力：这些舰船只包裹着薄薄的装甲，配有小口径火炮。6 艘大型火炮登陆艇［LCG（L）］都装备 2 门 4.7 英寸火炮，2 艘小型火炮登陆艇［LCG（M）］上各有 2 门 17 磅炮，大型支援登陆艇［LCS（L）］装有 1 门 6 磅炮，而防空登陆艇（LCF）则配备 4 门 2 磅防空火炮。这些登陆艇的装备皆不是为夺取固定目标而设的[26]，只有 5 艘坦克登陆艇［LCT（R）］装备着包括 800 枚 5 英寸口径火箭弹在内的重型武器，能够给予敌人致命的火箭齐射，但只能发射一次。

11 月 1 日对盟军而言是阴暗、悲惨的。上午时分，海况和能见度都相对良好。随着战斗信号"纳尔逊"的发出，对西卡佩勒的进攻正式打响。这次由支援舰队一马当先，它们在堤坝豁口处分成南、北两队，迎着海岸守军的炮火冲向前去。火箭弹飞射而出，但不幸的是，有 2 枚火箭竟然落在了己方舰船中间。此时，装备有加农炮和高射炮的登陆艇已经距离海岸不到 1 000 码[21]，2 艘小型火炮登陆艇实际上已经搁浅了。按照命令，豁口处的两队舰艇要在大型登陆艇的支援下，率先清除海岸的机枪碉堡。这是一次勇敢的行动，但代价也非常高昂。[23]南边的102号小型步兵登陆艇和它的3艘护卫舰都被摧毁，刚脱浅的101号登陆艇也被击中沉没。[24]在近距离的火力直射下，人员伤亡也是不可避免的。根据1994年11月参战老兵聚会时的口述，支援舰队成了一个"弃子""献祭者"及"德国炮兵的诱饵"[25]。到中午12时30分时，盟军前往参战的25艘舰艇中，只有6艘还能够继续作战。1/3的船只被击沉，297名士兵伤亡，其中死亡人数为172名。

1944年11月1日，东侧支援舰队付出了高昂的代价。这被视为海军对战斗行动做出的显著贡献，其意义也十分重大。帕格斯利舰长在他的报告中言简意赅地阐述了支援舰队的作用：

"行动进行得十分顺利，部队成功登陆，实现了他们的目标。这应该归功于塞勒司令官麾下的支援舰队各级官兵。在统帅的领导下，他们迎着敌军猛烈的炮火奋勇出击。如果不是他们的英勇顽强和坚定信念，胜利必然是难以实现的。"[26]

支援舰队承担的使命十分明确且策划周密，那就是分散敌军火力，以保证突击舰艇上的登陆部队顺利上岸。这个策略是塞勒根据前期的战斗经验制定的，在6月进行的诺曼底登陆战中，塞勒发现，德国炮兵对那些向他们开火射击的船只"情有独钟"。而此战中，德国的主力炮台W13已经耗尽了炮弹，但德国炮手们使用有限的储备弹药继续作战，击沉了37号坦克登陆艇，252号、256号、158号大型支援登陆艇和102号小型步兵登陆艇。海军的此项计划是在审慎研究德国人本能反应的基础上做出的。[27]

西卡佩勒战役中，英国皇家海军的其他角色都与进攻本身密切相关。作为第4特别行动旅主力的皇家海军陆战队跟在近距支援船后面，乘坐着29艘小型步兵登陆艇开进。坦克登陆艇运载着"水牛"两栖登陆坦克和"鼬鼠"多用途运输车，还有特殊的扫雷坦克和装甲推土机。就像计划好的那样，他们在军方预计的敌军防御空虚区域——堤坝两侧缺口处登陆。但困难也接踵而来，由于道路潮湿泥泞，车辆难以行进，而陆战队员也在侧翼遇到了顽敌。不过，他们对重兵防守的堤坝发起的猛烈攻势取得了显著成果。在岸上，海员队伍的突出贡献在于交通管控，陆战队士兵因此得以沿着圆盘坝墙左右两边迅速分散推进，一个接一个地攻取敌军炮台。由于涌入的潮水阻碍了登陆部队的脚步，直到11月8日，他们才迫使德国守

第十二章 瓦尔赫伦岛攻势（1944年）

军缴械投降。

既然将部队送上海岸，那么就必须保障后勤供给。在登陆后的两天里，德国炮兵不断向堤坝的狭窄缺口处猛烈射击。此际，支援舰队几乎消耗殆尽，无力在后续补给行动中继续吸引敌军火力。补给任务是由坦克登陆艇承担的，在一艘登陆艇触雷沉没之后，海军陆战队指挥官普赖尔做出了一个艰难的决定：命令另外两艘登陆艇撤离海岸。在遭遇敌人顽强抵抗之后，后勤压力又进一步增加了。当天气开始变得恶劣时，依靠登陆艇抢滩运输补给已变得不大可行。在11月4日，2艘坦克登陆艇试图在强风中靠岸。其中一艘失去控制，出现"打横"现象，另一艘则一头撞上了防波堤；所幸，至关重要的军用物资在船只沉没前被抢卸下来。盟军依靠空投方式竭力维持部队供应，而坦克登陆艇的驾驶员们也不畏艰险，他们凭借高超的技术，为解决部队供应问题贡献良多。随后，其他船只也接走了受伤的士兵。

总而言之，在此次联合行动中，英国皇家海军发挥了举足轻重的作用，基本完成了打开安特卫普港航道的战略目标。起先，盟军缺乏兵种上的密切配合——蒙哥马利一意孤行，英国皇家空军的高级指挥官不愿调拨重型轰炸机，加拿大军统帅西蒙兹将军在斯凯尔特河远岸自行其是——在战斗进行期间，各方在沟通和联络方面都有了较大的改善，特别是战地指挥官帕格斯利和莱斯特之间建立起了良好的协作关系，具有显著的积极意义。英国皇家空军的"喷火"和"台风"式战斗机打开了岛屿堤坝的缺口，同样为胜利做出了贡献。"厌战"号战列舰及2艘浅水重炮舰的火力准备和炮击支援尽管打击了德军炮兵士气，但在摧毁海岸防御设施方面贡献十分有限。最为英勇的无疑当属负责近距支援的东侧支援舰队，舰队官兵以无私、无畏的牺牲精神掩护部队安全上岛，为盟军走向胜利提供了重要保证。

虽然瓦尔赫伦之战发生于"二战"后期，但却为所有两栖攻击行动提供了经验教训。从中可以看到，审慎、长期的计划及强化训练十分必要，而合适的炮击舰、足够的支援舰船和突击舰船同样不可或缺。配备火箭的坦克登陆艇具有局限性——事后的调查显示，它们过于依赖雷达定位装置，简易导航的方法却被忽视了。[28]防空登陆艇完全不适合此项任务，不应该投入瓦尔赫伦战场。"厌战"号等战舰的炮击行动更是遭到了作战研究部门的强烈批评，但最重要的问题是缺乏间接火力打击平台。海军上将拉姆塞后来提出，应该派遣一艘航空母舰出战，这样海军就能够得到己方航空兵的空中支援。[29]帕格斯利声称，由于雾气常常只在海峡的一侧形成，因此他曾主张将观测员派往欧洲大陆，但却无果而终。帕格斯利在《战斗综述》中，也提议在观测飞机不足的情况下，使用登陆指挥舰（LCH）承担前线炮兵观察员（FOB）的职责，让舰船在近岸海域——距离海岸2000～3000码处测定炮弹落点。[30]虽然部队是临时召集且仓促投入战斗的，但盟军依然取得了最后胜利。从本质上说，此次成功得自于最大限度地发挥了军事力量效能。

英国曾在1809年派出一支由250艘战舰和40 000名士兵组成的远征队，企图占领瓦尔赫伦，限制拿破仑使用安特卫普和法拉盛海港。[31]可悲的是，虽然部队规模庞大，但兵种之间却缺乏联络和配合，海军将领与陆军将领水火不容，争执不休，最终酿成了一场灾难。而第二次世界大战中的瓦尔赫伦战役是一次十分成功的行动，对盟军深入德国腹地起到了重要的推动作用，同时它也是欧洲战场最后一次两栖突击战争。朱利安·汤普森少将对盟军进攻瓦尔赫伦（其另一个鲜为人知的代号叫"辛德瑞拉"行动）做了总结：

"这是一个运用两栖部队开辟通道以达成战略目标的经典战例。皇家海军付出了高昂的代价，但也延续了其两栖登陆及支撑海岸战斗的传统战法。此次行动展现出了大无畏的勇气和牺牲精神，值得我们铭记在心。"

注释

1. 在比利时地下组织的协助下，安特卫普港几乎完好无损地被盟军收复，港口设施未被敌人破坏。
2. 参见 D S Eisenhower, *Crusade in Europe* (London 1948), p337.
3. 参见 W S Chalmers, *Full Cycle: The Biography of Admiral sir Bertram Ramsay* (London 1959), p252.
4. 参见 W S Churchill, *The Second World War* (London 1954), Vol Ⅵ. p844.对战斗指挥情况的详细描述参见 R W Thompson. *The Eighty-Five Days* (London 1957), pp38-43.
5. 参见 G Blummentritt, *Von Rundstedt: The Soldier and Man* (London 1952), pp253-4.希特勒虽然没有对此事做出判断，但更倾向于海军的意见。

第十二章 瓦尔赫伦岛攻势（1944年）

6. 参见 R Bennett, *Ultra in the West – The Normandy Campaign of 1944 – 45* (London 1979), P143.

7. 参见 A Dürnholz, 手抄本。这一手抄本资料以德国人的视角记述了1944年6月诺曼底登陆后西北欧战场的情况。

8. 参见 Lord Tedder, *With Prejudice-the War Memoirs of Marshal of the Royal Air Force* (London 1966) p606. A Harris, *Bomber Offensive* (London 1990), p266. 哈里斯唯一关心的是他的"轰炸机司令部"，他认为空军战略轰炸是赢得对德战争的最重要手段，海军及陆军的作用相对次要。他没有意识到的是，空军所用燃料是在皇家海军的保护下，运输至大西洋对岸的。

9. 参见 PRO, DEFE 2/308, Force 'T' Naval Operations Orders Appendix F, Orders for Naval Bombardment.

10. 参见 C Wilmot, *The Struggle for Europe* (London 1952), P607. 除了10月11日夜间，几艘疑似德国鱼雷快艇和爆破船的目标给盟军造成了一次无谓的恐慌，整个行动中再无敌方海军踪影。

11. 参见 A F Pugsley, *Destroyer Man* (London 1952), p185.

12. 参见 J L Moulton, *Battle for Antwerp* (London 1978), p121.

13. 参见 PRO ADM 116/5053, Naval Commander Force 'T' HMS *Squid*, Southampton No 82/255.Operation Infatuate II, Report to Allied Naval Commander Expeditionary Force 17 November 1944, p2.

14. 参见 PRO, DEFE 2/308, Force 'T' Naval Operational Orders (OIN two) Appendix C Operation Infatuate.

15. 参见 PRO, WO 205/865A, Report of Proeedings 10 Nov 1944 Captain C Maud, Royal Navy, Deputy Naval Commander, Infatuate I.

16. 参见 PRO ADM 53/119407 and 119408, Ship's logs HMS *Erebus*. ADM 53/110734 and ADM 53/11935. Ship's logs HMS *Warspite* ADM 116/5053. Reports of Proceedings HMS *Warspite*, HMS *Erebus* and HMS *Roberts*. "厌战"号战列舰11月1日的日志记录了敌军对瓦尔赫伦岛的轰炸。

17. 参见 Armitage D.A., Museum of Army Flying, Mibble Wallop-correspondence with the writer 2 Nov 1995,航空兵第660中队曾充当空中观测平台，为多佛的海岸炮提供打击坐标，但从未与海军协同作战。

18. 参见 PRO ADM 116/5053.Report of Proceedings 7 November, p2.

19. 参见 PRO, DEFE 2/310, Army Operational Research Group report No 299.

20. 参见 PRO, DEFE 2/308, Force 'T' Naval Operational Orders (OIN two) Appendix G Orders for close support.

21. 参见 PRO, ADM 116/5053, Flotilla Offcer, 332nd Support Flotilla, Enclosure No 24 to Commander, Support Squadron Eastern Flank's letter No 162/94/1 14 Nov 1944, P5.
22. 参见 PRO, ADM 116/5053, Operation lnfatuate Ⅱ Erroneous firing of rockets during the assault-Report by Commander K A Sellar RN, Letter by Captain A F Pugsley RN and Report and recommendation by Admiral B H Ramsay.
23. 参见 PRO, ADM 116/5053, Commander, Support Squadron Eastern Flank, Letter No 162/94/1 14 Nov 1944 P6.
24. 参见 PRO, ADM 202/407, Report on the use of LCG(M) 101 and 102 in Operation lnfatuate, Captain S M Peritz RM.
25. 参见 Conversations with W H Cheney and P W Sharp on 4 Nov 1994, together with Aerogramme letter from T Sharkey, 23 Feb 1995.
26. 参见 PRO, ADM 116/5053, Operation lnfatuate 81/1/255, 17 Nov 1944. Eport by CaptainA F Pugsley RN.
27. 参见 PRO, ADM 116/5053, Commanders, Support Squadron Eastern Flank's letter No 162/94/1.
28. 参见 Note 24.
29. 参见 PRO, ADM 116/5053, Report on Operation lnfatuate, 22 Dec 1944. Bombarding Squadron And air liaison section Admiral B H Ramsay, Allied Naval Commander-in-Chief, Expeditionary Force.
30. 参见 Note 15.
31. 参见 G C Bond, *The Grand Expedition* (Athens. Georgia 1979).
32. 参见 E Grove, and P Hore (eds), *Dimension of Sea Power - Amphibious Operations: Projecting Sea Power Ashore* (Hull 1998), p105, and G Rawling, *Cinderella Operation* (Lonon 1980).

第十三章 从"蒂格雷"到"战斧":
重回亚得里亚海(1999年)

威利·李

1998年11月18日,英国皇家海军潜艇"壮丽"号发射了英国第一枚"战斧"式对陆巡航导弹,地点位于加利福尼亚州海岸莫古岬的美国太平洋舰队航空武器试验场。1999年3月3日,"壮丽"号从本土法斯莱恩海军基地出发,前往波斯湾短暂驻扎,后来又被调往亚得里亚海。同年3月24日,在波斯湾参与"联盟力量"行动的"壮丽"号首次将"战斧"巡航导弹地射向敌军。此次行动不仅清晰地展示了海军部队的机动性和多功能性,也同样显示了无论在和平还是战争时期,新型的武器系统能够被迅速投入使用。科索沃地处内陆,要对该地区的目标进行打击,海军似乎派不上用场。而"壮丽"号潜艇是首批投入战斗的北约军事单位。

舰载火炮通常被用于攻击陆地及海军舰船,必要时也会为达到某种目的而攻击特殊船只。[1] 早在1805年时,英国海军就在布伦战役中使用"康格里夫火箭"袭击了法国入侵者。在19世纪的大部分时间里,英国海军旅也常常使用各种各样的火箭对付岸上的敌军工事[2],甚至试图使用潜艇进行对地攻击,这并不是什么新鲜事:在第一次世界大战中,一艘英国潜艇就曾用水雷和海军炮袭击了君士坦丁堡。这激起了温斯顿·丘吉尔爵士的热情,他兴奋地声称,纵观英国的海军史册,"没有比潜艇在达达尼尔海峡的英勇表现更出彩的记录了"[3]。

到20世纪末,英国皇家海军已无法通过调集大量人力资源和舰船,兴师动众地将大队海军士兵送上海岸,更不用说依靠潜艇了。相反,皇家海军陆战队却有了进一步发展,特别是第二次世界大战后,海军陆战队已发展成为两栖及其他陆上作战的专业军种。而皇家海军在将近50年的时间里一直专注于反潜——这被认为是防止苏联军队控制北大西洋的重要手段。英国海军引入"战斧"巡航导弹之类的武器,原因可能有以下三点:首先是"冷战"结束后海军转型的需要;第二是武器系统具有实用性;第三是出于美、英两国的特殊关系,两国潜艇部队虽分处大西洋两岸,却从未如此"亲近"。

"冷战"结束后,英国皇家海军寻求角色转变是受到军事理论发展及威慑战略新视角的影响。许多转变从陆军开始,但很快被皇家海军所接受。而且,自1997年以来,政府的战略防御评估(SDR)为武装力量发展及角色定位提供了衡量尺度。海军的独特战略思维体现在其海洋学说之中,发表时以BR1806命名。BR1806将海外远征作为战略重心所在,同时阐述了名为"海上联合作战"(MCJU)的新兴作战理念。[4] MCJU将英国海上军事力量作为国防政策的支柱。航空母舰、两栖部队和可携带"战斧"的核动力攻击潜艇是MCJU框架内的主要作战平台。[5] 这种"三位一体"的结合能够极大提高英国海军向海岸投射军力的能力。而战略防御评估又明显增强了"三位一体"的有效性。战斧导弹给MCJO带来的益处是:它提升了潜艇部队的实战能力,为诸军兵种进行两栖协同作战创造了条件。引用"壮丽"号现任指挥官理查德·巴克中校的话说:"'战斧'……为英国提供了远距离对陆打击的独特能力,在任何时候,任何规模的战斗中皆大有裨益。"[6]

新的作战理念注重常规威慑的作用。诸多的军事思想家,从东方的孙子到西方的修昔底德,从中世纪的马基雅维利到现代的朱利奥·杜黑及托马斯·谢林,皆对威慑理论给予相当的关注。[7] 威慑理论被视为整合军事手段和政治目的的必要手段。[8] 一些现代作家,如詹姆斯·凯布尔爵士将其形容为"外交的面包和黄油"[9],而在海军看来,则是一种"运用吓阻或有限的进攻威胁……阻止侵略或强迫对手遵从外交方针或决议"[10]的手段。战略威慑的成功运用基于以下4个条件——使用武力的能力、信誉、承诺和意图。而新型战略的发展引发了一个关键问题,即海军是否已拥有了所有必备武器。

在这种情况下,历届国防大臣都对"战斧"巡航导弹的实用性予以认可。在核动力弹道导弹潜艇提供常规威慑的同时,核动力攻击潜艇更能给对手带来一种"终极威慑"。[11] 当英国就购买"战斧"与美国方面谈判时,时任英国国防部长的马尔科姆·里夫金德就曾表示,"战斧"能够极大提升部队防空区外的进攻能力,"在高强度冲突及威慑战中是很有价值的武

第十三章 从"蒂格雷"到"战斧":重回亚得里亚海(1999年)

从水下的潜艇发射"战斧"巡航导弹。(英国国防部)

器"[12]。里夫金德的继任者迈克尔·波蒂略同样强调,"战斧"导弹能使英国在有限的军事冲突中对特定目标施以威慑,并以此迫使侵略者停止敌对行动[13]。一些评论者显然也对"战斧"的作用深信不疑,认为这是"使用高精准度海基武器进行战略威慑的典范,能够使英国摆脱对核武器的单一依赖……其价值难以估量"[14]。帕特里克·达菲爵士是最后一任海军政务官,在军界声名卓著。他向英国公众阐明了巡航导弹和潜艇如何融入更广泛的作战形式当中:

"海军在远海'游弋'的能力,在化解冲突方面至关重要。对军事力量而言,机动性、灵活性、隐蔽性、前沿部署能力及武器装备皆不可或缺,'战斧'潜射巡航导弹的引进将极好地满足这些需求。"[15]

事实上,英国首次表现出对所谓"远程轰炸"的兴趣是1990年海湾战争结束之后。时任国务大臣的汤姆·金在一份文件中首先提到了这个词语。现存的需求报告显示,当时英国更青睐空射导弹,但"沙漠风暴"行动中,"战斧"巡航导弹的出色表现吸引了许多人的目光。相对机载导弹而言,"战斧"似乎是一个物美价廉的选择。最终,根据1994年的前沿防御成本研究,英国为其7艘"快速"级和"特拉法尔加"级潜艇购买了65枚导弹以及足够的控制设备,最初成本预算为100亿英镑。随后,根据SDR意见,"战斧"导弹将配置在所有"特拉法尔加"级、"快速"级和"机敏"级核动力攻击潜艇上。"广泛装备该型武器……能够拓展(英国)使用'战斧'进行战略威慑的能力。"[16]

飞行中的海军"战斧"巡航导弹。(英国国防部)

将"战斧"称为技术型武器看似十分合理。在不同的发射方式中,英国人选择了通过鱼雷管发射。[17]导弹也有多种型号,英国购买的版本称为"布洛克Ⅲ/C型",配备750磅WDU-36B活性钛PBXN107高爆/燃烧战斗部,射程可达1000英里。发射后的初始期依靠固体火箭发动机助推,直到进入巡航阶段。在飞行初始通过惯性导航系统(INS)定位,在沿预设航线进行巡航飞行时则利用全球卫星定位系统(GPS)导航,由地形匹配制导(TERCOM)和数字式景象匹配区域相关器(DSMAC)系统提供修正。TERCOM使用无线电测高仪测绘出导弹飞行路径下方的地形轮廓。而DS-MAC则依靠电光传感器对储存器中区域目标影像和探测到的真实目标进行比对。每项操作都由位于伦敦西北米德尔塞克斯郡诺斯伍德市的巡航导弹保障机构负责设计执行。[18]对指挥1799年阿卡围城战的西德尼·史密斯爵士而言,这种武器系统简直不可思议。那时,史密斯要带领装载着大炮、弹药的军舰,经历数周的航行前往目标地域,同时通过书信和邮袋与海军

第十三章 从"蒂格雷"到"战斧":重回亚得里亚海(1999年)

部进行联络。

从1994年英国政府决定采购"战斧"巡航导弹,到1999年该型导弹首次发射,经历了整整6年时间,刷新了近年来新型武器投入应用的时间纪录。起初,在指挥官伊恩·科德的命令下,该武器系统被安装在"壮丽"号潜艇上,度过了6个月的性能适应周期。安装、测试、投入使用以及大量的维护和检修工作,也在潜艇甲板有条不紊地展开。在全面的安全和操作训练完成之后,还要对系统做进一步试验。于是,"壮丽"号被部署在莫古岬,对"战斧"武器系统进行最后的调试,最终在1998年11月18日完成了实弹测试。海军大臣和潜艇部队司令现场观摩了导弹发射、飞越大洋、到达611海里之遥的圣克利门蒂岛并击毁作为标靶的大楼的全过程。正如一位海军军官所言:"你可以想象,足球场的中间有一个斑点,而'战斧'正好打在了斑点的中心。"[19]因"疯狗巴克"的绰号而扬名的理查德·巴克司令("疯狗巴克"是200年前的人物绰号,被水手们信手拈来,套用在他的身上)说道:

"许多观看者都没能料到,仅几个月之后,'壮丽'号就被部署到亚得里亚海,在支持北约轰炸南斯拉夫联盟的行动中,将实弹射向了选定目标。"[20]

1999年新年到来之时,"壮丽"号返回母港法斯莱恩海军基地,准备前往地中海参加训练。该舰于3月3日到达地中海,但根据报道,它被编入波斯湾的"无敌"号航空母舰特遣编队,负责向萨达姆·侯赛因施以威慑。[21]然而,随着科索沃局势恶化,"壮丽"号又被改派至亚得里亚海。在调度过程中,"壮丽"号展现了出色的机动性。它在亚得里亚海停留了近100天,作为英国皇家海军的一员参与了北约联军的"联盟力量"军事行动,轰炸科索沃和塞尔维亚的塞族武装。在参战期间,"壮丽"号毫无保留地展示了自己的力量,充分展示了英国特别是皇家海军在世界范围内的力量投射能力,尤其是能够对陆地战场施加影响。对南联盟的空袭开始于3月24日,在此之前,联军已发射了超过100枚"战斧"导弹,这些导弹来自4艘美国军舰、2艘美国潜艇和英国皇家海军的"壮丽"号。[22]其中,"壮丽"号的贡献颇多。行动期间,"壮丽"号曾分别前往位于奥古斯塔和西西里岛的意大利海军基地,这就缓解了英国军方所担忧的导弹补给问题。[23]

实践证明,"战斧"导弹能够对多种政治和军事目标进行有效打击。英国的政策是将"战斧"作为威慑工具,但在科索沃发射多枚导弹却在一定程度上突破了武器的使用范畴。除具有较高级的战略威慑和塑造战略空间的功用之外,"战斧"同样可用于即时的战术之目的。它为北约部队"在战略设计与战术应用之间架设起一道桥梁……对特遣部队的指挥官而言,'战斧'无疑是最灵敏的武器"[24]。在军事上,"壮丽"号和它的"战斧"巡航导弹能够满足一切军事需求。部署和操作方面的经验,以及与美方的紧密合作,确实体现了"战斧"导弹战术应用的可能性。"战斧"导弹是一种相对廉价的武器,用它协同或代替有人驾驶飞机参战,能够大大降低损失和间接损害的风险。事实上,无论在战略、战役还是战术层面,"战斧"都比之前设想的更有价值。然而,要真正发挥武器长期效用,65枚导弹就显得捉襟见肘了。

在1999年北约联军的"联盟力量"军事行动中,虽然导弹的实用性引发诸多质疑,但携带"战斧"的"壮丽"号潜艇依然被部署到了西西里岛奥古斯塔地区。(英国国防部)

综上,如果战略防御评估的目的是重塑英国武装力量,使其在当今的战略形势下最大限度地发挥作用,那么"战斧"可能是更为适合的武器。[25] 拥有更多、更具实用性的导弹及发射平台必然会提高政治话语权、战略威慑力及海基打击能力。

第十三章 从"蒂格雷"到"战斧":重回亚得里亚海(1999年)

虽然20世纪90年代初期,英国并未将水面舰艇作为发射平台,但之后却很有可能改变心意。水面舰艇在强制外交战略中具有重要地位。相对潜艇而言,水面舰艇能够携带更多"战斧"导弹。为水面舰艇配备"战斧",可选的方案包括:为45型驱逐舰装备导弹垂直发射系统(VLS),在"无敌"级航空母舰上及第三批42型驱逐舰上加装VLS,以及在适合的航空母舰或一些辅助舰上加装导弹发射装置。[26]英国皇家空军甚至提出将"战斧"安装在包括"大力神"运输机在内的航空器上。[27]目前,美国海军正在考虑为4艘"俄亥俄"级核潜艇配备"战斧"。[28]中短期内,英国还会将购买大量潜射导弹作为首选。科索沃战争以来,英国已与美国达成协议,购买了20多枚潜射型导弹。英、美双方还就共同开发一种可由鱼雷发射管发射的新型战术"战斧"导弹进行了商讨。[29]

英国从美国购买"战斧"巡航导弹及在海上的迅速部署,无疑维护了海军在应对政治变革及把握技术革新方面的声望。在潜艇上装备"战斧"使英国在政治和战略上的灵活性显著增强,航空母舰部队和两栖部队的攻击范围和威慑力也得以提升。装有"战斧"的核潜艇部队使英国在力量投射方面有了更多选择,不但使其拥有了与政治经济大国地位相称的军事力量,也为其提供了自主、均衡、灵活和谨慎的力量投射能力,增加了自身的筹码。此外还有战略威慑、战略场空间塑造和战术目标达成等多种助益。简而言之,"战斧"是海军武器的典型代表,是未来海上联合作战的核心武器。

用海军大臣迈克尔·博伊斯爵士的话说,"战斧"巡航导弹为海军打开了新的篇章,使英国的攻击型核潜艇"能够在应对未来危机中扮演更关键的角色"[30]。引进"战斧"是在当前世界战略形势下,结合政治和军事需要做出的选择。这与200年前阿卡之战中,西德尼·史密斯爵士将火炮从旗舰"蒂格雷"号搬上海岸的做法,在理念上一脉相承。透过"战斧"之类武器可以看出,"对有限海军力量的政治应用可能仍是一个权宜之计……与其他形式的威压相比,在未来几年中这似乎是更加经济、划算的做法。"[31]英国前国防大臣罗伯逊·艾伦勋爵指出,"壮丽"号于1999年7月返回法斯莱恩海军基地,它是第一艘在军事行动中发射巡航导弹的英国潜艇,它翻开了海军历史的新篇章。[32]

注释

1. 参见 See C Ware, *The Bomb Vessel: Shore Bombardment Ships in the Age of Sail* (London 1994); A Preston, and J Major, *Send a Gunboatl: a Study of the Gunboat and its Role in British policy, 1854—1904* (London 1967); I Buxton, *Big Gun Monitors: the History of the Design, Construction and Operation of the Royal Navy's Monitors* (Tyne & We 1978). 英国海军为种种目的所建造的特殊船舶: 18世纪的爆破船、19世纪的炮艇以及在两次世界大战中都崭露过头角的"莫尼特"巡防艇, 甚至在20世纪也能见到它的身影。海军的这些行动印证了首相帕麦斯顿的话: "英国舰炮所及的任何国家和地区, 无论对我国持有何种异议, 都须铭记1840年9月至11月时, 英国舰队在在叙利亚海岸的作战表现……", 参见 A Lambert, 'Stopford: Acre, 1840', in E Grove(ed.), *Great Battles of the Royal Navy* (London 1994), p160.

2. 参见 R Brooks, *The Long Arm of Empire: Naval Brigades from the Crimea to the Boxer Rebellion* (London 1999), PP161-2. "康格里夫火箭"形制不一, 重量由3磅至24磅不等, 它是一种"覆盖面广的杀伤武器", 虽然精度不足但却能有效轰炸城堡、港口并威慑敌人。直到19世纪中叶, 该武器才退出历史舞台, 被"黑尔火箭"所取代。

3. 参见 E Gray, *The Underwater War: Submarines 1914—1918* (New York 1971), p145. Inevitably Admiral Sir Jackie 'Radical' Fisher went further and in 1915 Proposed fitting a 12in gun, taken from a battleship, to a submarine. From this 'battleship-submarine', the M 1, Was born.

4. 参见 MOD, *The Strategic Defence Review* (Cm 3999. Presented to Parliament by the Secretary of State for Detence by Command of Her Majesty. July 1998. London: The Stationery Office); *BR 1806*; *British Maritime Doctrine*(Naval Staff Directorate-NSD-, RN. 1999. D/NSD/2/10/1. By Command of the Defence Council. Second Edition London: The Stationery Offce-TSO); RN. Four papers were crucial in establishing the Navy's future direction and in setting the tone of public debate See: Admiral of the Flee Sir Benjamin Bathurst KCB (former First Sea Lord).(1995). 'The Royal Navy-Taking Maritime Power into the New Millennium', *RUSI Journal* (August 1995). p10; Rear-Admiral T Loughran, 'Projecting Power from the Sea: the R N Contribution to the Air Battle', in *RUSI Journal* (October 1996), p28; Admiral Sir Peter Abbott, 'The Maritime Component of British and Allied Military Strategy', *RUSI Journal* (December 1996), p9; Admiral Sir Jock Slater KCB, 'The Maritime Contribution to Joint Operations', *RUSI Journal* (December 1998), P20.

5. 参见 BR 1806. R N. *Maritime Contribution to Joint Operarions*. Available on-line: <www.

第十三章 从"蒂格雷"到"战斧":重回亚得里亚海(1999年)

royal-navy.mod.uk>

6. 参见 Cdr R D J Barker, R N,'Precision Strike from the Sea:HMS *Splendid* and *Tomahawk*',*RUSI Journal*(August 1999),p75.

7. 参见 Sun Tzu. *The Art of War*(Translated,With an introduction by Samuel Griffith)(Oxford 1971),p40; Thucydides. *The Peloponnesian War*(Introduction by M.I. Finley)(New York 1972).p57; Machiavelli. *The Art of War*. Book I(Introduction by Neal Wood)(New York 1965).p30; Gpcapt A Lambert,'Air Power and Coercion', in GpCapt. S Peach(ed), *Perpectives on Air Power:Air Power in its Wider Context*,Defence Studies(RAF),Joint Services Command and Staff College(London:TSO 1998),p267.

8. 引自 Robert Osgood in *NATO:the Entangling Allance*(Chicago 1962),p5.

9. 参见 Sir J Cable, *Diplomacy at Sea*(London 1985),p3.

10. 参见 *BR* 1806, P58.

11. 参见 RN. 'Frequently Asked Questions',in *Today's Royal Navy*, p2. Available on-line on the R N's home-page:<http:// www.royal-navy.mod.uk/today/faq.htm>.

12. 参见 Hon.M Rifkind, Speech at Centre for Defence Studies, King's College, London.15 February 1994.

13. 参见 HON. M Portillo, Statement to House of Commons on Defence Equipment, 13 July 1995. London:Hansard; Statement to House of Commons, 14 July 1995. London:Hansard.

14. 参见 C Bellamy, *Knights in White Armour:the New Art of War and Peace*(London 1997), P235.

15. 参见 Sir Patrick Duffy, Ph.D.(Parliamentary Under-Secretary of State for Defence, Navy, 1976-9),'Nuclear Submarines.' Letter to *The Times*, 5 March 1998.

16. 参见 *The Strategic Defence Review*, p37.

17. 海基"战斧"导弹发射的四种方式:通过潜艇的鱼雷发射管或垂直发射系统(VLS)发射、通过水面舰艇的垂直发射系统(VLS)或导弹发射箱发射。

18. 参见 Barker,'Precision Strike from the Sea:*HMS Splendid and Tomahawk*', pp73-5.

19. 引自 M Evans,'Allies on Full Alert for Retaliation',*The Times*, 25 March 1999.p5.

20. 参见 Barker,'Precision Strike from the Sea HMS *Splendid and Tomahawk*'.P75.

21. 参见 M Evans, J Sherman, and I Brodie,'British Nuclear Watch on Iraq'. *The Times*, 21 December 1998,p1.

22. 美国 B-52"同温层堡垒"战略轰炸机(从格洛斯特郡的费尔福德空军基地起飞)与 B-2"幽灵"隐形战略轰炸机(从密苏里州的怀特曼空军基地起飞)均参与了此次打击行动。

23. 参见 'Allied Force' Applied to Serbia', *Jane's Defence Weekly*(31 March 1999),p3.;I.

Kemp. '£ 600m Added to UK Defence Budget', *Jane's Defence Weekly* (9 February 2000), p13; B Maclntyre,. 'Alliance Plans Three Key Stages', *The Times*, 24 March 1999, P5; 'NATO Attacks'. Features, in *The Sunday Times*, 28 March 1999, P13; T Walker, M Evans, and P Webster, 'The Heart of Belgrade Burns'. *The Times*, 3 April 1999, p1; M Evans, 'Splendid Job, Sub's Crew Told.' *The Times*, 10 July 1999, p1.

24. 参见 Vice-Admiral D Murphy USN, 'NATO Naval Forces in the Kosovo Operation.' Paper cited by K Strauss, 'The Notion of Precision Land Attack: a Case Study on the Tactical Tomahawk.' Paper Presented to conference on Naval Land Attack Weapons, London, 1-2 December 1999. SMi Defence conferences.

25. 参见 *The Strategic Defence Review*, Chapter 11 .para 203, P54.

26. 很明显, 航空母舰和42型驱逐舰目前已经被排除在外, 对于英国为数不多的"战斧"巡航导弹而言, 导弹发射箱貌似更加适宜。笔者的研究显示, 英国向美国支付的款项只用于购买发射箱及火力控制系统。

27. 参见 N Friedman, 'Airborne Tomahawks: World Naval Developments', In USNI *Proceedings*, Vol.125/4/I, 154, p6; P Almond, 'RAF 'To Arm Hercules with Cruise Missiles''. *The Sunday Telegraph*, 12 June 1998, p12. It is undertood that Boeing have designed and manufactured the magazine for such a fit.

28. The USN is considering fitting its first four *Ohio* class SSBNs (to be decommissioned as SSBNs under the Strategic Arms Reduction Talks) with up to 154 Tomahawks, Which each could be discharged in as little as six minutes.

29. 参见 Capt J Kirkpatrick RN OBE, 'Tomahawk Cruise Missile: UK Requirement and Procurement Programme', Paper Presented to conference on Naval Land Attack Weapons, London, 1-2 December 1999.

30. 参见 Boyce, *First Sea Lord's Message*. Available on-line: www.royal-navy.mod.uk 25 February 1999.

31. 参见 Sir J Cable, 'Gunboat Dipiomacy 1919—1991', International Institute for Strategic Studies: Studies in International Security, no. 16. London, p146.

32. 参见 Robertson. Quoted in M Evans, 'Splendid Job, Sub's Crew Told', *The Times*, 10 July 1999, p1.